SPSS PASW Statistics

통계학의 이해와 응용

김순귀, 안성진 지음

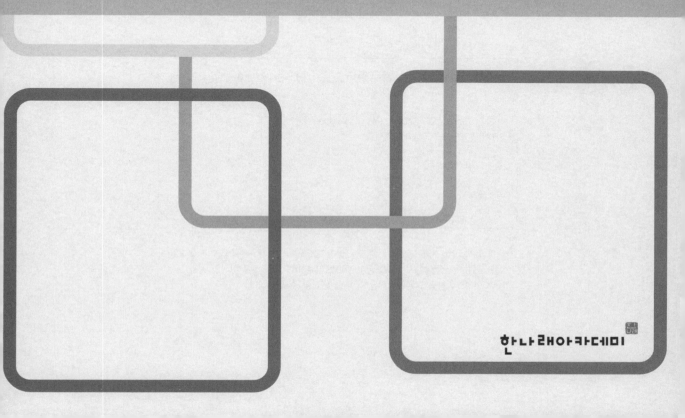

한나래아카데미

통계학의 이해와 응용
SPSS PASW Statistics

지은이 | 김순귀·안성진
펴낸이 | 한기철

2010년 3월 10일 1판 1쇄 인쇄
2010년 3월 20일 1판 1쇄 발행

펴낸곳 | 한나래출판사
등록 | 1991. 2. 25 제22-80호
주소 | 서울시 서대문구 냉천동 182 냉천빌딩 4층
전화 | 02-738-5637 · 팩스 | 02-363-5637 · e-mail | hannarae07@unitel.co.kr
www.hannarae.net

필름출력 | 남양프로세스 인쇄·제책 | 신화프린팅

ⓒ 2010 김순귀·안성진
Published by Hannarae Publishing Co.
Printed in Seoul

국립중앙도서관 출판시도서목록(CIP)

통계학의 이해와 응용 / 김순귀, 안성진 지음. —— 서울 : 한나래출판사, 2010
    p. ;   cm. —— (SPSS 아카데미)

ISBN 978-89-5566-100-2 94310 : ₩23000
ISBN 978-89-5566-051-7(세트)

통계학[統計學]

310-KDC5
310-DDC21   CIP2010000658

Preface
머리말

이 책은 지난 수년간 대학에서 강의한 강의 노트와 여러 권의 통계학 도서를 근간으로 하고, 분석도구로는 2009년에 출시된 SPSS 패키지를 사용하여 저술한 통계학에 관한 입문서이다.

책의 구성은 각 장마다 통계학의 기본 개념과 정의, 이론 등을 소개한 뒤에 바로 연이어 관련된 예를 배치함으로써 통계학의 기본 개념과 이론 등을 습득하도록 하였다. 또한 본문의 예제도 가능하면 생생하고 흥미 있는 자료를 사용하여 독자들에게 신선한 관심과 자극을 유발하도록 하였다. 더불어 각 장의 마지막에 SPSS를 이용한 실습 예를 실음으로써 자료의 분석 및 해석에 도움이 되도록 하였다.

이 책을 통하여 독자들이 통계학의 개념과 기본 원리들을 이해할 수 있다면 저자에게 더 이상의 기쁨은 없을 것이다. 책에서 인용하고 사용한 데이터 세트는 한나래출판사 홈페이지(www.hannarae.net)에서 다운받을 수 있다.

끝으로 책의 발간을 허락해준 한나래출판사 한기철 사장님과 조광재 이사님께 깊은 감사를 드리며, 원고 정리에 힘써준 강릉원주대학교의 김춘화 선생과 격려의 말을 아끼지 않은 현우, 은우, 금주에게 고마움을 표한다.

조금 부족하고 아쉬운 것은 향후 점차적으로 보완해 나갈 것을 약속드리며, 독자 여러분의 지적과 선배 동료들의 질책과 고언을 기다린다.

2010년 2월
저자 씀

Contents
차 례

1장
통계학의 기본 개념

통계학이란 무엇인가?

통계학이란 statistics를 번역한 말이다. 이 절의 목표는 statistics라는 말을 이해하는 것이다.

1.1.1 Statistics의 사전적 의미

statistics를 사전에서 보면 대개 다음의 두 가지 풀이가 나타난다.

- 통계학
- statistic(통계량, 통계값)의 복수형

■ 통계학

통계학(統計學)이란 '통계적 문제에 대한 통찰을 얻기 위하여 모집단으로부터 데이터를 수집하고 데이터를 탐색하여, 모집단에 대한 확률적 견해를 형성하는 데 필요한 방법과 이론을 연구하는 학문' 또는 간단히 '데이터에 관한 학문'이라고 할 수 있다.

■ 통계량

통계량이란 statistics라는 말의 뜻 중에서 가장 전문적인 용어이다. 통계량이란 표본의 한 수치적 특성, 즉 표본의 한 함수이다. 표본평균, 표본표준편차 등이 통계량의 예이다. 특히 표본을 뽑기 전의 가상적인 표본 데이터의 함수를 통계량(統計量)이라 부르고, 표본을 뽑은 후의 실제 표본 데이터의 함수를 통계값이라고 부른다. 즉 통계량은 미지의 값이고, 통계값은 알려진 값이다.(반면에 모집단의 수치적 특성은 모수(parameter)라고 부른다. 모평균, 모표준편차 등이 모수의 예이다.)

statistic을 표본을 뽑기 전후에 따라 통계량이나 통계값이라 부르는 대신에 단순히 '통계'라고 부를 수도 있을 것이다(정부통계, 인구동태통계 또는 보건통계 등의 용례에서와 같이). 한편, 때로 통계 또는 통계 데이터라는 용어가 수집된 수치 데이터 자체를 가리키는 데 사용되기도 한다. 그런데 엄밀한 의미에서 데이터 자체도 statistic

의 일종이다. 그리고 영어 표현에서 statistics가 통계학과 통계량이라는 두 가지 뜻이외의 다른 뜻으로는 사용되고 있지 않다. 어쨌든 용어의 혼동을 피하기 위해 수집된 수치 데이터를 가리킬 때에는 통계 데이터보다는 단순히 '데이터'라고 부르는 것이 적절할 것이다.

1.1.2 Statistics의 어원적 의미

statistics는 state–istics에서 유래하였다. 즉 통계학의 원뜻은 '국세(國勢, the state of a country)에 관한 학문'이다. 여기서 국세란 한 나라의 형편과 힘을 뜻하는데 이는 징집(徵集, draft)이나 징세(徵稅, levy)의 토대가 된다. 국세 파악은 여전히 통계학의 한 분야로 남아 있으며, 각 나라는 5년 또는 10년마다 센서스(census, 총조사)를 실시하여 국세를 파악한다.

> **과제 1.1.1** 우리나라와 미국의 센서스에 대하여 조사해 보자.

1.1.3 과학적 연구와 통계학

미지의 현상에 대한 체계적 탐구를 통해서 사실이나 법칙을 발견하고 그를 통해 현상을 설명하려고 하는 과정을 과학적 연구(scientific research)라 부른다. 과학적 연구 과정을 [그림 1.1.1]의 데이터 순환 과정으로 묘사해 볼 수 있다. 통계학은 이러한 순환 과정이 효과적이고 효율적이 되도록 하는 역할을 한다. 여기서 모형(model)이란 실제 시스템의 축약으로, 연구자의 지식, 사고방식, 상상력 등에 의존한다.

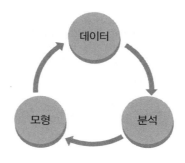

[그림 1.1.1] 데이터 순환 과정

1.1.4 통계적 문제

어떤 학문을 정의하는 것은 어려운 일이다. 그래서 통계학을 정의하기보다는 통계학이 하고 있는 일을 소개하려고 한다. 통계학은 통계적 과업(statistical tasks)을 수행하는 데 필요한 도구를 제공한다. 여기서 통계적 과업이란 데이터 탐색, 귀납적 추론 그리고 데이터 획득 등을 말한다. 이런 통계적 과업을 통해서 답변할 수 있는 질문을 통계적 질문(statistical questions)이라고 부른다. 통계적 질문의 예를 들어 보자.

- 비타민 C의 감기 예방 효과를 측정하기 위해 실험을 어떻게 설계하여야 하나?
- 무엇이 부모와 자식을 닮게 하는가? 그리고 그 힘은 어느 정도인가?
- 물가상승률은 어떻게 측정하는가? 실업률은? 그것들은 어떻게 연관되어 있는가?
- 카지노는 왜 룰렛(roulette)에서 이득을 보는가?
- 갤럽 여론조사는 어떻게 불과 몇천 명의 표본을 이용해서 선거 결과를 예측할 수 있는가?

통계학은 바로 통계적 질문에 답변을 하는 데 도움을 주는 이론과 방법을 연구한다. 통계적 질문을 제기하고 통계적 과업을 수행해서 답변하는 과정 전체를 통계적 문제(statistical problem) 또는 데이터 분석(data analysis)이라고 부른다. 통계적 문제는 [그림 1.1.2]에서 보는 바와 같이 모집단과 표본 간의 문제로 귀결된다. 모집단에서 표본을 뽑을 때는 반드시 랜덤하게 뽑아야 하는데, 이는 통계적 추론에서 표본과 모집단 간의 간격(gap)을 확률적으로 메워 줄 수 있는 토대가 된다.

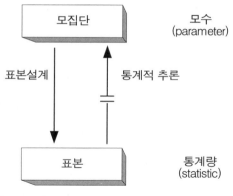

[그림 1.1.2] 통계적 문제의 틀

■ 용어정리

- 모집단(population): 통계적 질문과 관련하여 관심 있는 개체들 전체의 집합 또는 이들에 대한 데이터의 집합. 후자의 경우 모집단 데이터라고도 부른다.
- 표본(sample): 모집단에서 선택된 일부 또는 이들에 대한 데이터의 집합. 후자의 경우 표본 데이터라고도 부른다.
- 개체(element, individual element) 또는 단위(unit): 모집단을 이루는 낱낱
- 모수(parameter): 모집단의 수치적 특성
- 통계량(statistic): 표본의 수치적 특성
- 변수(variable): 개체의 수치적 특성

■ 통계적 문제의 예

여론조사를 들어보자. 선거를 6개월 앞둔 시점에서 언론사는 A 후보의 지지율을 알고 싶다. 1,000명의 유권자를 랜덤하게 뽑아서 A 후보에 대한 지지 여부를 물어보니 510명이 지지한다고 응답하였다. 이 여론조사에서

- 관심 있는 수치는 유권자 집단 전체에서의 A 후보의 지지율이다. 이 값이 여론조사에서 모수가 된다.
- 유권자 집단 전체가 모집단이고
- 유권자 개개인이 개체가 된다.
- 관심 있는 변수는 각 유권자의 A 후보 지지 여부이다.

- 표본으로 뽑힌 1,000명의 유권자 집단에서의 A 후보 지지율은 모수에 대응하는 통계량이 된다.

흔히 A 후보 지지 여부를 나타내는 변수 X는 A 후보를 지지하면 1, 아니면 0으로 표기한다. 그러면 이 표본에서 A 후보에 대한 지지율은 x의 평균이 된다.

과제 1.1.3 개체 또는 단위와 관련하여 다음 개념들에 대해 알아보자.

- 표집단위(sampling unit): 표집이 이루어지는 단위.
- 실험단위(experimental unit): 실험이 행해지는 단위 또는 처리가 적용되는 단위.
- 관측단위(observational unit): 측정이 이루어지는 단위 또는 데이터 수집이 이루어지는 단위.
- 분석단위(analytical unit): 연구에서 분석이 실시되는 주된 실체(major entity). 통계값들이 집계되는 단위로 실제 또는 가상으로 구성된 단위.

통계학의 목표는 표본 정보를 이용하여 모집단에 대한 정보를 얻는 데 있다. 이를 위하여 [그림 1.1.3]과 같이 모집단으로부터 데이터를 획득(data acquisition)하고, 획득된 데이터를 탐색/기술(data exploration/description)하고, 이로부터 모집단에 대한 결론을 도출하기 위한 이론과 방법들을 유기적으로 연구하는 분야들로 구성되어 있다.

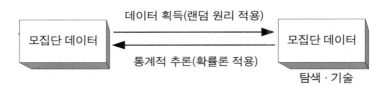

[그림 1.1.3] 통계학의 역할

이런 문제들의 핵심은 어떤 사건이 발생할 확률 또는 어떤 것이 참일 확률을 알고 싶어 한다는 것이다. 즉 가지고 있는 정보를 토대로 '어떠어떠할 확률이 얼마인가?'라는 질문에 답하려고 한다. 대개 이런 질문이 관심 있는 궁극적인 질문은 아니다. 그보다는 추정된 확률을 이용하여 어떤 조치를 취해야 할지에 관한 의사 결정을 내리고 싶어 한다. 그러나 이 책에서는 의사 결정 문제를 직접 다루지는 않을 것이다.

다만 의사 결정 문제에서도 확률적 질문에 대한 답변(확률적 또는 통계적)이 중요한 요소가 되며, 이외에 손실함수 또는 효용함수가 또 다른 중요한 역할을 한다는 점을 언급하는 것으로 그친다.

> **과제 1.1.4** 통계학이 여러 학문이나 기술 분야에 어떻게 적용되고 있는가?

1.1.5 랜덤현상 또는 랜덤실험

통계학은 데이터를 이용하여 어떤 질문에 답하려 한다. 이때 데이터는 불확실성이나 오차를 포함한다. 전자는 관찰되는 현상(사건)에 내재하는 불확실성을 가리키고, 후자는 측정 과정에 내재하는 오차를 가리킨다.

■ 현상에 내재하는 랜덤성에 기인한 불확실성: 랜덤표집(random sampling)
랜덤현상의 사례를 보자.

- 동전 한 개를 던져 나타나는 면을 관찰하는 실험
- 유권자를 뽑아서 지지 후보를 조사하는 실험

■ 측정오차: 랜덤오차(random error)
정확한 측정은 존재하지 않는다.

> **예 1.1.1** 미 표준국(National Bureau of Standards, NBS)은 1963년 5월에 표준무게 NB 10 ─ 이의 공칭 무게는 10g이고, 실제 무게(로 여겨지는 수치)는 9.999596g이다 ─ 에 대해 다음과 같은 11회의 반복 측정값을 얻었다.

> 9.9995992 9.9995985 9.9995947 9.9996008 9.9995978 9.9996027
> 9.9995925 9.9995929 9.9996006 9.9995988 9.9996014

> 이들의 평균은 9.9995982g이고, 95% 오차한계(margin of error, EM)는 0.0000023g이다.

랜덤표집이나 랜덤오차는 모두 랜덤현상(random phenomenon) — 더 정확하게는 랜덤실험(random experiment) — 으로 파악될 수 있다. 통계학의 대상은 랜덤현상으로부터 관찰된 데이터이다.(반면에 확률론의 대상은 랜덤실험이다.) 그러면 랜덤실험에 대한 정의를 살펴보자.

■ 랜덤실험(random experiment)

랜덤실험이란 결과를 관측할 수 있고 재현성이 있는 과정으로 다음 세 성질을 만족하여야 한다.

① 결과를 미리 알 수 없다. ⟷ 확정적(deterministic)
② 가능한 결과 전체의 집합은 알려져 있다. ⟷ 개방적(open)
③ 예측이 가능한 장기적 패턴(즉, 분포)이 존재한다. ⟷ 혼돈적(chaotic, haphazard)
  랜덤실험을 통하여 관측된 변수는 랜덤변수(random variable, 확률변수)라고 부른다.

과제 1.1.5 동전을 던져서 앞면이 나오는지를 관찰하는 실험을 한다.

(1) 이 실험은 랜덤실험인가?
(2) 다음을 구하라.
  – 모집단
  – 개체
  – 표본
  – 변수

과제 1.1.6 동전 던지기와 굴리기를 각각 100번 실시하여 앞면이 나올 비율을 조사하여라.

1.2 측정 데이터 그리고 변수

과학적 연구에서 데이터는 매우 중요한 역할을 한다. 데이터와 관련된 용어와 개념들을 정리하여 본다.

1.2.1 데이터와 관련된 용어들

(1) 모집단(population), 표본(sample), 개체 또는 단위(element or unit)

- 모집단이란 연구의 대상이 되는 개체 전체의 집합이다. 때로는 모집단 데이터도 모집단이라 부른다.
- 표본이란 모집단의 일부이다. 때로는 표본 데이터도 표본이라 부른다.
- 개체 또는 단위란 모집단의 각 구성원으로 관측이 이루어지는 기본 단위이다. 실험연구에서 사람이 단위일 때는 피험자(subject)라 부른다.

(2) 모수(parameter)와 통계량(statistic)

- 모수란 모집단의 수치적 특성을 말한다. 흔히 모집단의 평균, 표준편차, 중앙값, 비율 등과 같은 모수들에 관심을 가진다.
- 통계량이란 표본의 수치적 특성을 말한다. 특히 주어진 표본의 수치적 특성은 통계값이라 불린다. 위에서 예시한 모수들에 대응되는 통계량들은 표본의 평균, 표준편차, 중앙값, 비율 등이다.

■ **통계량의 종류(the types of statistics)**

통계량은 한 랜덤변수이다. 통계값은 한 숫자이다. 통계량은 그 용도에 따라 아래와 같이 나뉜다.

① 요약통계량(summarization or descriptive statistics)
요약통계량은 표본 데이터를 인풋으로 사용한다.
[예] 평균(산술평균, 중앙값), 분포, 범위, 표준편차 등

② 추측통계량(inferential or probability statistics)

추측통계량은 요약통계량을 인풋으로 사용한다.

[예] $\bar{x} \pm 2SE$는 95.4% 신뢰구간이다.

③ 결정통계량(decision statistics)

의사 결정에 관한 또는 의사 결정을 위한 통계량을 결정통계량이라 부른다.

[예] 통계적 품질관리를 위한 순차 샘플링 계획에서는 순차확률비(sequential probability ratio, SPR)가 로트(lot)의 합격 여부를 판정하는 결정통계량으로 사용된다.

우리는 주로 요약통계량과 추측통계량을 다룰 것이다.

(3) 변수(variable)

변수란 개체의 특성을 나타내는 측도(measure)로 측정 도구상의 값으로 측정된다. 즉 변수란 개체의 특성에 숫자를 할당하는 규칙이다.

(4) 관측(observation)

관측이란 각 개체에 대해 측정된 모든 변수들의 값들을 가리킨다.

(5) 데이터 셋(data set)

데이터 셋이란 특정 연구를 위해 획득된 관측들의 모임을 말하는데, 흔히 데이터라 일컬어진다. 데이터를 행렬 형태로 정리하는데, 대개 열은 변수를 나타내고 행은 관측을 나타낸다. 데이터 셋은 각 개체에 대해 동시에 측정된 변수의 수에 따라 다음과 같이 나누어 볼 수 있는데, 변수 간의 관계를 파악하려면 다변량 데이터를 얻어야 한다.

- 일변량 데이터(univariate data)란 각 개체에 대해 한 개의 변수를 측정한 데이터이다. 일변량 데이터의 분포에 대해서는 기본적으로 분포의 형태, 중심 위치 그리고 산포에 관심을 가진다.
- 이변량 데이터(bivariate data)란 각 개체에 대해 동시에 두 개의 변수를 측정한 데이터이다. 이변량 데이터의 분포에 대해서는 기본적으로 두 변수 간의 관계

의 형태, 방향 그리고 강도에 관심을 가진다.

- 다변량 데이터(multivariate data)란 각 개체에 대해 동시에 두 개 이상의 변수를 측정한 데이터이다.

■ 시계열 데이터(time series, or temporal data)

시계열 데이터란 시간에 걸쳐서 변수를 측정한 데이터이다. 물론 시간도 한 변수임에는 틀림없지만, 단지 한 변수로 취급되기에는 너무 크다.

- 일변량 시계열 데이터(univariate time series data)란 시간에 걸쳐서 각 개체에 대해 한 개의 변수를 측정한 데이터이다.
- 다변량 시계열 데이터(univariate time series data)란 시간에 걸쳐서 각 개체에 대해 두 개 이상의 변수를 측정한 데이터이다.

다변량 데이터에서와 마찬가지로 다변량 시계열 데이터로부터는 각 시계열의 특징뿐 아니라 시계열 간의 관계도 파악할 수 있다.

■ 공간 데이터(spatial data)와 시공간 데이터(time-spatial data)

공간 데이터란 공간(space)에 걸쳐서 변수를 측정한 데이터이다. 따라서 공간 데이터는 공간요소(spatial elements)를 가지게 되는데, 흔히 위치(location)는 최소한의 공간요소로 간주된다. 그 밖의 공간요소로는 형상(shape)과 크기(geometry) 그리고 다른 개체들과의 관련성 등이 있다. 여기서 공간은 아무 다차원 구조를 가리킨다. 예컨대,

- 의학적 영상은 인체와 관련된다.
- 공학적 도면은 기계적 대상에 관련된다.
- 건축 도면은 한 건물에 관련된다.
- 지리 데이터(geographical data) 또는 지리정보(geographic information)는 지구(planet Earth)와 관련된다.

공간 데이터에서 공간상의 분포나 의존성에 관심을 가지며, 이때 시각화는 특히 중요한 탐색적 도구가 된다.

예 1.2.1 교양통계학을 수강하는 학생 30명이 간단한 실험에 참가하였다. 학생들은 먼저 자신의 분당 심장박동수를 측정하였다. 그 후 동전을 던져서 앞면이 나온 사람은 1분 동안 달리기를 하였다. 그런 후에 모든 학생들이 다시 자신의 분당 심장박동수를 측정하였다. 심장박동수와 그 밖의 데이터는 [표 1.2.1]과 같다.

[표 1.2.1] 심장박동수 데이터

관측번호	c1	c2	c3	c4	c5	c6	c7	c8	관측번호	c1	c2	c3	c4	c5	c6	c7	c8
1	90	94	1	1	1	74	160	1	16	62	62	2	2	1	74	190	1
2	80	96	1	2	1	72	155	2	17	60	62	2	2	1	71	155	2
3	92	84	1	1	1	70	153	3	18	72	74	2	1	1	69	170	2
4	68	76	1	2	1	67	145	2	19	62	66	2	2	1	70	155	2
5	96	140	1	2	2	61	140	2	20	76	76	2	2	1	72	215	2
6	62	100	1	2	2	66	120	2	21	68	66	2	1	1	67	150	2
7	78	104	1	1	2	68	130	1	22	54	56	2	1	1	69	145	2
8	82	100	1	2	2	68	138	2	23	74	70	2	2	1	73	155	1
9	99	115	1	1	2	63	121	2	24	74	74	2	2	1	73	155	2
10	68	112	1	2	2	70	125	2	25	68	68	2	2	1	71	150	3
11	96	116	1	2	2	68	116	1	26	72	74	2	1	1	68	155	3
12	78	118	1	2	2	69	145	2	27	68	64	2	2	1	69	150	3
13	88	110	1	1	2	69	150	2	28	82	84	2	1	1	73	180	2
14	62	98	1	1	2	62	112	2	29	64	62	2	2	1	75	160	3
15	80	128	1	2	2	68	125	2	30	58	58	2	2	1	66	135	1

〈변수들에 대한 설명〉

c1: 처음 측정한 분당 심장박동수

c2: 두 번째 측정한 분당 심장박동수

c3: 달리기한 여부(1＝달리기 함, 2＝달리기하지 않음)

c4: 흡연 여부(1＝흡연자, 2＝비흡연자)

c5: 성별(1＝남학생, 2＝여학생)

c6: 키(단위: 인치)

c7: 몸무게(단위: 파운드)

c8: 평소 운동량(1＝적음, 2＝보통, 3＝많음)

데이터 셋은 변수 8개와 관측 30개로 구성된 다변량 데이터임을 알 수 있다.

1.2.2 변수의 종류

변수는 연구의 관심과 방향에 따라 다음과 같이 나뉜다.

(1) 종속변수(dependent variables)

그 변화를 연구하려고 하는 변수로, 반응변수(response variable) 또는 결과변수(outcome variable)라고도 부른다.

(2) 독립변수(independent variables)

종속변수에 미치는 영향을 연구하려고 하는 변수로, 특히 실험연구에서는 인자(factor)라고 부른다. 인자의 각 값은 수준(level)이라 한다.

- 실험연구에서 각 개체(실험단위)에 가해지는 특정한 실험 조건 — 인자 수준들의 한 조합 — 을 처리(treatment)라고 한다.
- 독립변수는 처리인자(treatment factor) 또는 위험인자(risk factor)라고도 부른다.

(3) 외생변수 또는 외생인자(extraneous variables or factors)

명시적으로 고려하고 있는 종속변수들과 독립변수들을 연구변수들(study variables)이라 부른다. 외생변수란 연구변수에는 포함되지 않았지만 종속변수에 영향을 미치리라고 예상되는 일종의 독립변수로 껄끄러운 존재(nuisance)이다. 연구 설계 시에는 이 외생변수들을 효과적으로 통제할 수 있어야 독립변수가 종속변수에 미치는 영향을 제대로 파악할 수 있게 된다. 이에 대한 보충 설명은 다음 장을 참고하라.

- 외생변수는 배경인자(background factor)라고도 불린다. 특히, 처리집단들 간에 다른 특징을 나타내거나 종속변수에 직접 영향을 미치는 배경인자는 교락인자(confounding factor, 교락요인)라고 부른다.

[그림 1.2.1]은 [예 1.2.1]에 제시된 변수들을 구분하고 그들 간의 관계를 나타낸다. 변수들 간의 연관성에 대한 설명은 3.4절을 참고하기 바란다.

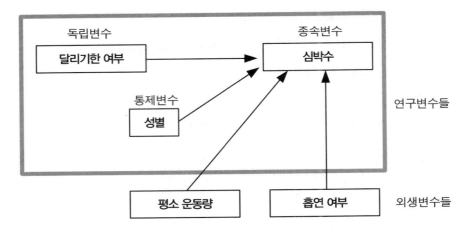

[그림 1.2.1] 변수들 간의 관계: [예 1.2.1]

1.2.3 변수의 측정수준

변수가 가진 정보량에 따라 변수의 측정척도 또는 측정수준(levels of measurements)이 달라지며, 이에 따라 데이터에 대한 분석 방법이 달라야 한다. 어느 측정수준을 위해 개발된 분석 방법이나 통계량은 상위 수준에서는 사용할 수 있지만 하위 수준에서는 사용할 수 없다. 흔히 사용하는 네 가지 측정척도들을 하위 수준부터 살펴보자.

(1) 명목척도(nominal scale)

변수의 값은 단순히 어떤 범주의 '이름'을 나타낼 뿐이다. 가장 낮은 수준의 측정척도이다.
[예] 인종, 성별, 농구선수의 등번호

(2) 순서척도(ordinal scale)

변수의 값들 사이에 순서 관계도 존재한다.
[예] 상·중·하로 구분한 언어 구사 능력, 대·중·소로 구분한 신체치수, 상·중·하로 구분한 한 가구의 사회경제적 지위

(3) 구간척도(interval scale)

구간척도에서는 변수의 값들 간의 차이도 일정한 뜻을 가진다. 이때는 측정 도구의 눈금이 등 간격으로 매겨진다.

[예] 섭씨온도, 화씨온도, 역년(calender year), 주가지수, IQ 점수

(4) 비율척도(ratio scale)

비율척도에서는 변수의 값들 간의 비도 일정한 뜻을 가진다. 이때는 측정 도구의 눈금에서 '0'이 '전혀 없음'을 나타낸다.

[예] 미터법에 의한 길이, 무게, 부피 등 대부분의 물리량, 절대온도, 소지하고 있는 신용카드 수

때로는 명목척도와 순서척도를 질적(qualitative) 척도로, 구간척도와 비율척도를 양적(quantitative) 척도로 묶기도 한다. 그리고 변수가 가질 수 있는 값의 수에 따라 이산형 변수(discrete variable)와 연속형 변수(continuous variable)로 변수의 유형을 구분하는 것이 편리할 때도 있다. 이산형 변수는 가질 수 있는 값의 개수가 유한하거나(finite) 가산적(countable)이며, 연속형 변수는 가질 수 있는 값의 수가 비가산적(uncountable)이다. 흔히 연속형 변수는 어떤 구간의 값을 다 가질 수 있다.

> **과제 1.2.1** [예 1.2.1]에서 변수들 $c2$, $c4$, $c6$, $c8$의 형(이산형, 연속형)과 측정수준(명목, 순서, 구간, 비율)을 각각 밝혀라.

1.3 연구 설계

연구 설계(research design)란 연구의 틀, 변수 선정, 자료 획득, 자료 분석 등에 이르는 모든 활동과 수단을 계획하는 것을 말한다.

1.3.1 과학적 연구의 세 가지 기본적 문제들

과학적 연구 과정에서 다음과 같은 세 가지 기본적 문제들에 직면한다. 측정(measurements), 통제(control) 그리고 대표성(representation, coverage)이 그것이다. 이런 문제들이 연구 설계 단계에서 해결되어야만 그 연구 결과가 널리 받아들여질 수 있다.

(1) 측정

첫째로 양질의 측정을 확보해야 한다. 쏘온다이크(Thorndike, 1918)는 '존재하는 것은 모두 양으로 존재하기에 가시적이든 비가시적이든 측정할 수 있다'고 하였다. 측정 도구와 측정 과정에 따라 측정의 질(quality of measurements)이 달라질 수 있는데, 흔히 측정의 질을 타당성(validity), 신뢰성(reliability), 불편성(unbiasedness)의 관점에서 평가한다.

■ 타당성

변수란 개체의 한 수치적 특성을 나타내는 측도이다. 즉, 변수란 특성을 수치로 나타내 주는 규칙이다. 더 나아가 어떤 변수가 한 특성의 표현으로 적절하다면, 이 변수는 그 특성의 타당한 측도가 된다. 연구에서 타당한 변수를 선정하는 것은 매우 중요하다.

예 1.3.1   수능시험 점수는 대학에서의 학문적 성취를 예측하기에 타당하다. 높은 수능 점수와 대학에서의 높은 평점 사이에는 연관성이 관찰된다. 이것이 예측적 타당성(predictive validity)이다.

예 1.3.2   백화점들의 고객 불만족도를 비교하는 연구에서, 반품수보다는 반품률이 고객의 불만족도에 대한 더 타당한 측도라고 할 수 있다.

■ 신뢰성

신뢰성 또는 정밀성(precision)이란 같은 개체에 대한 반복 측정에서 비슷한 결과가 재현되는 정도에 관한 성질이다.

■ 불편성

불편성이란 같은 개체에 대한 반복 측정에서 참값으로부터 일관된 벗어남, 즉 편향 (bias)이 없는 정도에 관한 성질이다.

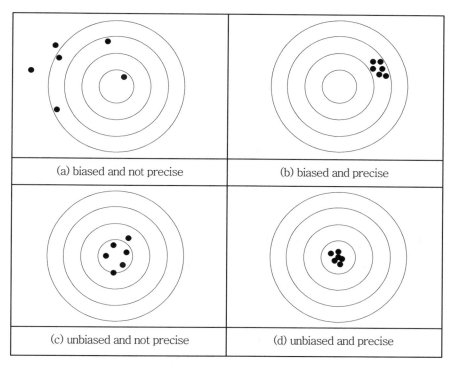

[그림 1.3.1] 불편성과 정밀성

[그림 1.3.1]은 불편성과 정밀성이라는 개념을 과녁에 맞은 화살 자국으로 궁사의 실력을 평가하는 것에 빗대어 나타낸 것이다.

[참고] 자연과학에서 사용하는 측정의 정확성(accuracy)이란 측정의 정밀성과 불편성을 합친 개념이다.

(2) 통제

타당한 결과를 얻기 위해서는 연구자가 환경을 통제(control)할 수 있어야 하며, 이 문제는 실험연구에서 특히 중요하다.

■ control의 세 가지 용례

- 대조(a control)란 처리를 받지 않은 한 피험자이다.
- 통제된 실험(a controlled experiment)은 연구자가 피험자들을 처리집단과 대조집단에 할당하는 연구 형태이다.
- 관찰연구에서 처리집단과 대조집단을 비교할 때 교락(confounding)이 문제가 되는 경우, 통계전문가는 사후적으로 교락되는 인자들에 대한 통제(controlling for confounding factors)를 시도한다. 이런 사후적 통제의 방법은 더 작고 더 동질적인 집단들을 비교하는 것이다.

■ 물리적 통제(physical control)

기본적인 물리적 통제는 실험단위나 피험자를 각 비교집단에 랜덤할당함으로써 달성된다.

예 1.3.3   비타민 C가 감기 예방에 효과가 있다는 것을 입증하기 위한 실험: 비타민 C 집단과 위약(僞藥, placebo) 집단에 개체들(지원자들)을 랜덤할당하여 일정 시간이 지난 후에 각 집단의 감기 발병률을 비교한다.

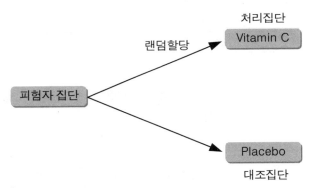

[그림 1.3.2] 실험단위들의 랜덤할당

■ 통계적 통제(statistical control)

통계적 통제란 물리적 통제가 가능하지 않거나 불충분할 때 데이터 처리 과정에서 사후적으로 통제하는 것을 말한다. 통계적 통제는 대개 선형모형(linear models)을 통해 이루어진다. 랜덤할당을 통계적 통제로 보완함으로써 다음과 같은 이점을 얻는다.

- 불충분한 랜덤화를 개선시킬 수 있다.
- 효과가 어떻게 작용하는지를 보여줌으로써 간접적인 효과를 평가할 수 있다.
- 추정의 정밀도와 검정력을 높일 수 있다.
- 처리 집단들 간의 우연한 차이에 대한 취약성을 개선시킬 수 있다.

(3) 대표성

대표성이란 특정 개체들에 대해서 얻어진 결론을 더 큰 모집단으로 일반화할 수 있는지에 관한 문제이다. 대표성은 표집 방법에 좌우되며, 이는 외적 타당성(external validity)의 일부이다. 편리표집(convenience sampling)이나 비현실적인 처리 등은 외적 타당성을 깨는 요소들이다.

1.3.2 데이터 획득

특정 연구를 위해 직접 데이터를 수집할 수도 있고, 다른 목적으로 수집된 데이터를 이용할 수도 있다.

(1) 기존 데이터(available data)

기존 데이터를 이용할 때는 메타데이터(meta data)를 잘 살피는 등 주의를 기울여야 한다.

(2) 데이터 수집(data collection)

수집된 데이터는 연구자가 자료 수집 환경에 관여한 정도에 따라 다음의 셋으로 나누어 볼 수 있다. 상세한 내용은 다음 절에서 다루도록 하자.

- 실험 데이터: 적극적 관여
- 유사실험 데이터: 소극적 관여
- 비실험 데이터: 단순 관찰

> **[참고]** 데이터 수집 방법과 관련된 오차들
>
> 편향(bias)은 표본 통계들이 모수로부터 체계적으로 벗어나는 것을 뜻한다. 반면에 정밀성 결여(lack of precision)는 표본 통계들이 분산되는 것을 가리킨다.

1.3.3 연구 형태와 비교연구

(1) 연구 형태

데이터 수집 계획에 따라 연구 형태를 [그림 1.3.3]과 같이 나누어 보자. 먼저, 독립변수에 대한 조작(manipulation)이 가능한지에 따라 실험연구(가능)와 비실험연구(불가능)로 나누어진다. 실험연구는 다시 각 처리(독립변수 값들의 조합)에 실험단위들을 할당할 때 가능한 랜덤성의 정도에 따라 순수실험(개체)과 유사실험(집단)으로 나눌 수 있다.

(가) 실험연구(experimental study) : 독립변수를 조작할 수 있고, 처리집단을 랜덤하게 형성할 수 있다. 실험연구는 통제 면에서 뛰어나나 대표성이 약하다. 실험연구는 인과관계 연구에 유용하다.

(나) 유사실험연구(quasi-experimental study) : 독립변수를 조작할 수는 있지만, 처리집단을 랜덤하게 형성할 수는 없다.

(다) 비실험연구(non-experimental study) 또는 관찰연구(observational study) : 독립변수를 조작할 수 없다. 관찰연구는 대표성 면에서 뛰어나나 통제가 약하다. 관찰연구는 모집단 기술에 유용하다.

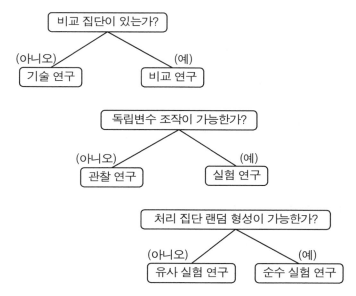

[그림 1.3.3] 연구 형태의 구분

(2) 비교연구(comparative studies)

독립변수가 종속변수에 미치는 효과(effect, 영향)를 알아내기 위해 흔히 비교법(the method of comparison)이 사용된다.

   일반적으로 실험연구에서는 설계 단계에서 처리−대조(treatment−control) 비교법이 사용되고, 관찰연구에서는 데이터 분석 단계에서 처리−대조 비교법이 사용된다.

1.4 데이터 분석과 해석

1.4.1 데이터 바로 보기

자신의 주장을 뒷받침하기 위하여 또는 다른 이들의 주장을 맞받아치기 위하여 숫자들을 사용한다. 이런 숫자들을 대할 때 다음과 같은 질문들을 제기함으로써 데이터를 바로 보는 데 도움을 얻을 수 있다.

(1) 이 데이터의 원천(sources)은 무엇인가?

데이터의 원천은 데이터를 신뢰할 수 있는지 판단하는 데 도움을 준다.

- 일화적인 증거(단순한 관찰이나 실험)
- 전문가 판단
- 통계적으로 설계된 비교연구(관찰연구, 실험연구)
- 외삽: 미래 경향

(2) 이 데이터는 이치에 맞는가?

- 무의미한 숫자
- 무의미한 비교
- 내적 일치성
- 지나친 정밀도나 규칙성
- 가능한 숫자인가?

한마디로, 숫자들을 주의 깊게 살펴볼 필요가 있다. 그렇게 함으로써 무심코 지나간 숫자들이 이치에 맞지 않다는 것을 지적할 수 있을 것이다.

(3) 관련된 정보가 모두 제시되었는가?

관련된 정보의 일부만을 제시하는 것은 판단을 오도하는 대표적인 수법이다.

(4) 해석이 올바른가?

숫자에 대한 잘못되거나 이해할 수 없는 결론들도 자주 접하게 되는 오류들이다. 특히 비(ratio), 율(rate), 또는 백분율(percentage)에 대한 해석은 종종 그릇된다.

(5) 데이터가 우리를 일깨우는가?

통계학은 숫자들을 통해서 현실에 대한 통찰을 하려는 목적이 있다. 그러려면 먼저 타당한(즉, 올바르고 당면 문제와 관련이 있는) 숫자들을 수집해야 한다.

1.4.2 데이터 해석(Data Interpretation)

데이터 셋에 대한 해석은 실제 데이터뿐 아니라 모집단에 대한 가정에도 의존한다. 이 가정에 따라 데이터 해석은 다음의 세 가지로 나누어진다.

(1) 순수 데이터분석이란 데이터 자체를 해석하는 절차로 탐색적 데이터 분석(Exploratoty Data Analysis, EDA)과 기술통계학(descriptive statistics)이 이에 해당한다.

(2) 비모수적(분포 무관) 추론(nonparametric or distribution–free inference)이란 모집단의 분포 형태에 대한 가정을 거의 하지 않고 자료를 통해서 모집단을 해석하는 절차이다. 재표집(resampling)은 이를 위한 수단이 된다.

(3) 모수적 추론(parametric inference)이란 모집단의 분포 형태에 대한 어떤 가정 하에 자료를 통해서 모집단을 해석하는 절차이다.

1.5 통계적 문제 특성: 사례연구

간단한 사례들을 통하여 어떻게 통계적 문제 특성에 도달하는지를 살펴보자.

■ 실제 현상에 대한 질문 제기 단계

실제 현상 ― 자연현상, 생명현상, 경제현상, 표집현상 ― 을 랜덤현상(더 정확히는 랜덤실험)으로 모형화한다. 이때 다음과 같은 사항들을 명확히 한다: 결과, 결과공간(표본공간), 사건.

■ 기술연구에 대한 변수 개발 단계

기술연구는 모집단 데이터의 특성을 기술하는 데 목적이 있다. 대개 다음과 같은 단계를 거쳐 기술연구를 위한 변수들을 개발해 낼 수 있다.

① 모집단과 관련된 추상적 특성 도출
② 모집단 성능측도(즉 모수) 도출

③ 모집단과 개체 도출

④ 변수(측도) 개발

■ 비교연구(관찰연구, 실험연구)

비교연구에서는 변수 간의 관련성에 관심을 가진다. 대개 다음과 같은 단계로 비교연구를 위한 변수들을 개발하게 된다.

① 변수(개체와 관련된 추상적 특성) 간의 관계 도식화

② 변수(측도) 개발

[사례 1] 독서실태 조사 – 기술연구

다음은 한국일보(1989년 9월 25일)에 실린 기사이다.

> 한국갤럽조사연구소가 우리나라 만18세 이상의 남녀 1천5백명을 대상으로 조사한 '한국인의 독서실태'에 따르면 우리나라 사람의 독서율은 1987년보다 오히려 떨어져 68%가 한 달에 1권도 책을 읽지 않는 것으로 드러났다. 조사대상 가운데 한 달에 한권 이상 책을 읽는 사람은 32%이며, 이는 1987년 조사 때의 37.9%보다 많이 낮아진 것이다.
>
> 지난 1개월간 1권 이상의 책을 읽은 사람은 나이가 적을수록 많았으며, 직업별로는 학생이 86.7%로 가장 높고 화이트칼라(61.3%), 블루칼라(29.8%) 순이었다. 주부는 21.5%로 농・임・어업종사자(13%)와 함께 낮은 편에 속했다. 그래서 한국인의 월간 평균 독서량은 0.78권 정도인 것으로 추산한다.
>
> 또 한 달에 한 권 이상 책을 사는 사람은 25.2%이며 그 내용을 자세히 보면 2권이 6.8%, 3권이 4.1%, 4권 이상도 6.3%나 됐다. 책 구입률은 2년 전의 18.5%에 비해 높아졌다. 그러나 일본의 책 구입률 46.6%에는 크게 못 미친다. 일본은 1개월에 1권 이상 독서율도 58.1%나 된다(1985년치).
>
> 다행히 62.1%가 지금보다는 책을 좀 더 읽고 싶다는 대답을 했다. 독서욕구 역시 나이가 적고 학력이 높을수록 높아서 책은 읽어본 사람이 더 읽고 싶어 하는 걸 실감케 했다.
>
> 한편 읽고 싶은 책에 대한 설문에서는 현대소설(29.1%), 철학(20.9%), 역사(18.7%) 순이고, 실제로 가장 잘 팔리는 수필・시는 14.8%로 5위에 불과했다.

① 모집단과 관련된 추상적 특성: 독서율

② 모수(성능측도) 개발

- 독서율: 독서 인구의 비율

$$독서율 = \frac{독서\ 인구}{18세\ 이상\ 인구}$$

여기에서 '독서 인구'는 '한 달에 한 권 이상 책을 읽는 인구'이다.

③ 개체
- 개체: 18세 이상 한국인

④ 변수(측도) 개발
- 독서량: 월간 독서량(책의 범위를 먼저 특정해 주어야 한다).
- 나이: 만 나이

[사례 2] 조기교육열 – 기술연구

다음은 '알기 쉬운 통계'(조사통계국, 1988)에서 우리나라의 교육 현황에 대해 소개한 부분이다.

> 1970년에 유치원의 비율이 전체 학교 수의 5%이던 것이 1987년에는 전체 학교 수의 41%를 차지할 정도로 조기교육에 대한 높은 관심을 볼 수 있다.

이로부터 다음과 같은 문제 특성에 도달한다.

① 모집단과 관련된 추상적 특성: 조기교육열
② 모수 1: 유치원 비율 = (유치원수)/(교육기관수)
③ 모집단과 개체: 교육기관
- 개체: 교육기관
- 모집단: 교육기관 전체
④ 변수 개발
- 교육대상: 유치원, 초등, 중등

그런데 ②의 모수에서 유치원 비율은 각급 학교들의 규모가 같지 않다는 점에서 조기교육열을 반영하고 있는 타당한 측도라고 보기 어렵다. 이에 대한 대안은 유치원생 비율이다.
- 모수 2: 유치원생 비율 = (유치원생수)/(전체 학생수)

유치원생 비율은 유치원 비율에 비해 더 타당하긴 하지만 여전히 만족스럽지 못하다. 주된 이유는 이 측도가 인구 증가나 연령별 인구 구성 비율의 변화를 반영하고 있지 못하기 때문이다. 이에 대한 또 다른 대안은 유치원 취학 비율이다.
- 모수 3: 유치원 취학 비율 = (유치원생수)/(유치원 취학 연령 인구)

유치원 취학 비율은 유치원 비율이나 유치원생 비율에 비해 더 바람직한 측도로 보인다. 모수 3을 최종 측도로 채택할 경우에는 모집단, 개체, 변수 등이 다음과 같이 바뀐다.
③' 모집단과 개체
- 개체: 유치원 취학 연령 어린이
- 모집단: 유치원 취학 연령 어린이 전체
④' 변수 개발
- 유치원 취학 여부

[관찰 3.5.1] 모수가 바뀌면 개체가 바뀔 수 있다.

[사례 3] 실업률 조사 – 기술연구

실업률에 대한 정의를 고려하자.

① 모집단과 관련된 추상적 특성
- 실업률
② 모수
- 실업률 = (실업자 수)/(경제활동 인구)
③ 모집단과 개체
- 15세 이상 국민
- 표집단위: 가구

1.6 검사의 타당성과 신뢰성

학업 적성이나 지능과 같은 인간의 능력은 비가시적인 특성이므로 물리적인 특성들과 같이 직접적으로 측정하지 못하고, 적어도 현 단계에서는 검사(검사지 또는 시험, test)라는 간접적인 측정 도구를 사용하여 측정한다. 검사를 제작할 때 우선적으로 고려할 사항은 타당성(validity)과 신뢰성(reliability)이다. 타당성은 측정 도구가 의도한 특성을 제대로 측정해낼 수 있느냐에 관한 문제이며, 신뢰성은 측정 도구가 의도한 특성을 안정적으로 측정해낼 수 있느냐에 관한 문제이다.

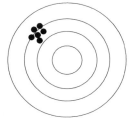
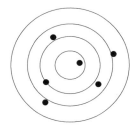
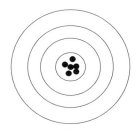

신뢰성은 있으나 타당성은 없음   신뢰성도 없고 타당성도 없음   신뢰성과 타당성이 모두 있음

[그림 1.6.1] 신뢰성과 타당성

1. 다음 통계적 문제들에서 대해 모수, 모집단, 개체, 변수, 표본, 통계량을 밝혀라.

(1) 한 전구 생산업자가 전구를 매일 50만 개씩 생산한다고 가정하자. 제품에 대한 고객 반응 때문에 어느 날 생산되는 제품의 불량률을 판정하려고 한다. 각 전구의 불량 여부를 판정하기 위하여 50만 개 전구들을 모두 소켓에 넣고 시험을 할 수도 있겠지만, 다른 방법은 50만 개 전구 중 1,000개를 랜덤하게 뽑아서 성능을 검사하는 것이다. 표본으로 선택된 전구 1,000개의 불량률로부터 하루에 생산된 50만 개 전구의 불량률을 추정한다. 나중에 표본 불량률이 전체 불량률에 매우 근접하다는 것을 보게 될 것이다.

(2) 여론조사기관들이 대통령 선거에서 A 후보에 대한 유권자들의 지지도를 파악하려 한다. 이들은 A 후보가 당선될 기회가 얼마나 되는지를 알고 싶어 한다. 이 여론조사기관들이 수천 만 또는 수억 유권자들의 의견을 어떻게 알아낼 수 있는가? 모든 유권자들을 접촉하여 결론에 도달할 수는 없을 것이다. 전체 유권자들의 반응을 추정하기 위하여 단지 1,500명 정도의 유권자들을 수집한다. 이런 과정은 놀랍게도 표본 유권자들의 지지율이 전체 유권자의 지지율에 매우 근접하리라는 것을 시사한다.

(3) 어느 지역의 토양에서 관찰되는 특정한 미생물의 개체수가 정상 환경 하에서는 단위 체적 당 102개 정도라고 알려져 있다. 이 미생물은 토양오염이 심해질수록 개체수가 늘어나는 특성이 있다고 한다. 그런데 인근 지역에 한 화학공장이 들어선 후 토양오염이 우려되고 있다. 따라서 이에 대한 체계적 연구를 위해 한 미생물학자가 10군데를 랜덤하게 뽑아서 이 미생물의 단위 체적당 개체수를 조사하였다. 그는 이 지역 토양이 공장 설립 후에 오염되었다고 할 수 있는지를 판단하려고 한다.

(4) 한 의학 연구자가 새로운 약품이 환자의 심장박동수에 미치는 영향을 규명하려 한다. 이 의학자는 이 약품으로 처리(또는 치료)를 받을 모든 미래 환자들에게 미칠 영향에 관심을 가지고 있다. 이 연구에 참여하기로 한 심장병 환자 100 명 중 50명을 랜덤하게 뽑아서 새로운 약품으로 처리를 하고 나머지 50명은 위약(placebo)으로 처리를 하였다. 일정 기간 동안 피험자에 대한 심장박동수가 기록되었다. 이 의학자는 새로운 약품이 정말로 심장병에 효과가

있는지, 아니면 위약보다 나을 것이 없는지를 판단하고 싶어 한다. 새로운 약품의 효과를 관찰한 후 이 약품이 미래의 모든 심장병 환자들에게도 비슷한 효과를 보일 것이라고 추론할 수 있을 것이다.

2. 다음 각 변수들의 측정척도(명목척도, 순서척도, 구간척도, 비율척도)와 형(이산형, 연속형)을 밝혀라.

(1) 표본으로 뽑힌 지역에 서식하는 곤충의 종류
(2) 어떤 자극에 대한 사람의 반응 시간(단위: 1,000분의 1초)
(3) 다음 질문에 대한 대답
   질문: 의원내각제로의 개헌에 대한 당신의 의견은?
   대답: ① 강력히 찬성한다 ② 찬성한다 ③ 모르겠다 ④ 반대한다 ⑤강력히 반대한다
(4) 우편 설문지에 기재된 조사 대상자의 우편번호
(5) 구리관을 파괴하는 데 필요한 압력(단위: g/cm2)
(6) 농구선수의 등번호
(7) 한 가정의 자녀수
(8) 권투선수의 체급
(9) 절대온도($^\circ$K) 단위로 측정된 어떤 물체의 온도
(10) 역년(calender year)

3. 다음 특성들은 어떤 척도로 관찰하는 것이 타당한가?

(1) 무게 (2) 초장(草丈) (3) 시간 (4) 온도 (5) 저항성 (6) 형질의 유전분리
(7) 10a당 수량 (8) 강우량 (9) 성별 (10) 나이 (11) 꽃색깔 (12) 점수

4. 다음은 '홍삼, 고혈압 환자 혈압저하 효과 확인'이라는 제목의 1998년 11월 25일자 조선일보 기사를 발췌·인용한 것이다.

> 국산 고려홍삼이 혈압을 낮춰주는 효과가 있다는 사실을 보여주는 임상 연구 결과가 나왔다. 한국인삼연초연구원 남기열 박사와 서울대 오병희, 성균관대 서정돈 교수 연구팀은 최근 미국의 동양의학 학술지인 ≪아메리칸 저널 오브 차이니즈 메디신≫에서 고혈압 환자에 대한 홍삼 투여 실험을 통해 홍삼의 혈압 저하 효과를 확인했다고 밝혔다.
>
> 연구팀은 수축기/이완기 혈압이 1백40/90인 고혈압 환자 34명에게 한 달간 가짜 약(위약)을 먹게 하고 다음 2개월간 홍삼(1회 1.5g씩 하루 3회)을 먹게 한 뒤 30분마다 자동으로 혈압을 측정하는 기기로 혈압의 변화를 조사했다. 연구 결과 고혈압의 원인질환이 명확치 않은 본태성 고혈압 환자 26명은 2개월간 홍삼을 복용했을 때 수축기와 이완기 평균 혈압이 각각 1백43㎜Hg, 87㎜Hg로 가짜 약을 먹을 때의 혈압(수축기 1백49㎜Hg, 이완기 91㎜Hg)보다 낮아진 것으로 나타났다.
>
> 연구팀은 특히 홍삼에 의한 혈압저하 효과가 낮 동안(오전 8시~오후 8시)과 뇌졸중 발생 빈도가 높은 새벽시간(오전 5~7시 사이)에 분명하게 나타나 홍삼 복용을 통해 고혈압 합병증을 줄일 수 있을 것으로 보고 있다.

(1) 이 연구의 개체, 모집단 그리고 표본을 밝혀라.

(2) 이 연구의 독립변수, 종속변수를 밝히고 외생변수를 찾아라. 그리고 이 연구에서 주장하고 있는 연구 결과를 변수들 간의 관계로 도식화하라.

(3) 이 연구의 연구 형태를 밝히고, 그렇게 판단하게 된 근거를 제시하라.

(4) 이 연구의 결론에 동의하는가? 비평하라.

5. 다음은 '아버지 나이 많으면 알츠하이머병 위험'이라는 제목의 1998년 9월 17일자 조선일보 기사를 발췌·인용한 것이다.

아버지의 나이가 많으면 자녀가 알츠하이머병에 걸릴 가능성이 커진다는 연구 결과가 나왔다. 독일 뮌헨공대 라스 베르트람 박사 연구팀은 영국의 과학전문지 ≪뉴 사이언티스트≫ 최근호에 발표한 알츠하이머병 환자와 그들이 태어났을 때의 아버지 나이를 분석한 연구 결과에서 이같이 밝혔다.

연구팀은 어머니 나이가 많으면 다운증후군 아기 탄생이 많아지고 다운증후군에 걸린 사람은 알츠하이머병에 잘 걸린다는데 착안, 알츠하이머병과 부모 나이의 관계를 밝히기 위해 알츠하이머병 환자 2백6명을 조사했다. 연구팀은 이들 알츠하이머병 환자 발생에 유전적 요인이 있는지를 알아보기 위해 환자 가계에서의 알츠하이머병 발생빈도를 조사, 유전적 요인이 있는 집단과 없는 집단으로 분류해 이들이 태어났을 때의 아버지 나이를 조사했다.

조사 결과 유전적 요인이 적으면서 이 병에 걸린 사람들이 태어났을 때 아버지 평균 연령은 35.7살인 반면 알츠하이머병 관련 유전자를 물려받은 환자들이 태어났을 때 아버지 평균연령은 31.3살이었다. 유전요인이 적으면서 알츠하이머병에 걸린 환자 탄생 시 아버지의 나이가 유전적 요인이 많은 사람이거나 또는 이 병에 걸리지 않은 비슷한 나이의 사람들이 태어났을 때 아버지의 연령보다 훨씬 많은 것으로 나타난 것이다.

연구팀은 아버지들이 나이가 많아질수록 DNA에 손상이 많아지고 이것이 자녀들에게 유전돼 알츠하이머병 발병에 영향을 미치는 것으로 분석했다.

(1) 이 연구의 개체, 모집단 그리고 표본을 밝혀라.

(2) 이 연구의 독립변수, 종속변수를 밝히고, 외생변수를 찾아라. 그리고 이 연구에서 주장하고 있는 연구 결과를 변수들 간의 관계로 도식화하라.

(3) 이 연구의 연구 형태를 밝히고, 그렇게 판단하게 된 근거를 제시하라.

(4) 이 연구의 결론에 동의하는가? 비평하라.

6. 다음은 "암환자들 많이 찾는 비타민 A, '발암 오히려 촉진'학설 충격"이라는 제목의 1994년 4월 17일자 동아일보 기사를 발췌·인용한 것이다.

> 항암효과가 있는 것으로 알려져 온 비타민 A가 오히려 암을 촉진시킨다는 임상 연구 결과가 나와 미국 언론이 최근 이 사실을 연일 크게 다루는 등 충격을 던져주고 있다. 이와 같은 사실은 미국 국립 암연구소와 핀란드 국립공중보건연구소가 지난 10년간 3만여 명을 대상으로 임상 연구한 결과 드러난 것이다.
>
> 두 연구소는 지난 84년 이후 핀란드인 중 폐암 발생 확률이 높은 흡연자 2만9천1백33명을 골라 이들을 두 그룹으로 나누어 한 그룹은 매일 베타카로틴 20mg씩을 투여하고 다른 그룹은 위약을 5년 내지 8년씩 투여했다. 그런데 위약을 투여한 그룹에서는 4백2명의 암환자가 발생한 반면 베타카로틴을 투여한 그룹에서는 이보다 18%가 더 많은 4백74명의 암환자가 발생했다는 것. 연구팀은 이 같은 결과가 통계학적으로 우연에 의한 것일 확률은 1백분의 1에 불과하다고 밝혔다.

(1) 이 연구의 개체, 모집단 그리고 표본을 밝혀라.

(2) 이 연구의 독립변수, 종속변수를 밝히고 외생변수를 찾아라. 그리고 이 연구에서 주장하고 있는 연구 결과를 변수들 간의 관계로 도식화하라.

(3) 이 연구의 연구 형태를 밝히고, 그렇게 판단하게 된 근거를 제시하라.

(4) 이 연구의 결론에 동의하는가? 비평하라.

7. 다음은 '꾸준한 운동이 오래 사는 비결, 안 하는 사람에 비해 사망률 50% 줄어'라는 제목의 1994년 4월 13일자 동아일보 기사를 발췌·인용한 것이다.

> 어느 나이에 운동을 시작하든 상관없다. 중요한 것은 운동을 꾸준히 해온 사람의 각종 질병으로 인한 사망률이 그렇지 못한 사람보다 절반 이하로 떨어진다는 점이다. 이 같은 사실은 12일 미국의학협회지 최신호에 게재된 쿠퍼 에어로빅 연구소의 연구 결과 보고서에서 밝혀졌다. 쿠퍼연구소는 지난 70년부터 89년 사이에 20～82세의 미국 성인 남자 9천7백77명을 대상으로 개인별로 5년의 간격을 두고 두 차례에 걸쳐 조사대상자의 체력을 측정, 이 같은 결과를 얻었다.
>
> 체력 측정 결과 첫 번째나 두 번째 모두 체력이 떨어졌던 사람들의 평균사망률은 1만명당 1백 22명으로 나타났다. 반면 두 차례 체력 측정에서 모두 건강했던 사람의 사망률은 1만명 당 40명이었다. 이 연구의 초점은 첫 번째 체력 측정 결과는 나빴지만 꾸준히

운동을 해 두 번째 체력 측정에서 개선된 사람들. 이들의 사망률은 1만 명당 68명으로 전혀 운동을 하지 않은 사람의 절반 정도에 불과했다.

(1) 이 연구의 개체, 모집단 그리고 표본을 밝혀라.

(2) 이 연구의 독립변수, 종속변수를 밝히고 외생변수를 찾아라. 그리고 이 연구에서 주장하고 있는 연구 결과를 변수들 간의 관계로 도식화하라.

(3) 이 연구의 연구 형태를 밝히고, 그렇게 판단하게 된 근거를 제시하라.

(4) 이 연구의 결론에 동의하는가? 비평하라.

8. 다음은 선거 여론조사와 관련된 내용이다.

선거를 6개월 앞둔 시점에서 한 언론사는 A 후보가 유권자 집단에서 어느 정도의 지지율을 얻고 있는지 알고 싶다. 1,000명의 유권자를 랜덤하게 뽑아서 A 후보에 대한 지지 여부를 물어보니 510명이 지지한다고 응답을 하였다.

(1) 이 연구에서 개체, 모집단 그리고 표본을 밝혀라.

(2) 이 연구에서 변수들은 무엇인가?

(3) 이 연구에서 모수와 통계량은 무엇인가? 그리고 통계값은 얼마인가?

9. 측정의 질과 관련해서 다음을 논의하라: 타당성, 신뢰성, 불편성

10. 아래 보기는 측정 과정의 내적 타당성(internal validity)이나 외적 타당성(external validity)에 관련된 항목들이다. 내적 타당성과 관련된 모든 항목의 번호를 적어라.

(   )

> ① 실제로 뽑힌 조사 대상이나 실험 대상에 관련되는 개념 ② 측정 도구의 타당성(타당한 측도인가?) ③ 외생변수와의 교락 ④ 편이표집(convenience sampling) ⑤ 측정 도구의 정확성 ⑥ 연구의 결론을 더 큰 모집단으로 일반화하는 데 관련되는 개념 ⑦ 계산실수

11. 다음 연구 내용은 조사연구인가 실험연구인가? 필요한 정보를 얻을 수 있는 방법을 구상해 보라.

   (1) 전국에 재배되는 통일형 벼 품종을 침해하는 병·해충의 종류와 그들의 중요도를 알고자 한다.

   (2) 통일형 벼 품종을 침해하는 흰빛잎마름병 균계 중에서 가장 독성이 강한 균계를 알고자 한다.

12. 벼 품종 수량 비교시험구 중 제1구에서 50주를 택하여 품종, 수량 그리고 분얼수(分蘖數, tillering)를 조사하였다.

   (1) 개체는 무엇인가?

   (2) 표본크기는 얼마인가?

   (3) 변수는 무엇인가?

13. (1) 개체들 사이에 이질성이 큰 모집단에서 랜덤표본(random sample, 무작위표본)을 추출할 때 가장 먼저 해야 할 일은 무엇인가?

   (2) 전국적으로 추진되고 있는 농업용수 개발 사업에 대한 농민의 반응을 평가, 분석하고자 할 때, 어떤 방법으로 표본을 추출하는 것이 좋은가?

2장

자료의 탐색과 기술

변수의 분포란 n번의 시행에서 가능한 각 결과가 발생할 상대적인 횟수(상대빈도)에 대한 기술이다. 다음 두 종류의 분포를 보자.

- 빈도분포(frequency distribution)

변수를 측정하여 얻어진 자료 값들의 분류이다. 흔히 질적 자료에 대한 빈도분포는 각 수준의 빈도를 구하여 작성하고, 양적 자료에 대한 빈도분포는 값들의 계급을 형성한 후 각 계급의 빈도를 구하여 얻는다.

- 확률분포(probability distribution)

확률변수(random variable)에 의한 표본공간에 속하는 기본적인 결과들에 대한 확률 할당이다. 확률분포는 5장에서 다룬다.

2.1 도표에 의한 일변량 자료 탐색

자료 분석 전에 도표를 통하여 분포의 특징을 면밀히 관찰할 수 있으며, 특히 다음에 유의해야 한다. 분포의 중심, 산포, 대칭성, 꼬리를 뻗은 방향, 꼬리 두께, 군집(groupings, clusters)의 존재, 이상값(outliers)의 존재.

2.1.1 질적 자료

(1) 도수분포표(frequency (distribution) table)

각 수준의 빈도를 구하여 정리한 표로 다음 항목들을 포함한다.

> 빈도(frequency): 각 값이 자료에 나타난 횟수
> 상대빈도(relative frequency): 총 빈도 가운데 각 값의 빈도가 차지하는 비율
> 누적빈도(cumulative frequency): 그 값까지의 빈도의 합
> 누적상대빈도(cumulative relative frequency): 그 값까지의 상대빈도의 합

[예 2.1.1] 다음은 멘델(Mendel)의 완두콩 교배실험 자료 가운데 일부이다. 완두콩은 네 종류의 씨앗을 생산하는데 이들은 종종 한 콩깍지 안에서 관찰되기도 한다. 15개의 식물에서 556개의 씨앗이 주어졌다.

$$\{1, \ 3, \ 2, \ 1, \ 4, \ 2, \ ...\}$$

여기에서 '1 – 매끄럽고 노란색(r&y), 2 – 쭈글쭈글하고 노란색(w&y), 3 – 매끄럽고 녹색(r&g), 4 – 쭈글쭈글하고 녹색(w&g)'을 나타낸다. 이 교배실험 자료는 질적(명목형) 자료이다. 이 자료는 [표 2.1.1]과 같은 도수분포표로 요약될 수 있다.

[표 2.1.1] 멘델의 완두콩 교배실험 자료에 대한 도수분포표

완두콩 씨앗 종류	관측빈도	백분율
매끄럽고 노란색(1)	315	56.65
쭈글쭈글하고 노란색(2)	101	18.17
매끄럽고 녹색(3)	108	19.42
쭈글쭈글하고 녹색(4)	32	5.75
합계	556	100.00

(2) 막대그래프(bar chart)

질적 자료에 대한 도수분포표를 막대로 나타낸 그림이다. 막대의 높이로 빈도나 상대빈도 또는 이들에 대응하는 백분율들을 사용한다.

[예 2.1.2] [그림 2.1.1]은 [예 2.1.1]에서 소개한 멘델의 완두콩 교배실험 자료에 대한 막대그래프이다.

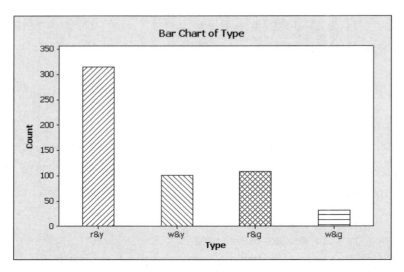

[그림 2.1.1] 완두콩 교배실험 자료에 대한 막대그래프

(3) 픽토그램(pictogram)

막대그래프에서 막대 대신 자료 내용과 관련된 그림으로 표현한 막대그래프의 변형
이다.

> **예 2.1.3** [그림 2.1.2]은 완두콩 교배실험 자료에 대한 픽토그래프이다.

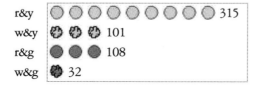

[그림 2.1.2] 픽토그래프

(4) 원그래프(pie chart)

분할막대그래프에서 막대 대신 원호를 사용한 분할막대그래프의 변형으로 전체 모양
은 원을 이루게 된다.

예 2.1.4   [그림 2.1.3]은 멘델의 완두콩 교배실험 자료에 대한 원그래프이다.

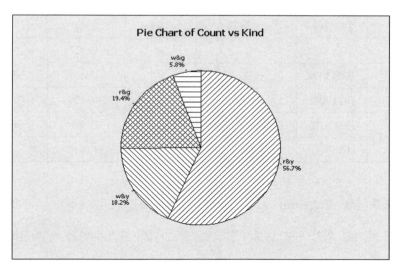

[그림 2.1.3] 완두콩 교배실험 자료에 대한 원그래프

2.1.2 양적 자료

(1) 도수분포표

값들을 묶어서 계급들(classes)을 형성한 후 각 계급의 빈도를 정리한 표이다.

예 2.1.5   다음은 벼 40(개)의 간장(stem length)을 측정한 자료이다(단위: cm).

74	77	80	82	84	86	88	90	91	93
89	93	94	95	96	96	99	101	102	103
109	109	115	116	117	118	120	124	125	127
98	99	104	105	107	107	110	111	112	114

이 간장 자료로부터 [표 2.1.2]와 같은 도수분포표를 얻을 수 있다. 표의 구간 열에서 [70,80)은 '70 이상 80 미만'인 구간을 뜻한다([표 2.1.3]의 줄기그림을 참조하라).

[표 2.1.2] 벼 간장 자료에 대한 도수분포표

계급	구간	계급중간값(대푯값)	빈도	상대빈도	누적상대빈도
1	[70, 80)	75	2	2/40	2/40
2	[80, 90)	85	6	6/40	8/40
3	[90, 100)	95	11	11/40	19/40
4	[100, 110)	105	9	9/40	28/40
5	[110, 120)	115	8	8/40	36/40
6	[120, 130)	125	4	4/40	1

(2) 점도표(dot diagram)

각 자료를 수직선 위의 점으로 표시한 그림으로 자료의 크기가 작을 때 적절하다.

예 2.1.6   [그림 2.1.4]는 벼 간장 자료에 대한 점도표이다.

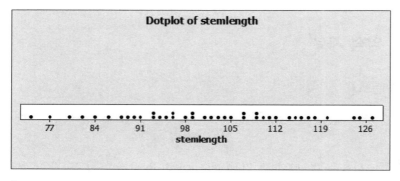

[그림 2.1.4] 벼 간장 자료에 대한 점도표

(3) 히스토그램(histogram)

양적 자료의 도수분포표를 막대로 나타낸 그림이다.

■ 막대의 축척(scale)에 의한 히스토그램의 유형
- 빈도 히스토그램은 막대의 높이가 빈도이다.
- 상대빈도(또는 백분율) 히스토그램은 막대의 높이가 상대빈도(또는 백분율)이다.
- 밀도 히스토그램은 막대의 면적이 상대빈도이다. 이때 막대의 높이는 밀도

(density)가 된다.

● 밀도(또는 빈도) 곡선은 평활화된 밀도 히스토그램이다.

특히 밀도 히스토그램은 막대의 면적이 그 계급의 상대빈도이며, 이는 크기가 서로 다른 자료 집합들의 분포를 비교하기에 좋다. 백분율 히스토그램은 막대의 면적이 그 계급의 백분율이 되도록 한 것이다. 밀도 히스토그램과 백분율 히스토그램은 세로축의 축척만 다를 뿐 동일한 형상을 가진다. 히스토그램은 높이가 아니라 면적으로 양을 나타낸다는 점에서 막대그래프와 다르다.

예 2.1.7   [그림 2.1.5(1)]과 [그림 2.1.5(2)]는 벼 간장 자료에 대한 '백분율' 히스토그램과 '밀도' 히스토그램을 각각 나타낸다. 백분율 히스토그램에서는 막대의 높이가 그 계급의 백분율이고, 밀도 히스토그램은 막대의 면적이 그 계급의 상대빈도가 된다.

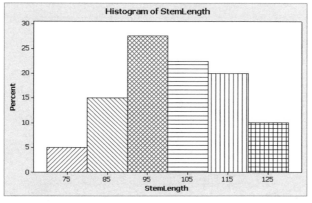

(1) '백분율' 히스토그램

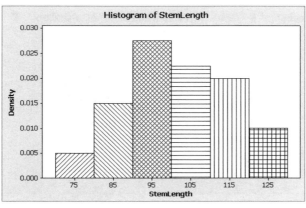

(2) '밀도' 히스토그램

[그림 2.1.5] 벼 간장 자료에 대한 히스토그램들

(4) 줄기그림(stem plot)

히스토그램과 마찬가지로 양적 자료의 전체적인 분포 형태를 보여 주는데, 히스토그램과 달리 막대 대신에 실제 숫자를 사용한다.

- 줄기(stem): 각 가로줄
- 잎(leaf): 각 가로줄의 숫자
- 깊이(depth): 상향 순위와 하향 순위 중 작은 값

줄기 폭을 조절함으로써 자료의 분포 형태를 잘 나타내는 줄기그림을 얻을 수 있다. 줄기 폭으로 가능한 값은 1, 2, 5나 이들에 10^k를 곱한 값들이다(여기에서 $k = \pm 1, \pm 2, \cdots$).

> **과제 2.1.1** 줄기그림과 히스토그램의 장단점을 비교해 보아라.

예 2.1.8 다음은 [예 2.1.5]의 벼 간장 자료에 대한 줄기그림이다. 왼쪽은 줄기 폭이 5이고, 오른쪽은 줄기 폭이 10이다.

[표 2.1.3] 벼 간장 자료에 대한 줄기그림

```
Character Stem-and-Leaf Display        Character Stem-and-Leaf Display

Stem-and-leaf of StemLeng  N = 40      Stem-and-leaf of StemLeng  N = 40
Leaf Unit = 1.0                        Leaf Unit = 1.0

    1      7 4                             2      7 47
    2      7 7                             8      8 024689
    5      8 024                          19      9 01334566899
    8      8 689                         (9)     10 123457799
   13      9 01334                        12     11 01245678
   19      9 566899                        4     12 0457
   (4)    10 1234
   17     10 57799
   12     11 0124
    8     11 5678
    4     12 04
    2     12 57
```

과제 2.1.2 [예 1.2.1]에서 c1에 대한 줄기그림을 작성하고 자료의 분포를 설명하라.

(5) 밀도 다각형(density polygon)

밀도 히스토그램 막대 끝 부분의 중앙점을 연결한 그림으로, 히스토그램보다 분포 형태가 보기 좋다. 밀도 다각형은 빈도 다각형(frequency polygon)이라고도 한다.

예 2.1.9 다음은 [예 2.1.5]에 제시된 벼 간장 자료에 대한 밀도 다각형이다.

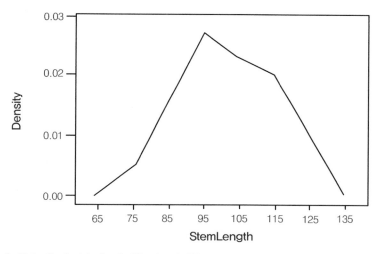

[그림 2.1.6] 벼 간장 자료에 대한 밀도 다각형

(6) 밀도곡선(density curve)

평활화된(smoothed) 밀도 다각형(또는 밀도 히스토그램)이다. 앞으로 밀도곡선을 사용하여 양적 자료의 분포를 묘사할 것이다. 밀도곡선은 빈도곡선(frequency curve)이라고도 한다. 밀도곡선이나 밀도 다각형을 $f(x)$로 표기한다.

예 2.1.10 [그림 2.1.7]은 평균이 50이고 표준편차가 10인 정규분포의 밀도곡선 즉 정규밀도곡선(normal density curve)을 나타낸다. 정규밀도곡선은 간단히 정규곡선이라고 부른다.

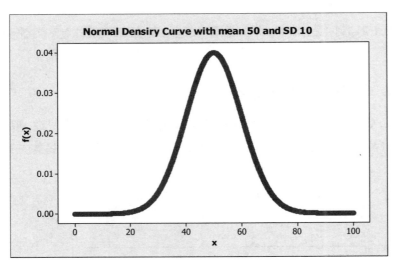

[그림 2.1.7] 평균이 50, 표준편차가 10인 정규밀도곡선

(7) 오자이브(ogive)

누적상대빈도(또는 누적백분율) 히스토그램의 막대 끝 부분의 오른쪽을 연결시킨 누적상대빈도 다각형(cumulative relative frequency polygon)을 말한다. 이로부터 특정한 백분율에 대응되는 백분위수(percentile)나 특정한 값의 백분위(percentile rank)를 쉽게 구할 수 있다.

예 2.2.11   다음은 [예 2.1.5]에 제시된 벼 간장 자료에 대한 누적백분율 히스토그램과 그 오자이브이다.

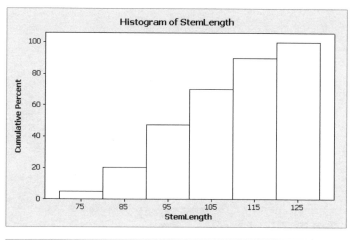

(1) 누적백분율 히스토그램

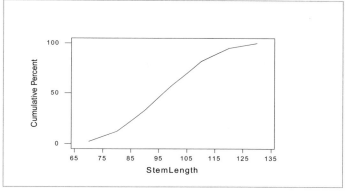

(2) 오자이브

[그림 2.1.8] 벼 간장 자료의 누적백분율 히스토그램과 오자이브

(8) 상자그림(box plot)

자료의 사분위수들을 상자로 나타내고 인접값들(adjacent values)까지 수염으로 나타낸 후 바깥값들(outside values)과 먼 바깥값들(far-out values)을 이상값(outliers)의 후보로 제시해준다. 상자그림은 여러 집단의 자료를 비교할 때 매우 효과적이다. 상자그림에 관한 상세한 설명은 2.2.2절을 참고하기 바란다.

[예 2.1.12] 다음은 [예 2.1.5]의 벼 간장 자료에 대한 상자그림이다. 상자그림을 통해서 간장 자료가 거의 대칭적이고 이상점이 보이지 않음을 알 수 있다.

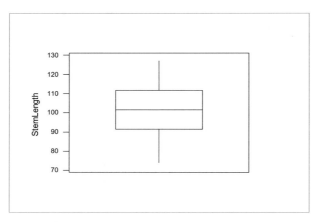

[그림 2.1.9] 벼 간장 자료에 대한 상자그림

수치에 의한 일변량 자료 탐색

일변량(양적) 자료 분포의 몇몇 특성값(대푯값, 산포도, 왜도, 첨도 등)들을 살펴보자.

〈기호〉

- 원자료　　　　$x_1, x_2, \ldots, x_n$
- 순서화된 자료　$x_{(1)}, x_{(2)}, \ldots, x_{(n)}$

2.2.1 위치 측도

(1) 중심 위치 측도

중심 위치의 측도는 대푯값이라고도 부른다. 중심 위치의 측도들 가운데 평균, 중앙값 그리고 최빈값을 중심으로 살펴볼 것이다. 그밖에 조화평균과 기하평균에 대해서는 2.3 절을 참고하기 바란다. 크기가 $n = 10$인 아래의 가상 자료를 사용하기로 한다.

가상 자료: −7 −5 −4 −4 −1 2 2 2 6 9

① 평균(mean) $\bar{x}$

먼저 가중평균을 정의하자. 각 값 x_i의 가중값이 w_i인 경우에 가중평균은 다음과 같이 정의된다.

$$\bar{x}_w = \sum_i w_i x_i \qquad (2.2.1)$$

여기에서 가중값 w_i는 비음(nonnegative)이고 합이 1인 실수이다. 즉 $w_i \geqq 0$이고 $\sum_i w_i = 1$(이하에서 $\sum_i$는 $\sum_{i=1}^{n}$를 뜻한다).

평균은 보통 산술평균(arithmetic average)이라고도 부르며, 모든 값에 동일한 가중값을 부여한 가중평균이다.

$$\bar{x} = \sum_i x_i / n \,, \ (w_i = 1/n \text{ 일 때}) \qquad (2.2.2)$$
$$= \mu \,, \ (n = N \text{ 일 때})$$

- 평균은 균형점 즉 자료의 무게 중심(balance point, center of gravity)이다.
- 평균은 제곱편차합을 최소화한다.

예 2.2.1 가상 자료에서
$$\bar{x} = (0)/10 = 0$$

가중평균의 예로 종합주가지수, 소비자물가지수(consumer price index, CPI), 평균평점 등을 들 수 있다.

과제 2.2.1 소비자물가지수와 종합주가지수는 어떻게 산정되는가?

예 2.2.2 [예 2.1.5]의 벼 간장 자료의 도수분포표로부터 간장 자료의 평균 $\bar{x}$를 계산해보자.

$$\overline{x} = (2/40)75 + (6/40)85 + (11/40)95 + (9/40)105 + (8/40)115 + (4/40)125 = 101.75$$

과제 2.2.2 농산물 품질 점수에 대한 층계함수 — 오자이브가 다음과 같다. 농산물 품질 점수의 평균을 구하고 그래프에 면적으로 나타내어 보자.

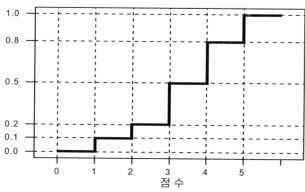

[그림 2.2.1] 농산물 품질 점수의 층계함수 — 오자이브

이 과제 — 그리고 연습문제 2번 — 를 통해서 다음 관계를 시각적으로 확인할 수 있다.

$$\overline{x} = \sum_i x_i w_i = \int_{-\infty}^{\infty} x \, dF(x) = \int_0^{\infty} [1 - F(x)] \, dx + \int_{-\infty}^0 F(x) \, dx \quad (2.2.3)$$

② 중앙값(median) $\tilde{x}$

순서화된 자료에서 가운데 위치하는 값, 즉 $\dfrac{n+1}{2}$ 번째 값이다

$$\tilde{x} = x_{\left(\frac{n+1}{2}\right)} \quad (2.2.4)$$

만일 n이 홀수이면 중앙값은 가운데 값이고, 짝수이면 가운데 두 값들의 평균이다.

- 중앙값 $\tilde{x}$ 는 절대편차합을 최소화한다.
- 중앙값은 면적의 이등분점(equal-areas point)이다.

예 2.2.3 가상 자료에서

$$\tilde{x} = x_{(\frac{1+10}{2})} = x_{(5.5)} = 0.5(x_{(5)} + x_{(6)}) = 0.5(-1+2) = 0.5(1) = 0.5$$

③ 최빈값(mode) $\breve{x}$

가장 빈도가 높은 값이다. 즉 최빈값은 빈도곡선에서 가장 높은 봉우리에 해당하는 값이다. 따라서 최빈값는 여러 개가 될 수도 있다.

예 2.2.4 가상 자료에서

$$\breve{x} = 2$$

④ 절단평균(trimmed mean)

$p\%$ 절단평균이란 순서화된 자료의 양쪽에서 각각 $p\%$에 해당하는 극단값들을 잘라낸 뒤 구한 평균을 뜻한다. 평균이 이상값(outliers)에 민감하게 반응하는 것을 완화시키기 위한 것이다. 체조 심사 점수는 대개 20% 절단평균이다.

예 2.2.5 가상 자료에서

20% 절단평균 = (−4 −4 −1 +2 +2 +2)/6 = (−3)/6 = −0.5

[관찰 2.2.1] 평균, 중앙값 그리고 최빈값은 경험적으로 다음과 같은 근사적 관계를 가진다.

$$\overline{x} - \breve{x} \approx 3(\overline{x} - \tilde{x}) \tag{2.2.5}$$

따라서

$$\tilde{x} \approx (2/3)\overline{x} + (1/3)\breve{x} \tag{2.2.6}$$

과제 2.2.3 다음은 어떤 자료의 밀도곡선이다. x축에 최빈값($\breve{x}$), 중앙값($\tilde{x}$), 평균($\bar{x}$)의 근사적인 위치를 표시하라.

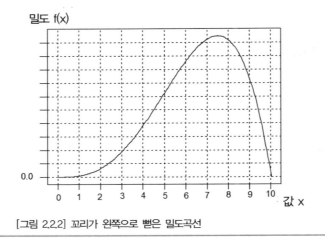

[그림 2.2.2] 꼬리가 왼쪽으로 뻗은 밀도곡선

(2) 상대적 위치측도

백분위수를 중심으로 자료 분포에서 상대적 위치를 나타내는 측도를 살펴보자.

⑤ 백분위수(percentiles) P_c

자료를 백등분하는 값들로, 제c백분위수 P_c는 순서화된 자료에서 $c\%$ 이상이 그 값보다 같거나 작고, $(100-c)\%$ 이상이 그 값보다 같거나 큰 값을 말한다. 이 조건을 만족하는 값은 여러 가지 방법으로 구할 수 있는데 몇몇 소프트웨어에서 사용하는 방법들을 제시하였다.

- 방법 E(엑셀 등): $(n-1)\,c\,/\,100+1$번째 값

  $(n-1)\,c\,/\,100+1 = i+f$라 할 때 (i: 정수 부분, f: 실수 부분)

$$P_c = (1-f)\,x_{(i)} + f\,x_{(i+1)} = x_{(i)} + f\cdot(x_{(i+1)} - x_{(i)}) \tag{2.2.7}$$

- 방법 S(SPSS와 SAS)

  $(n)\,c\,/\,100 = i+f$라 할 때 (i: 정수 부분, f: 실수 부분)

$$P_c = \begin{cases} (x_{(i)} + x_{(i+1)})/2, & f=0 \\ x_{(i+1)}, & f>0 \end{cases} \tag{2.2.8}$$

예 2.2.6 [예 2.1.5]의 벼 간장 자료에 대해 제25백분위수를 구해보자.

풀이 [표 2.1.3]의 줄기그림을 참조하면

- 방법 E

$$P_{25} = x_{(39 \times 0.25 + 1)} = x_{(10.75)} = (1 - 0.75) x_{(10)} + (0.25) x_{(11)}$$
$$= (0.25)(91) + (0.75)(03) = 92.5$$

- 방법 S: $(40)(0.25) = 10$이므로

$$P_{25} = (x_{(10)} + x_{(11)})/2 = (91 + 93)/2 = 92$$

⑥ **사분위수(quartiles)** Q_c

자료를 사등분하는 세 개의 값들로, 백분위수와는 다음 관계가 있다.

$$Q_1 = P_{25}, \ Q_2 = P_{50} = \tilde{x}, \ Q_3 = P_{75}$$

⑦ **분위수(quantiles, fractiles)**

십분위수(deciles), 백분위수, 천분위수 등 각종 분위수를 가리키는 일반적인 이름이다. 분위수는 흔히 0.5 분위수(중앙값), 0.999 분위수 등과 같이 0과 1 사이의 실수값으로 지칭한다. p분위수를 f_p로 나타내기로 하면,

$$f_{0.25} = Q_1 = P_{25}, \ f_{0.5} = Q_2 = P_{50} = \tilde{x}, \ f_{0.75} = Q_3 = P_{75}$$

이 밖에 오분위수(quintiles)나 팔분위수(octiles) 등이 있다.

예 2.2.7 가상 자료에서

$$Q_1 = x_{(11 \times 0.25)} = x_{(2.75)} = 0.25 x_{(2)} + 0.75 x_{(3)} = 0.25(-5) + 0.75(-4) = -4.25$$
$$Q_2 = x_{(11 \times 0.5)} = x_{(5.5)} = 0.5 x_{(5)} + 0.5 x_{(6)} = 0.5(-1) + 0.5(2) = 0.5$$
$$Q_3 = x_{(11 \times 0.75)} = x_{(8.25)} = 0.75 x_{(8)} + 0.25 x_{(9)} = 0.75(2) + 0.25(6) = 3$$

> **과제 2.2.4** 소득분포에서 균등분배의 측도로 사용하는 십분위 분배율(decile distribution ratio, DDR, 십분위수 분배비)과 오분위 배율(quintile share ratio, QSR, 오분위수 점유비)을 조사해보고 그런 측도들을 비평하라.

2.2.2 산포도(散布度, dispersion)

자료의 (중심)위치가 파악되었다면, 자료가 중심에서(또는 서로) 얼마나 떨어져 있는 가에 관심을 가지게 된다. 이를 산포도(measure of dispersion)라고 부른다. 먼저 편차 (deviation)는 자료 값과 어떤 중심과의 차이를 말하는데, 중심으로는 흔히 평균이나 중앙값이 사용된다.

- 평균에서의 편차 $d_i = x_i - \overline{x}$
- 중앙값에서의 편차 $d_i = x_i - \tilde{x}$

평균에서의 편차는 그냥 편차라고 부른다. 산포도는 이런 편차들이 얼마나 큰가에 관한 것이다. 아래에 몇몇 산포도들을 제시하였다. 크기가 $n = 10$인 아래의 가상 자료를 사용할 것이다.

> 가상 자료: −7 −5 −4 −4 −1 2 2 2 6 9

(1) 범위(range)

자료의 너비이다.

$$R = x_{(n)} - x_{(1)} \tag{2.2.9}$$

(2) 사분위수 범위(interquartile range)

사분위수들의 너비이다.

$$IQR = Q_3 - Q_1 \tag{2.2.10}$$

예 2.2.8 가상 자료에서

$$R = x_{(10)} - x_{(1)} = 9 - (-7) = 16$$

$$IQR = Q_3 - Q_1 = 3 - (-4.25) = 7.25$$

그리고 간장 자료에서([예 2.2.6] 참조)

$$R = 127 - 74 = 53$$

$$IQR = 111.75 - 91.5 = 20.25$$

(3) 평균편차(mean deviation)

평균편차는 절대편차들의 평균이다.

$$MD(\overline{x}) = \sum |x_i - \overline{x}| / n \tag{2.2.11}$$

(4) 중앙값에 대한 평균편차(mean deviation about median)

$$MD(\tilde{x}) = \sum |x_i - \tilde{x}| / n \tag{2.2.12}$$

(5) 분산(variance)

분산은 편차제곱들의 평균이다.

- 분산

$$s'^2 = \sum (x_i - \overline{x})^2 / n = \sum (x_i^2 - n\overline{x}^2) / n \tag{2.2.13}$$
$$= \sigma^2, \ n = N일 \ 때$$

- 표본분산(sample variance)

$$s^2 = \sum (x_i - \overline{x})^2 / (n-1) = \sum (x_i^2 - n\overline{x}^2) / (n-1) \tag{2.2.14}$$

표본분산 s^2의 정의에서 분모 $(n-1)$은 자유도(degrees of freedom, df)인데, 이는

분자인 제곱합 항에 사용된 편차들의 정보량－자유로운 차원의 수－을 나타낸다. 자료 기술이 목적이라면 분산 s'^2가, 자료로부터의 추론이 목적이라면 표본분산 s^2가 더 적절하다고 할 수 있다. 이에 대한 근거는 뒤에서 설명하도록 한다.

(6) 표준편차(standard deviation)

표준편차는 분산의 단위를 자료의 측정 단위로 환원시키기 위해 분산에 양의 제곱근을 취한 것이다.

- 표준편차

$$s' = \sqrt{s'^2}$$ (2.2.15)

$$= \sigma^2, \ n = N \text{일 때}$$

- 표본표준편차(sample standard deviation)

$$s = \sqrt{s^2}$$ (2.2.16)

[예 2.2.9] 가상 자료에서 평균편차, 분산, 표준편차 등을 구해보자.

i	x_i	$x_i - \overline{x}$	$(x_i - \overline{x})^2$	$\lvert x_i - \overline{x} \rvert$	$x_i - \tilde{x}$	$\lvert x_i - \tilde{x} \rvert$
1	−7	−7	49	7	−7.5	7.5
2	−5	−5	25	5	−5.5	5.5
3	−4	−4	16	4	−4.5	4.5
4	−4	−4	16	4	−4.5	4.5
5	−1	−1	1	1	−1.5	1.5
6	2	2	4	2	1.5	1.5
7	2	2	4	2	1.5	1.5
8	2	2	4	2	1.5	1.5
9	6	6	36	6	5.5	5.5
10	9	9	81	9	8.5	8.5
계	7	0	236	42	−5	42

위 표로부터

$$s'^2 = 236/10 = 23.6, \qquad s' = \sqrt{23.6} = 4.858$$
$$s^2 = 236/9 = 26.222, \qquad s = \sqrt{26.222} = 5.121$$

평균편차 $MD(\overline{x}) = 42/10 = 4.2$; 중앙값에 대한 평균편차 $MD(\tilde{x}) = 42/10 = 4.2$

〈약속〉 표준편차 s' 과 s 를 굳이 구별할 필요가 없을 때는 SD라고 표기하자.

산포의 측도로서의 표준편차의 의미를 새겨볼 수 있는 두 법칙을 살펴보자.

■ 체비세프 부등식(Chebyshev's Inequality)

전체 자료 가운데 적어도 $100(1 - 1/k^2)\%$가 평균으로부터 k배의 표준편차 이내에 위치한다.

[성질 2.2.1] $\overline{x} \pm k s'$ 구간 내에 $100(1 - 1/k^2)\%$ 이상의 자료가 들어 있다.

증명 n개의 관측값으로 이루어진 임의의 자료 집합에서 $(\overline{x} - k s', \ \overline{x} + k s')$ 구간에 포함되는 자료의 비율은 적어도 $1 - 1/k^2$임을 보일 것이다. 분산의 정의로부터 다음 관계를 유도할 수 있다.

$$s'^2 = \frac{1}{n} \sum_{i=1}^{n} (x_i - \overline{x})^2$$

$$\geq \frac{1}{n} \sum_{i \in T} (x_i - \overline{x})^2 \ , \ \ \text{여기서} \ \ T = \left\{ i : \ |x_i - \overline{x}| \ \geq k s' \right\}$$

$$\geq \frac{1}{n} \sum_{i \in T} (k s')^2$$

T의 크기를 $|T|$라고 하면

$$s'^2 \geq \frac{1}{n} (k s')^2 |T|$$

또는

$$\frac{|T|}{n} \leq \frac{1}{k^2}$$

따라서 $(\overline{x} - ks', \overline{x} + ks')$ 구간에 포함되는 자료의 비율은 다음과 같다.

$$1 - \frac{|T|}{n} \geq 1 - \frac{1}{k^2} \tag{2.2.17}$$

체비세프 부등식에 의하면 다음 사실을 알 수 있다.

- $\overline{x} \pm 1s'$ 구간 내에 적어도 0%의 자료가,
- $\overline{x} \pm 2s'$ 구간 내에 적어도 75%의 자료가,
- $\overline{x} \pm 3s'$ 구간 내에 적어도 88.888%의 자료가 들어 있다.

■ 종 모양 분포에 대한 경험적 법칙
자료 분포가 대략 종 모양인 대칭분포를 따른다면 경험적 법칙은 다음과 같다.

- $\overline{x} \pm 1s'$ 구간 내에 약 68.3%의 자료가,
- $\overline{x} \pm 2s'$ 구간 내에 약 95.5%의 자료가,
- $\overline{x} \pm 3s'$ 구간 내에 약 99.7%의 자료가 들어 있다.

위의 법칙들이 설명하는 바와 같이 표준편차는 자료의 산포를 얘기할 때 표준적인 위치를 차지하고 있다. 중심 측도들과 표준편차 간의 관계를 나타내는 아래의 성질도 유용한 정보를 제공한다.

[성질 2.2.2] 평균, 중앙값 그리고 표준편차는 다음 관계를 만족한다.

$$|\overline{x} - \tilde{x}| \leq s' \tag{2.2.18}$$

(7) 변동계수(coefficient of variation, CV)

값의 규모나 단위에 구애받지 않도록 표준편차를 정규화시킨 것이다.

$$CV = SD / \bar{x} \qquad (2.2.19)$$

변동계수는 위 식에 100을 곱하여 %로 표현되기도 한다. 변동계수는 양수 자료에 대해 의미를 가진다.

[예 2.2.10] 다음은 한국 농가와 미국 농가에서 얻은 벼의 간장(stem length) 자료에 대한 요약 통계량들이다(표본크기는 각각 100). 한국 농가와 미국 농가 중 벼의 간장 자료의 산포가 더 큰 나라는?

- 한국 농가(단위 cm): 평균＝100, SD＝10
- 미국 농가(단위 인치): 평균＝40, SD＝5

[풀이] 양국 농가의 측정 단위가 다르므로 표준편차 대신 변동계수를 비교하도록 한다.

$$CV(Korea) = 10/100 \times 100 = 10(\%) < CV(USA) = 5/40 \times 100 = 12.5(\%)$$

즉 미국 농가의 산포가 더 크다. □

(8) 다섯숫자요약(five number summary)과 상자그림

사분위수들 그리고 양쪽 끝 값들을 묶어서 다섯숫자요약(five-number summary)이라고 부른다.

- 다섯숫자요약: $x_{(1)}, \; Q_1, \; \tilde{x}, \; Q_3, \; x_{(n)}$

다섯숫자요약을 아래와 같이 상자와 수염으로 나타냄으로써 자료 분포의 특징을 시각적으로 파악할 수 있다.

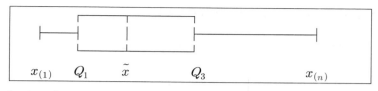

[그림 2.2.3] 기본 상자그림

> **과제 2.2.5** 위 상자그림으로 표현된 자료의 분포를 밀도곡선으로 나타내보자.

　　그런데 실제로는 기본 상자그림보다는 도해식 상자그림(schematic box plot)이 상자그림이라는 이름으로 더욱 널리 사용된다. 도해식 상자그림은 이상점들(outliers)에 대한 정보도 추가로 제공한다. 도해식 상자그림은 다음과 같이 작성된다.

- 사분위수 범위의 1.5배를 한 발(one step)로 잡는다.
- 제1사분위수와 제3사분위수에서 각각 한 발 나간 위치에 안 울타리들(inner fences)이 있다.
- 안 울타리들에서 각각 다시 한 발 나간 위치에 바깥 울타리들(outer fences)이 있다.
- 수염은 안 울타리의 내부에 있는 점들 중에서 가장 큰 값까지 연결된다. 수염이 연결된 이 점들은 인접값들(adjacent values)이라고 부른다.
- 안 울타리와 바깥 울타리 사이에 있는 값들은 가능한 이상값들(possible outliers)로 *로 나타낸다(자료가 정규분포를 따른다면, 이 확률은 0.007 정도이다).
- 바깥 울타리 밖에 있는 값들은 아마도 이상값들(probable outliers)로 O로 나타낸다(자료가 정규분포를 따른다면, 이 확률은 거의 0이다).
- 가능하면 이상값들에 대해서는 원인을 제시하는 것이 좋다.

　　앞 절 [예 2.1.5]의 벼 간장 자료에 대한 상자그림이 [그림 2.1.9]에 있다. 이 경우 이상값들이 표시되어 있지 않으므로 기본 상자그림과 동일한 정보를 제공한다.

　예 2.2.11　[그림 2.2.4(a)]는 태양 흑점수 자료에 대한 상자그림이다. 이상값들이 여럿 보인다. [그림 2.2.4(b)]는 성경의 창세기 인물들의 초산 나이 자료에 대한 상자그림이다. 이상값이 하나 보이는데, 이는 누구인가?

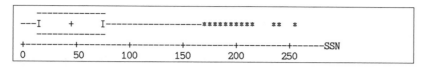

[그림 2.2.4(a)] 태양 흑점수 자료에 대한 상자그림

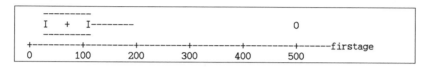

[그림 2.2.4(b)] 성경 인물들의 초산 나이 자료에 대한 상자그림

> **[참고]** 역학의 모멘트와 비교하자면, 평균은 무게중심(center of gravity)에 해당하고, 분산은 회전반경(radius of gyration)에 해당한다. 즉 평균점에서 양쪽 무게가 평형을 이루고 분산이 클수록 불안정한 시스템이라고 할 수 있다.

> **[참고] RMS 크기(root mean square size, 제곱근 평균제곱 크기)**
>
> 자료 $x_1, x_2, \ldots, x_n$ 의 RMS 크기는 다음과 같이 정의된다.
>
> $S = \sqrt{\dfrac{1}{n}\sum_i x_i^2}$ 중앙값이나 평균은 값들의 중심 위치를 나타내고, 사분위수 범위나 표준편차는 값들이 얼마나 흩어져 있는가를 나타내는 반면에, RMS 크기는 값들이 얼마나 큰가를 나타낸다. s' 는 편차들의 RMS 크기이다.

2.2.3 선형변환된 자료의 중심 위치와 산포도

자료 x 에서 선형변환(linear transformation)된 자료 y 를 고려하자.

$$y = a + bx \tag{2.2.20}$$

[관찰 2.2.2] 상수를 더하면 분포의 위치가 이동한다. 즉 상수를 더하면 위치 측도가 바뀐다.

상수를 더하면 분포의 형상을 변화시키지 않는다. 즉 상수를 더해도 산포도는 바뀌지 않는다.

상수를 곱하면 분포의 형상이 변한다. 즉 상수를 곱하면 위치 측도와 산포도가 모두 바뀔 수 있다.

관찰로부터 x와 y의 중심측도와 산포측도 간의 관계를 다음과 같이 구할 수 있다.

$$\bar{y} = a + b\,\bar{x} \tag{2.2.21}$$

$$\tilde{y} = a + b\tilde{x} \tag{2.2.22}$$

$$SD_y = |b|\,SD_x \tag{2.2.23}$$

예 2.2.12 어떤 농촌 마을의 작년 농가 소득을 조사해보니 평균이 3,000(만 원), 표준편차가 1,000이었다. 이 마을의 올해 소득은 작년에 비해 모든 농가에서 10%씩 증가하였다. 이에 더하여 정부에서 장려금으로 모든 농가에 500씩을 지급하기로 하였다.

(1) 이 마을의 올해 농가 소득의 평균을 구하라.
(2) 이 마을의 올해 농가 소득의 표준편차를 구하라.

풀이 (1) $\bar{x}$ (올해) $= 1.1\,\bar{x}$ (작년) $+ 500 = 3,800$

(2) SD (올해) $= 1.1\,SD$ (작년) $= 1,100$　　　　　□

예 2.2.13 [예 2.1.5]의 간장 자료에서 단위를 인치로 바꾸어 통계량들을 구해보자. 평균, 중앙값, 표준편차가 모두 센티미터 자료에 비해 1/2.54이 되어 있음을 확인할 수 있다. 또 변동계수는 여전함을 알 수 있다.(실습 예제로만 사용.)

[표 2.2.4] 인치로 변환된 간장 자료에 대한 요약 통계들

```
Descriptive Statistics: StemInch

Variable   N  N*    Mean  SE Mean  StDev  CoefVar  Minimum      Q1  Median      Q3  Maximum    IQR
StemInch  40   0  39.961    0.848  5.362    13.42   29.134  36.024  39.961  43.996   50.000  7.972
```

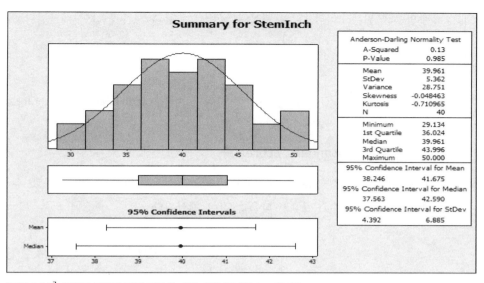

[그림 2.2.5] 인치로 변환된 간장 자료에 대한 요약 통계들과 그래프들

2.2.4 개별값의 상대적 위치 비교

자료의 각 값이 자료 분포에서 차지하는 상대적 위치의 측도들을 살펴보자. 크기가 $n = 10$인 아래의 가상 자료를 사용한다.

> 가상 자료: -7 -5 -4 -4 -1 2 2 2 6 9

(1) 순위(rank)

x_i의 순위 $r(x_i)$는 오름차순으로 순서화된 자료에서 x_i가 차지하고 있는 등위를 말한다. 값 x_i의 오름차순위를 (i)로 나타내면

$$r(x_i) = (i) \tag{2.2.24}$$

동점(tied scores)일 때는 대개 그 값들의 평균순위가 순위로 사용되지만, 작은 순위나 큰 순위가 사용되기도 한다.

(2) 백분위(percentile rank)

백분위란 1과 100 사이의 순위로 매겨진 상대적인 순서를 말한다. 예컨대 제c백분위

수의 백분위는 c이다. x_i의 백분위 $pr(x_i)$는 흔히 다음과 같이 계산된다.

$$pr(x_i) \doteq 100 \, r(x_i)/(n+1) \tag{2.2.25}$$

여기에서 $r(i)/(n+1)$는 와이블 타점 위치((Weibull plotting position)라 부른다.

(3) 표준점수(standard score)

표준점수 또는 Z-점수(Z-score)란 평균으로부터의 편차를 표준편차로 환산한 값이다. x_i의 표준점수 $z(x_i)$는 다음과 같이 계산된다.

$$z_i = z(x_i) = (x_i - \overline{x})/SD \tag{2.2.26}$$

그러면 $z_1, z_2, \ldots, z_n$ 에서 식 (2.2.21)과 (2.2.23)으로부터

$$\overline{z} = 0, \ SD_z = 1$$

식 (2.2.26)에 의해 원점수를 표준점수로 변환하는 과정을 표준화(standardization)라고 부른다. 표준화를 통해서 자료를 평균이 0, 표준편차가 1인 자료로 변환할 수 있다. 예컨대 평균이 μ이고 표준편차가 σ인 정규분포 $N(\mu, \sigma^2)$를 따르는 자료를 표준화하면, 평균이 0이고 표준편차가 1인 정규분포 $N(0,1)$를 따르게 된다.

(4) T-점수(T-score)

평균이 50, 표준편차가 10인 분포가 되도록 환산한 점수를 말한다. x_i의 T-점수 $t(x_i)$는 다음과 같다.

$$t_i = t(x_i) = 10z(x_i) + 50 \tag{2.2.27}$$

즉 $t_1, t_2, \ldots, t_n$ 에서, 식 (2.2.21)과 (2.2.23)으로부터

$$\overline{t} = 50, \ SD_t = 10$$

T-점수는 한때 수능점수의 변환표준점수로 사용되기도 하였다.(T-점수는 통계적 추론에서 사용되는 t 통계량과는 다르다.)

(5) 정규점수(normal score)

정규점수란 표준정규분포로 환산하였을 때의 점수를 말한다. x_i의 정규점수 $ns(x_i)$는 다음과 같이 계산된다.

$$ns_i = ns(x_i) = \Phi^{-1}(p_i) \tag{2.2.28}$$

여기에서 $\Phi()$는 표준정규분포의 분포함수이고, p_i는 x_i의 타점위치(수정된 누적상대빈도)로 흔히 와이블 타점 위치가 사용된다.

$$p_i = r(x_i)/(n+1) \tag{2.2.29}$$

한마디로 x_i의 정규점수 ns_i는 표준정규분포의 p_i 백분위수이다. [그림 2.2.6]은 타점 위치 p_i가 0.8314인 x_i의 정규점수가 1임을 보이고 있다.

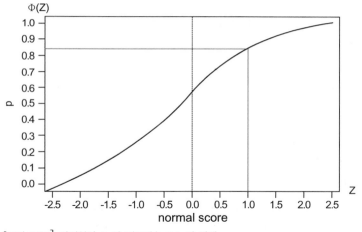

[그림 2.2.6] 타점위치 p_i와 정규점수 ns_i의 관계

원 점수들과 정규점수들 간의 산점도(scatter plot)는 정규확률그림(normal probability plot)이라고 불린다.(산점도는 3.1절에서 소개된다.) 정규확률그림이 직선인가를 검토함으로써 그 자료가 정규분포를 따르는지를 시각적으로 파악할 수 있고, 더 나아가 적합된 직선의 절편과 기울기로부터 정규분포의 평균과 표준편차를 추정할 수도 있다. [그림 2.2.7]은 가상 자료에 대한 정규확률도이다. 자료가 비교적 직선적인 경향을 보여준다고 할 수 있다.(실제로 정규성 검증을 위한 p-값은 0.520으로 나타난다.)

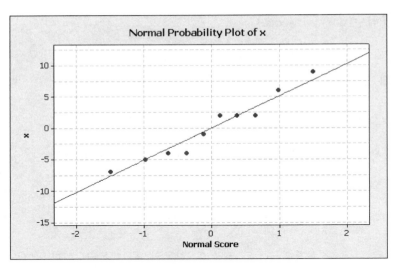

[그림 2.2.7] 가상 자료에 대한 정규확률도

과제 2.2.5 [그림 2.2.7]의 절편과 기울기로부터 각각 가상 자료의 평균과 표준편차를 계산해 보아라.

예 2.2.14 가상 자료에 대한 위치측도들을 구해보자. 동점일 경우 낮은 순위를 사용하였다.

[표 2.2.5] 가상 자료에 대한 위치측도들

i	x_i	순위 $r(x_i)$	타점위치 $p(x_i)$	백분위 $pr(x_i)$	표준점수 $z(x_i)$	T 점수 $t(x_i)$	정규점수 $ns(x_i)$	스태나인 $sn(x_i)$
1	−7	1	0.090909	9.090909	−1.44093	35.59073	−1.33518	8
2	−5	2	0.181818	18.18182	−1.02923	39.70766	−0.90846	7
3	−4	3	0.272727	27.27273	−0.82339	41.76613	−0.60459	6
4	−4	3	0.272727	27.27273	−0.82339	41.76613	−0.60459	6
5	−1	5	0.454545	45.45455	−0.20585	47.94153	−0.11419	6
6	2	6	0.545455	54.54545	0.411693	54.11693	0.114185	5
7	2	6	0.545455	54.54545	0.411693	54.11693	0.114185	5
8	2	6	0.545455	54.54545	0.411693	54.11693	0.114185	5
9	6	9	0.818182	81.81818	1.23508	62.3508	0.908458	3
10	9	10	0.909091	90.90909	1.852621	68.52621	1.335178	2
계	0	51			0	500		

과제 2.2.6 다음은 어떤 자료의 누적밀도곡선(즉 분포곡선)이다.

(1) 사분위수들(Q_1, Q_2, Q_3)의 위치를 표시하라.
(2) 값 90의 백분위(percentile rank) $pr(80)$을 표시하고 그 의미를 설명하라.
(3) 평균을 면적으로 나타내라.

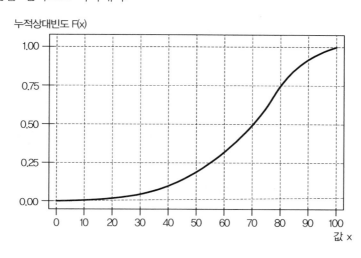

2.2.5 왜도(歪度, skewness)

자료 분포의 비대칭성의 측도로, 그 값이 0보다 크면 오른쪽으로 꼬리를 뻗은 분포이고 0보다 작으면 왼쪽으로 꼬리를 뻗은 분포이다. 크기가 $n = 10$인 아래의 가상 자료를 사용할 것이다.

> 가상 자료: −7 −5 −4 −4 −1 2 2 2 6 9

(1) 피어슨의 왜도(Pearson's coefficient of skewness)

피어슨은 왜도의 측도로 다음 두 가지를 제안하였다.

$$S_p = (\overline{x} - \check{x})\,/\,s'$$

$$S_p = 3(\overline{x} - \tilde{x})\,/\,s' \tag{2.2.30}$$

식 (2.2.5)의 경험적 관계에 의해 이 둘은 비슷할 것이다. 그러나 이 가운데 후자인 식 (2.2.30)을 피어슨의 왜도로 사용할 것이다. 그러면 평균, 중앙값 그리고 표준편차 간의 관계를 나타내는 식 (2.2.18)로부터

$$-3 \leq S_p \leq 3 \tag{2.2.31}$$

(2) 적률 왜도(moment measure of skewness)

먼저 적률(moment)의 정의를 살펴보자.

- k차 원점적률은 값들의 k제곱의 평균이다: $m_k = \sum x_i^k / n$
- k차 중심적률은 편차들의 k제곱의 평균이다: $m_k' = \sum (x_i - \overline{x})^k / n$

적률 왜도는 3차 중심적률과 표준편차의 세제곱의 비이다.

$$\alpha_3 = m_3' / s'^3. \tag{2.2.32}$$

이때 $-\infty < \alpha_3 < \infty$. α_3를 표준화된 편차 세제곱의 평균으로 해석할 수 있다.

$$\alpha_3 = \sum_{i=1}^{n} \left[(x_i - \overline{x}) / s' \right]^3 / n \tag{2.2.33}$$

식 (2.2.33)의 α_3는 사실상 모집단에서 사용할 수 있는 값이다. 따라서 표본 자료에 대해서는 불편성을 위해 다음과 같이 보정된 식을 사용한다.

$$\hat{\alpha}_3 = \frac{n}{(n-2)} \sum_{i=1}^{n} \left[(x_i - \overline{x}) / s \right]^3 / (n-1) \tag{2.2.34}$$

예 2.2.15 가상 자료에서

$$S_p = 3(0 - 0.5) / \sqrt{23.6} = -0.30877,$$
$$S_Q = \frac{(3 - 0.5) - (0.5 - (-4.25))}{(3 - 0.5) + (0.5 - (-4.25))} = \frac{-2.25}{7.25} = -0.31035$$
$$\hat{\alpha}_3 = 0.384744$$

2.2.6 첨도(尖度, kurtosis)

대칭적인 분포에서 꼬리가 두터운 또는 긴 정도의 측도이다. 첨도의 측도값이 0이면 정규분포와 꼬리 두께가 같은(mesokurtic) 분포, 0보다 크면 정규분포보다 꼬리가 두꺼운(leptokurtic) 분포 그리고 0보다 작으면 정규분포보다 꼬리가 가는(platykurtic) 분포로 판정한다.

(1) 적률 첨도(moment measure of kurtosis)

적률 첨도는 4차 중심적률과 표준편차의 네제곱의 비이다.

$$\beta_4 = m_4' / s'^4 \tag{2.2.35}$$

β_4를 표준화된 편차 네제곱의 평균으로 해석할 수 있다.

$$\beta_4 = \sum_{i=1}^{n} \left[(x_i - \overline{x}) / s' \right]^4 / n \tag{2.2.36}$$

정규분포에 대해 β_4는 3이다. 따라서 우리는 흔히 다음과 같이 초과첨도(excess kurtosis) 형태로 정의된 적률 첨도를 선호하게 된다.

$$\alpha_4 = m_4' / s'^4 - 3 \tag{2.2.37}$$

이때 $-2 \leqq \alpha_4 < \infty$

위의 α_4는 실상 모집단에 대해 적용될 수 있는 것이다. 따라서 표본 자료에 대해서는 불편성을 위해 흔히 다음과 같이 보정된 식이 사용된다.

$$\hat{\alpha}_4 = \frac{n(n+1)}{(n-2)(n-3)} \sum_{i=1}^{n} \left[(x_i - \overline{x}) / s \right]^4 / (n-1) - 3 \frac{(n-1)^2}{(n-2)(n-3)} \tag{2.2.38}$$

예 2.2.16 [예 2.1.5]의 간장 자료에 대해서

피어슨의 왜도 $S_p = 3(101.5 - 101.50) / s' = 0$

적률 왜도 $\hat{\alpha}_3 = 0.048463$

적률 첨도 $\hat{\alpha}_4 = 0.710965$

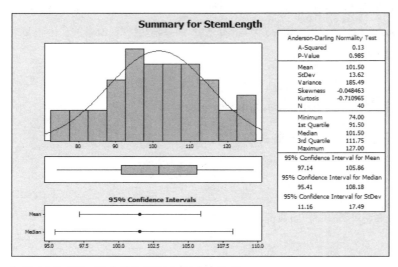

[그림 2.2.8] 간장 자료에 대한 요약 통계들과 그래프들

2.3 average와 mean에 대하여

이 두 용어는 넓은 뜻으로는 동의어로 사용되기도 한다. 그러나 좁은 뜻으로, average는 자료의 중심값(또는 대푯값)을 나타내고, mean은 average 중에서도 자료 전부를 사용하여 한 값으로 요약하는 산술평균(arithmetic mean)을 나타낸다. (mean에는 산술평균뿐 아니라 기하평균(geometric mean)과 조화평균(harmonic mean)도 있다.) 즉 average는 mean뿐 아니라 중앙값이나 최빈값 등도 포괄하는 용어이고, mean은 기본적으로는 산술평균을 나타낸다.

$x_1, x_2, \ldots, x_k$ 의 관측빈도가 각각 $f_1, f_2, \ldots, f_k$ 일 때($\sum_{i=1}^{k} f_i = n$) 산술, 기하, 조화평균은 각각 아래와 같이 정의된다.

- 산술평균 $\overline{x} = \sum_{i=1}^{k} \frac{f_i}{n} x_i$

- 기하평균 $\overline{x}_G = \left(\prod_{i=1}^{k} x_i^{f_i} \right)^{1/n}$ 또는 $\log \overline{x}_G = \sum_{i=1}^{k} \frac{f_i}{n} \log x_i$

- 조화평균 $\overline{x}_H = \dfrac{n}{\sum_{i=1}^{k} \dfrac{f_i}{x_i}}$ 또는 $\dfrac{1}{\overline{x}_H} = \sum_{i=1}^{k} \frac{f_i}{n} \frac{1}{x_i}$

■ 산술평균
- 산술평균은 흔히 평균(mean)이라고 부른다.

■ 기하평균
- 기하평균은 비(ratios)로 이루어진 자료의 평균으로 적절하다.
- 비 자료의 예: 경제성장률, 인구증가율, 물가상승률
- 기하평균은 산술평균에 비해 이상값들(outliers)의 영향을 적게 받는다. 따라서 기하평균은 오른쪽으로 꼬리를 뻗은 분포의 평균으로 유용하다.

■ 조화평균
- 조화평균은 변화율(rates of change)로 이루어진 자료의 평균으로 적절하다.
- 변화율 자료의 예: 주행속도, (시간당) 생산율, 완수(주행)시간
- 조화평균은 표본크기들의 평균을 구하는 데 사용된다.
- 조화평균도 산술평균에 비해 이상값들의 영향을 적게 받는다. 따라서 조화평균도 오른쪽으로 꼬리를 뻗은 분포의 평균으로 유용하다.

[그림 2.3.1]은 2와 6의 산술평균, 기하평균 그리고 조화평균을 그래프 상에 나타낸 것이다. 이 평균들이 모두 가중평균의 형태를 띠고 있음을 볼 수 있다. 즉, 산술평균은 원 값들의 가중평균이다. 기하평균의 로그는 로그변환된 값들의 가중평균이다. 조화평균의 역수는 역수변환된 값들의 가중평균이다.

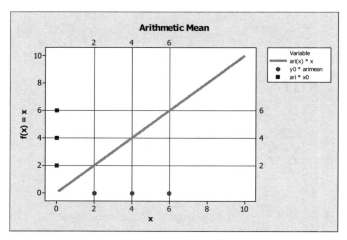

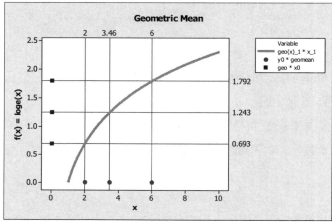

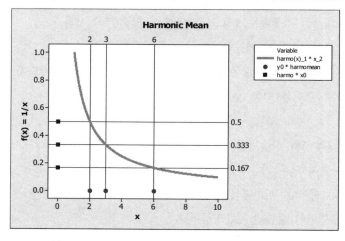

[그림 2.3.1] 산술평균, 기하평균, 조화평균의 그래프

[관찰 2.3.1] 무엇을 보존하기 위한 평균인가?

- 산술평균은 자료의 합을 보존한다.
- 기하평균은 자료의 곱을 보존한다.
- 조화평균은 자료의 역수합을 보존한다.

가로와 세로의 길이가 각각 a와 b인 직사각형을 고려하자. 산술평균 $(a+b)/2$는 이 직사각형과 같은 둘레를 가지는 정사각형의 한 변의 길이에 해당한다. 기하평균 $\sqrt{ab}$는 이 직사각형과 같은 면적을 가지는 정사각형의 한 변의 길이에 해당한다. 이를 확장하면 다음과 같은 사실을 얻을 수 있다.

[성질 2.3.1] 양수 자료에서, 기하평균은 산술평균보다 작거나 같다.

> **과제 2.3.1** [성질 2.3.1]을 증명하라. 그리고 언제 두 평균이 같은지 보여라.
>
> (도움말: $\left(\sqrt{a}-\sqrt{b}\right)^2$는 음수가 될 수 없다.)

[성질 2.3.2] 양수 자료에서, 조화평균은 기하평균보다 작거나 같다.

위 두 성질로부터, 양수 자료에 대해 다음 관계가 성립함을 알 수 있다.

$$조화평균 \leq 기하평균 \leq 산술평균$$

[성질 2.3.3] $\overline{x}_H(x_1+c, x_2+c, \ldots, x_n+c) > c + \overline{x}_H(x_1, x_2, \ldots, x_n)$

예 2.3.1 어떤 상품의 연초 가격을 4년 동안 관측하였다. 가격들 사이의 ( )에 있는 값들은 인접한 연도 간의 가격 비를 나타낸다. 가격비들의 평균 G를 구하라.

$$₩3,000 \ (1.10) \quad ₩3,300 \ (1.02) \quad ₩3,366 \ (1.24) \quad ₩4,174$$

풀이 비들의 평균으로는 기하평균이 적절하다.

$\log 10(G) = \frac{1}{3} \times \log 10(1.10) + \frac{1}{3} \times \log 10(1.02) + \frac{1}{3} \times \log 10(1.24) \fallingdotseq 0.04780$

$G \fallingdotseq \text{antilog} 10(0.04780) = 10^{0.04780} = 1.11635$(산술평균은 1.2이다.)

검산 $3,000 \times 1.11635 \times 1.11635 \times 1.11635 = 4,173.7$(0.3은 계산상의 오차이다).
참고로 여기에서는 밑(base)이 10인 로그(즉 상용로그)를 사용했는데, 아무 밑이든 관계없다.

예 2.3.2 처음 10Km는 시속 50km로, 그 다음 10Km는 시속 30Km로 주행하였다. 평균 시속 H를 구하라. 그리고 10Km 주행에 들어간 평균 시간 t(단위: h)를 구하라.

풀이 ① 속도(즉, 율)들의 평균으로는 조화평균이 적절하다.

$$1/H = \tfrac{1}{2} \times 1/50 + \tfrac{1}{2} \times 1/30 = 2/75(\text{h/Km})$$

: 1Km를 평균적으로 2/75 시간(약 0.0267 시간)에 달린다.

$$H = 1/(2/75) = 37.5(\text{Km/h})$$

검산 20Km 주행에 걸린 시간 $= 10/50 + 10/30 = 8/15(\text{h})$

주행거리 $=$ 평균시속 $\times$ 주행시간 $= 37.5 \times 8/15 = 20(\text{Km})$

② 10Km 단위를 주행(완수)하는 데 가는 이는 1/5시간이 걸리고, 오는 이는 1/3시간이 걸린다. 따라서 20Km를 사이에 두고 가는 이와 오는 이가 동시에 출발하면 t시간 만에 만나게 될 것이다. 가는 이와 오는 이의 시간당 단위 주행(완수)속도는 각각 5와 3이므로

$$(5)t + (3)t = 2 \,;\; t = 1/4(\text{시간}) = 15\text{분}(\text{시간})$$

예 2.3.3 주어진 작업을 완수하는데 A는 하루, B는 이틀이 걸린다. A와 B의 평균 작업 완수 일을 구하라.

풀이 A와 B가 동시에 작업에 들어갈 때 완수에 걸리는 날 수를 t라 하면,

$$(1)t + (1/2)t = 2 \,;\; t = 4/3$$

즉 A와 B의 평균 완수일은 4/3일이다.

> **과제 2.3.2** 주문된 제품을 생산하는데 공장 A로는 40일, 공장 B로는 60일 그리고 공장 C로는 120일이 걸린다. 이 세 공장의 평균 생산일수를 구하라. (도움 질문: 이 세 공장에서 동시에 생산에 들어가면 몇 달 만에 주문량의 생산을 마칠 수 있는가?)

2.4 지수

지수(index, index number)는 시간이나 공간에 걸쳐서 한 변수가 어떻게 변화하는지를 나타내려는 양으로, 흔히 한 변수의 비교점(시간상 또는 공간상의 점이나 기간)에서의 값을 기준점에서의 값(기준값)에 대해 상대적으로(즉 백분율로) 측정하여 나타낸다.

$$지수 = \frac{값}{기준값} \times 100 \ (기준\ 점 = 100) \tag{2.4.1}$$

지수의 중요한 특징은 적용 범위(coverage), 기준 기간(base, or reference, period) 그리고 관측들의 평균을 위한 가중 체계(weighting system) 등이다. 우리는 지수가 어떤 값의 변화를 다루고 있는가에 따라 지수를 가격지수(price index)와 수량지수(quantity index)로 구분해 볼 수 있다. 소비자물가지수나 종합주가지수는 가격지수의 예이고, 수량지수의 예로는 농업생산지수나 산업생산지수를 들 수 있다.

가격지수나 수량지수는 한 품목들의 집합이 시간에 걸쳐서 보이는 가격이나 수량의 상대적 변화들에 대한 요약측도이다. 예컨대, 소비자물가지수는 도시 가구들에 의해 소비되는 상품과 서비스의 상대적인 가격 변화를 측정한다. 종합주가지수는 시장에서 거래되는 주식 가격의 상대적 변화를 측정한다. 산업생산지수는 광공업 생산량의 상대적 변화를 측정한다.

가격지수와 수량지수들은 그 자체로 가격과 수량의 변화에 대한 요약측도의 역할을 하지만 이들의 시계열은 통계적 분석의 대상이 되기도 한다. 예컨대, 회귀모형에서 가격지수나 수량지수가 독립변수가 되는 경우를 흔히 볼 수 있다. 우리는 이 절에서 가격지수와 수량지수의 정의와 기능을 살펴보고, 소비자물가지수, 종합주가지수 그리고 산업생산지수에 대해 논의할 것이다.

[참고] 포인트 변화(증가 또는 감소), 퍼센트 변화 그리고 퍼센트 포인트(% 포인트, PP)

① 2001년 8월의 지수가 276.5이고 2002년 8월의 지수가 292.8인 경우에 포인트 증가와 퍼센트 증가는 다음과 같이 계산된다.

- 포인트 증가(points increase): $292.8 - 276.5 = 16.3$ points 증가
- 퍼센트 증가(percents increase): $(16.3/276.5) \times 100 = 5.9$ percents(%) 증가

② 한 여론조사에서 찬성률은 62%로, 이에 대한 오차한계는 3.1% 포인트로 추정되었다.
③ 은행의 금리가 6.0%에서 7.0%로 변했을 때 우리는 은행금리가 1.0% 포인트 증가하였다고 말한다.

2.5 SPSS 실습

(1) 질적 자료에 대한 빈도분포표의 작성

실습 1 다음은 A학과 130명을 10개의 성격군으로 분류한 자료이다. 이 자료에 대한 빈도분포표를 작성하라.

2	3	2	3	2	2	3	3	3	2	6	2	3
1	8	6	2	3	3	4	3	5	6	2	3	6
2	3	2	7	3	4	3	6	6	3	3	3	6
4	3	3	3	4	3	6	3	2	3	2	1	3
2	6	4	2	3	2	2	2	6	2	3	3	6
5	3	3	10	2	3	1	3	3	6	5	3	3
3	6	2	6	6	5	2	6	2	9	3	2	2
3	5	9	2	2	2	3	4	3	6	5	3	3
5	3	2	3	2	5	2	6	2	3	2	3	3
6	5	2	1	3	5	6	5	6	6	3	4	6

풀이

SPSS 데이터 편집기에서 person.sav를 작성한다. 빈도분석표를 작성하기 위하여 [그림 2.5.1]의 데이터 편집기에서 **분석 → 기술통계량 → 빈도분석**을 클릭하여 [그림 2.5.2]의

'빈도분석' 대화상자를 구한 후, [그림 2.5.2]의 변수 창에 변수 peraonality를 옮긴 후 〈확인〉을 누르면 SPSS 뷰어창 화면이 생기면서 결과들이 출력된다.

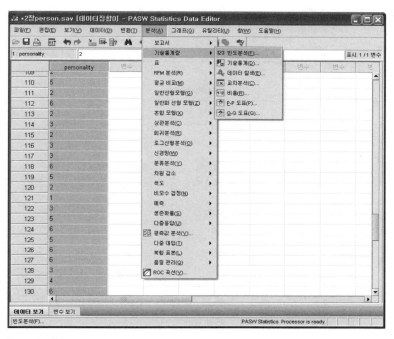

[그림 2.5.1] 빈도분포표를 작성하기 위한 명령

[그림 2.5.2] 빈도분석 대화상자

＞ 빈도분석

통계량

personality

N	유효	130
	결측	0

personality

		빈도	퍼센트	유효 퍼센트	누적 퍼센트
유효	1	4	3.1	3.1	3.1
	10	1	.8	.8	3.8
	2	33	25.4	25.4	29.2
	3	47	36.2	36.2	65.4
	4	7	5.4	5.4	70.8
	5	11	8.5	8.5	79.2
	6	23	17.7	17.7	96.9
	7	1	.8	.8	97.7
	8	1	.8	.8	98.5
	9	2	1.5	1.5	100.0
	합계	130	100.0	100.0	

(2) 일변량 질적 자료에 대한 막대그래프와 원그래프 작성

실습 2 [예 2.1.1]의 멘델의 완두콩 교배 실험 자료에 대해 완두콩 종류 pea에 대한 막대그래프와 원그래프를 작성하라.

풀이 SPSS 데이터 편집기에서 pea.sav를 작성한다.

1. 변수 pea에 대한 막대그래프를 작성하기 전에 먼저 변수 observed가 가중값임을 선언하여야 한다. [그림 2.5.3]의 데이터 편집기 메뉴에서 **데이터 → 가중 케이스**를 클릭하여 가중케이스 대화상자인 [그림 2.5.4]를 얻는다. [그림 2.5.4]에서와 같이 가중 케이스 지정에 표기한 후 변수 observed를 빈도변수 상자로 옮긴 후 〈확인〉을 클

릭한다.

2. 막대그래프를 그리기 위하여 [그림 2.5.5]의 데이터 편집기 메뉴에서 **분석 → 기술통계량 → 빈도분석**을 클릭하여 빈도분석 대화상자를 구한 후, [그림 2.5.6]에서와 같이 변수 pea를 변수 창으로 옮기고 도표 단추를 누른다. [그림 2.5.7]의 '빈도분석:도표' 대화상자의 막대도표 항에 표기한 후, 〈**계속**〉 〈**확인**〉을 클릭하면 SPSS 뷰어 창 화면이 새로 생기면서 결과들이 출력된다.

만약 원그래프를 얻고자 한다면, 위의 절차 중 [그림 2.5.7]의 '빈도분석:도표' 대화상자에서 막대도표 대신 원도표 항에 표기하면 된다.

[그림 2.5.3] 가중값을 주기 위한 명령

[그림 2.5.4] 가중 케이스 대화상자

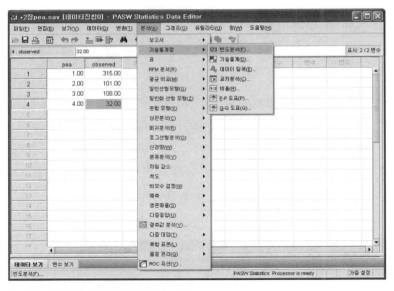

[그림 2.5.5] 막대그래프를 그리기 위한 명령

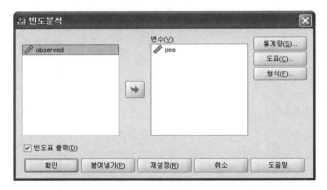

[그림 2.5.6] 빈도분석 대화상자

[그림 2.5.7] 빈도분석:도표 대화상자

▶ 빈도표

통계량

pea

N	유효	556
	결측	0

pea

		빈도	퍼센트	유효 퍼센트	누적 퍼센트
유효	1.00	315	56.7	56.7	56.7
	2.00	101	18.2	18.2	74.8
	3.00	108	19.4	19.4	94.2
	4.00	32	5.8	5.8	100.0
	합계	556	100.0	100.0	

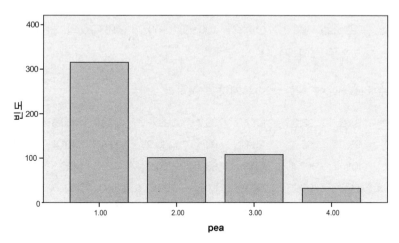

observed에 의해 가중된 케이스

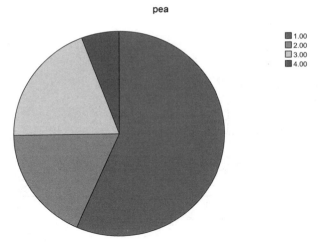

pea

observed에 의해 가중된 케이스

(3) 양적 자료에 대한 히스토그램과 기술통계량 구하기

실습 3 다음은 100㎖들이 캔 음료수를 생산하는 공장에서 100개의 캔을 랜덤하게 골라 용량 beverage를 잰 자료이다.

(1) 이 자료에 대한 히스토그램을 작성하라.

　(자료를 (95.45～98.22) (98.22～100.99) (100.99～103.76)의 세 구간으로 나누어 히스토그램을 그려라.)

(2) 변수 beverage에 대한 기술통계량을 구하라.

103.7	99.6	98.0	101.4	99.7	99.4	102.6	100.5	97.4	101.6
97.2	98.7	99.7	98.1	99.4	100.9	99.4	101.4	100.3	98.8
99.2	101.5	102.4	100.9	99.7	100.2	101.2	100.8	102.2	100.5
101.8	100.9	98.2	100.0	101.8	99.6	100.0	101.6	98.9	97.2
99.7	99.0	101.5	99.9	99.4	100.4	101.8	99.9	98.4	100.0
100.5	101.3	100.3	100.8	96.8	99.1	98.7	101.2	96.1	100.5
98.1	100.2	100.1	101.5	100.1	100.0	99.7	101.4	98.8	99.4
101.7	100.2	99.3	98.6	99.9	98.8	97.5	102.9	99.9	102.4
100.7	101.5	100.8	97.7	98.9	101.1	99.5	100.1	99.7	101.0
95.5	99.7	99.0	98.8	101.0	100.8	101.8	101.1	101.4	100.0

[풀이] SPSS 데이터 편집기에서 beverage.sav를 작성한다.

1. 세 구간으로 나누기 위하여 [그림 2.5.8]의 데이터 편집기 메뉴에서 **변환 → 다른 변수로 코딩 변경**을 클릭하여 [그림 2.5.9]의 '새로운 변수로 코딩변경' 대화상자를 구한 후, [그림 2.5.9]의 출력변수 창의 이름 항에 변수 change를 써넣는다. '기존값 및 새로운 값'을 선택하여 [그림 2.5.10]의 '새로운 변수로 코딩 변경: 기존값 및 새로운 값' 대화상자를 구한다. 범위, 새로운 값, 추가 항을 선택하여 [그림 2.5.10]과 같이 적어 넣은 후, 〈계속〉〈확인〉을 눌러 새 변수 change를 생성한다.

히스토그램을 그리기 위하여 [그림 2.5.11]의 데이터 편집기 메뉴에서 **그래프 → 레거시 대화상자 → 히스토그램**을 클릭하여 [그림 2.5.12]의 '히스토그램' 대화상자를 구한 다음, 변수 창에 변수 change를 옮긴 후 〈확인〉을 누르면 히스토그램이 산출된다.

2. [그림 2.5.13]의 데이터 편집기에서 **분석 → 기술통계량 → 기술통계**를 클릭하여 [그림 2.5.14]의 '기술통계' 대화상자를 구한 후, 변수 창에 변수 beverage를 옮긴 다음 〈확인〉을 누르면 기술통계량이 산출된다.

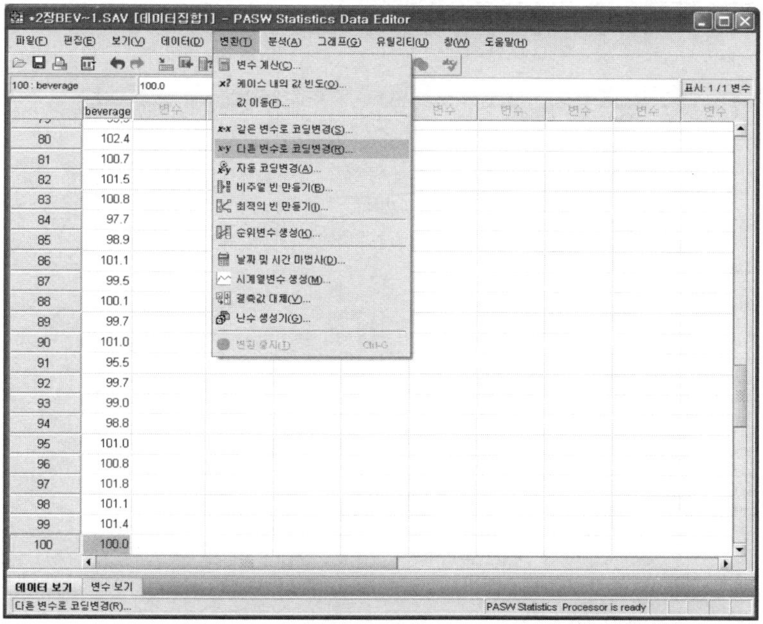

[그림 2.5.8] 다른 변수로 코딩을 변경하기 위한 명령

[그림 2.5.9] 새로운 변수로 코딩변경 대화상자

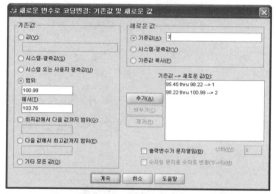

[그림 2.5.10] 새로운 변수로 코딩변경:기존값 및 새로운 값 대화상자

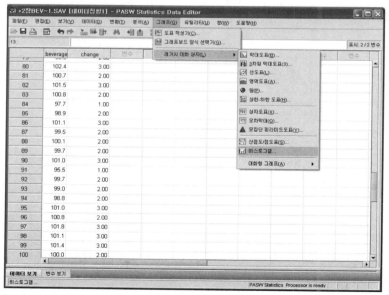

[그림 2.5.11] 히스토그램을 그리기 위한 명령

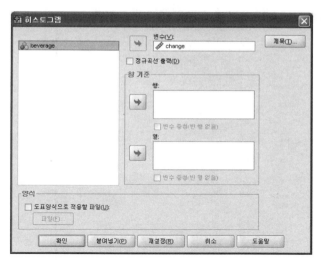

[그림 2.5.12] 히스토그램 대화상자

그래프

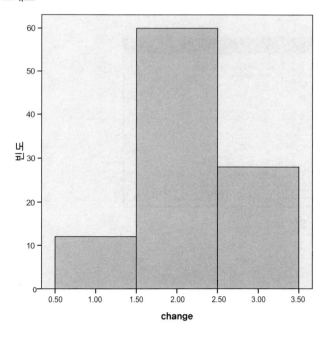

평균 = 2.16
표준 편차 = 0.615
N = 100

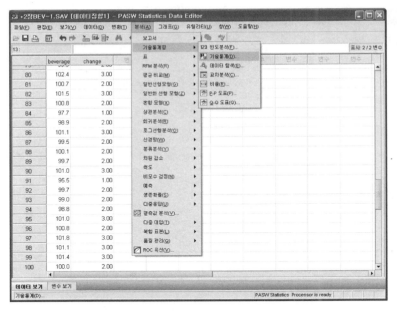

[그림 2.5.13] 기술통계량을 구하기 위한 명령

[그림 2.5.14] 기술통계 대화상자

기술통계량

	N	최소값	최대값	평균	표준편차
beverage	100	95.5	103.7	100.023	1.4776
유효수(목록별)	100				

1. 다음은 세 도시의 가구당 월평균 소득을 누적백분율 다각형(오자이브)으로 나타낸 것이다.

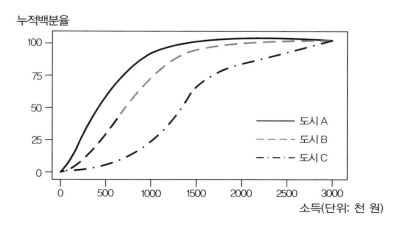

(1) 각 도시의 중앙값를 비교하라.

(2) 각 도시에서 소득이 1,000인 가구의 백분위를 그래프에 표시하라.

(3) 세 도시의 평균 소득을 비교하라.

(4) 세 도시의 소득분포의 밀도곡선을 스케치하라.

2. 아래 표는 한 통계학 수강반 학생들의 한 달 용돈을 조사한 결과이다. 이들의 한 달 용돈 액수의 평균, 중앙값 그리고 표준편차를 구하라.

용돈 액수(단위: 만 원)	백분율(%)
10	10
15	20
20	30
25	20
30	20
합계	100

3. 토끼의 체중은 평균이 10kg이고 표준편차가 3kg인 정규분포를 따른다. 그리고 양의 체중은 평균이 40kg이고 표준편차가 10kg인 정규분포를 따른다.

(1) 토끼의 체중과 양의 체중 가운데 어느 쪽의 산포가 더 크다고 할 수 있는가?[도움말: 변동계수(coefficient of variation, CV)를 비교하라.]

(2) 어떤 농부가 키운 토끼 한 마리의 체중은 13kg이고 양 한 마리의 체중은 47kg이다. 이 토끼와 양 중 어느 쪽이 자기 집단에서 상대적으로 더 무겁다고 할 수 있는가? (도움말: 각 체중이 자기 집단에서 평균으로부터 몇 배의 표준편차만큼 떨어져 있는지— 즉 표준점수—를 비교하라.)

4. 다음은 한국 농가와 미국 농가에서 얻은 벼의 간장 자료에 대한 요약 통계량들이다(표본크기는 각각 400). 한국 농가와 미국 농가 중 어느 쪽이 벼의 간장 자료의 산포가 더 크다고 할 수 있는가?

- 한국 농가(단위 cm): 평균＝100, 표준편차＝20
- 미국 농가(단위 인치): 평균＝40, 표준편차＝10

5. 한 궁사가 화살을 쏠 때 알과녁에 맞으면 1로, 빗맞으면 0으로 기록하였다. 다음은 이 궁사가 무수히 화살을 쏜 기록을 상대도수분포표로 정리한 것이다. 이 표로부터 이 궁사의 명중률이 p임을 알 수 있다.

값	상대빈도
1(맞음)	p
0(빗맞음)	$1-p$
합계	1

(1) 이 자료의 평균과 분산을 구하라.

(2) 이 궁사가 활을 한 번 쏘려 한다. 그가 받을 점수는 랜덤변수(확률변수, random variable)이다. 그 이유를 설명하라.

6. 다음 밀도곡선과 분포곡선에 평균, 중앙값, 최빈값를 나타내보아라.

(1) 오른쪽으로 꼬리를 뻗은 분포

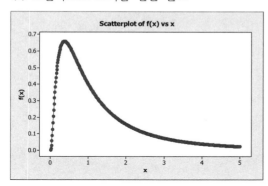
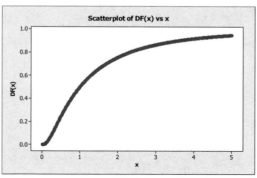

(2) 대칭인 분포

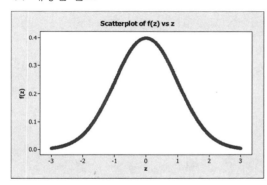
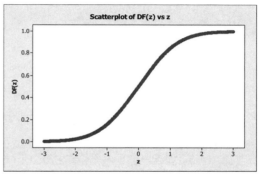

7. 다음은 알팔파의 수율 자료에 대한 줄기 그림이다. 제25, 50, 75 백분위수들을 구하라.

Stem-and-leaf of Yield   N = 24

Leaf Unit = 0.010

```
 3    23   778
 4    24   9
 5    25   9
 7    26   24
 8    27   5
 8    28
10    29   39
(3)   30   469
11    31   179
 8    32   023567
 2    33   1
 1    34   0
```

8. 다음은 통계학 수강생 중 랜덤하게 뽑힌 10명의 신상 기록이다.

번 호	성 별	가족수	키
1	1	4	175
2	2	3	161
3	2	5	166
4	1	3	164
5	2	2	159
6	1	4	181
7	1	4	161
8	2	6	156
9	1	2	169

〈변수 설명〉

번호(학생들의 식별번호) 성별(1: 남, 2: 여) 가족수(가족 구성원 명수)

키(단위 cm) 몸무게(단위 Kg) 운동량(1: 적음, 2: 보통, 3: 많음)

학년 (재학 학년)

(1) 다음 변수들의 형(이산형, 연속형)과 측정수준(명목, 순서, 구간, 비율)을 밝혀라.

   ① 성별 (　　　　　　　　　　　　　　　)

   ② 가족수 (　　　　　　　　　　　　　　)

   ③ 키 (　　　　　　　　　　　　　　　　)

   ④ 운동량 (　　　　　　　　　　　　　　)

(2) 표준 몸무게(단위 Kg)를 산정하는 한 가지 방법은, 자기 키(단위 cm)에서 100을 뺀 값에 0.9를 곱하는 것이다. 이번 학기 통계학 수강생들의 키는 평균이 165cm, 표준 편차가 10cm로 나타났다. 이 학생들의 표준 몸무게의 평균과 표준편차를 구하라.

9. 다음은 한 소득 도수분포표와 그에 대한 히스토그램이다.(단위: 천만 원)

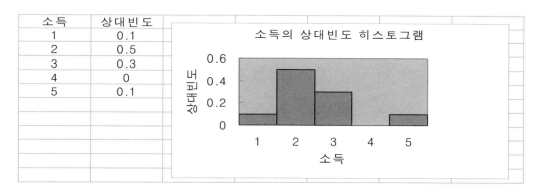

소득	상대빈도
1	0.1
2	0.5
3	0.3
4	0
5	0.1

(1) 다음을 구하라.

   ① 소득의 평균

   ② 소득의 중앙값

   ③ 소득의 최빈값

(2) 소득의 변동계수를 구하고, 변동계수를 사용하는 용도를 아는 대로 설명하라.

(3) [Excel]로 위와 같은 히스토그램을 작성하는 방법을 상술하라.

3장

다변량 자료의 탐색

다변량 데이터를 탐색해 보자. 먼저 도표에 의해 분포의 전체적인 모양과 변수 간의 관련성을 살펴보자.

3.1.1 질적 데이터

(1) 도수분포표

두 개의 질적 변수들을 측정한 데이터를 이변량(또는 이원) 도수분포표(bivariate, or two-way frequency table)로 정리하여 변수 간의 관련성을 파악할 수 있다. 이변량 도수분포표는 교차표(corss tabulation)라고도 불린다.

[예 3.1.1] 미국에 거주하는 1,507명을 랜덤하게 뽑아서 사형제도에 대한 찬성 여부를 측정한 데이터이다.

$$\{(1,\ 2),\ (2,\ 2),\ (1,\ 1),\ (1,\ 3),\ (2,\ 2),\ (2,\ 1),\ ...\}$$

여기에서 ()안의 두 값은 각각 인종(1-백인, 2-유색인)과 사형제도에 대한 찬성 여부(1-찬성, 2-반대, 3-모름)를 나타낸다.

이 사형제도 데이터에서 백인과 유색인의 사형제도 찬성 여부에 대한 교차표는 다음과 같다. 이 표에 따르면 백인과 유색인의 사형제도 찬성률 분포에 차이가 있음을 알 수 있다.

[표 3.1.1] 사형제도에 대한 인종별 의견: 교차표(괄호 안은 행백분율이다.)

찬성 여부	찬성(1)	반대(2)	모름(3)	전체
백인(1)	947(75.16%)	244(19.37%)	69(5.48%)	1260(100%)
유색인(2)	131(53.04%)	92(37.25%)	24(9.72%)	247(100%)
전체	1078	336	93	1507

질적 변수들이 세 개 이상일 때 교차표로 정리할 두 변수들을 제외한 나머지 변수들을 통제변수들(control variables, 조절변수들)로 삼아 이들의 각 수준별로 교차표를 작성할 수 있다.

(2) 막대그래프

두 개의 질적 변수들에 대해 통제된 막대그래프나 통제된 분할막대그래프를 작성하여 두 변수 간의 관계를 살펴볼 수 있다.

- 통제된 막대그래프란 한 변수를 통제변수로 삼아서 이 변수의 각 수준별로 작성된 막대그래프를 말한다.
- 분할막대그래프(segmented bar graph)란 '상대빈도' 막대그래프에서 막대를 수직 또는 수평으로 잇대어 놓은 막대그래프의 변형이다.

또 두 개의 질적 변수들을 삼차원 막대그래프로 나타낼 수도 있다.

[예 3.1.2] [예 3.1.1]의 사형제도 찬성 여부 데이터에 대해 인종별 막대그래프, 분할막대그래프 그리고 삼차원 막대그래프는 인종을 통제변수로 삼아서 [그림 3.1.1]과 같이 작성할 수 있다. 사형제도에 대한 의견의 분포가 인종별로 차이가 있음을 볼 수 있다.

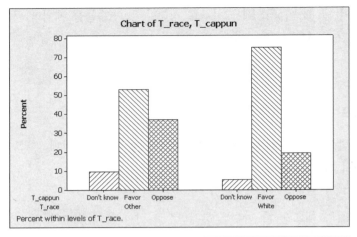
(1) 인종별 막대그래프

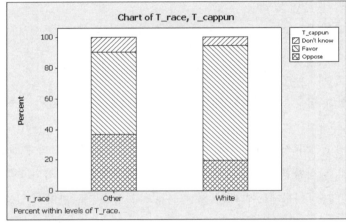
(2) 인종별 분할막대그래프

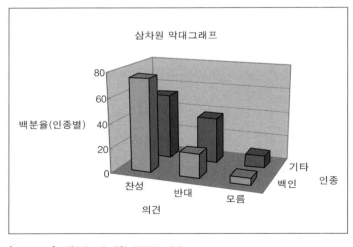
(3) 삼차원 막대그래프

[그림 3.1.1] 사형제도에 대한 인종별 의견

3.1.2 양적 데이터

(1) 도수분포표와 히스토그램

두 양적 변수들에 대한 이변량 도수분포표는, 일변량 도수분포표와 같이 각 변수의 값을 묶어서 계급을 형성한 후에 계급의 빈도를 교차표로 정리함으로써 작성된다. 이렇게 작성된 이변량 도수분포표를 삼차원 히스토그램으로 나타낼 수 있다. 빈도곡면(frequency (or density) surface)은 평활화된(smoothed) 삼차원 히스토그램이다.

예 3.1.3   다음은 Fisher의 붓꽃 데이터(관측수 150) 가운데 꽃잎 길이(petal length)와 꽃받침 길이(sepal length)이다. [표 3.1.3]의 교차표는 이 붓꽃 데이터를 이변량 도수분포표로 나타낸 것이다. 그리고 [그림 3.1.2]는 이를 삼차원 히스토그램으로 시각화한 것이다. 그래프에서 두 개의 봉우리들을 볼 수 있는데, 이는 이 데이터가 적어도 서로 다른 두 집단들로부터 나왔다는 것을 시사한다.

[표 3.1.2] Fisher의 붓꽃 데이터

	sepal length	petal length	sepal length	petal length	sepal length	petal length	sepal length	petal length	sepal length	petal length
1	50	14	48	16	51	19	60	50	51	30
2	64	56	59	51	67	44	54	17	57	41
3	65	46	55	38	62	48	66	46	65	58
4	67	56	63	50	49	14	52	39	69	54
5	63	51	64	53	51	14	60	45	54	13
6	46	14	52	14	56	45	50	15	51	14
7	69	51	49	14	58	41	44	14	72	61
8	62	45	54	45	50	16	50	35	65	51
9	59	48	79	64	46	14	55	37	61	47
10	46	10	44	13	60	45	58	39	56	36
11	61	46	67	57	57	35	47	13	69	49
12	60	51	50	16	57	15	46	15	64	53
13	65	52	58	40	50	14	69	57	68	55
14	56	39	44	13	77	61	62	43	55	40
15	65	55	77	67	63	56	74	61	48	16
16	58	51	63	49	58	51	59	42	48	14

[표 3.1.2] Fisher의 붓꽃 데이터 (계속)

	sepal length	petal length	sepal length	petal length	sepal length	petal length	sepal length	petal length	sepal length	petal length
17	68	59	47	16	57	42	51	15	45	13
18	51	17	55	44	72	58	50	13	57	50
19	57	45	50	33	54	15	56	49	57	17
20	62	54	72	60	52	15	60	40	51	15
21	77	67	48	14	71	59	73	63	55	40
22	63	47	51	16	64	55	67	58	66	44
23	67	57	61	49	60	48	49	15	68	48
24	76	66	48	19	63	56	67	47	54	17
25	49	45	50	16	49	33	63	44	51	15
26	55	13	50	12	56	42	54	15	52	15
27	67	52	61	56	57	42	56	41	58	51
28	70	47	64	56	55	14	63	49	67	50
29	64	45	43	11	49	15	61	47	63	60
30	61	40	58	12	77	69	64	43	53	15

[표 3.1.3] Fisher의 붓꽃 데이터 중 꽃받침 길이와 꽃잎 길이에 대한 교차표

꽃받침 길이 \ 꽃잎 길이	(0,10]	(10,20]	(20,30]	(30,40]	(40,50]	(50,60]	(60,70]	계
(40,50]	1	25	1	3	1	0	0	32
(50,60]	0	24	0	10	11	13	0	57
(60,70]	0	0	0	2	30	17	0	49
(70,80]	0	0	0	0	0	3	9	12
계	1	49	1	15	42	33	9	150

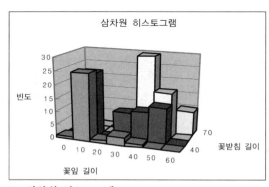

(1) 삼차원 히스토그램

(2) 빈도곡면

[그림 3.1.2] Fisher의 붓꽃 데이터에 대한 삼차원 히스토그램과 빈도곡면

(2) 산점도(scatter plot)와 표면도(surface plot)

산점도는 이변량 양적 데이터를 변수공간(variable space)에 타점한 것이다. 산점도로부터 밀도나 분포, 군집, 외딴점, 이상값, 변수 간의 관계 등을 시각적으로 파악할 수 있다.

[예 3.1.4] 다음은 Fisher의 붓꽃 데이터의 꽃받침 길이와 꽃잎 길이 간의 산점도이다. 이로부터 군집과 선형성을 관찰할 수 있다.

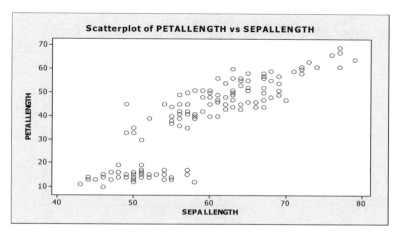

[그림 3.1.3] 꽃받침 길이와 꽃잎 길이 간의 산점도

삼변량 양적 데이터를 삼차원 산점도나 표면도(surface plot)로 나타낼 수 있다. 표면 도란 삼차원 산점도에서 높이 축을 표면 형태로 나타낸 것이다. 세 개 이상의 변수들에 대한 다변량 양적 데이터를 산점도 행렬(scatter plot matrix)로 전시하여 변수들 간의 관계를 파악할 수 있다. 산점도 행렬이란 두 변수씩 짝을 지어서 그린 쌍별 산점도들 (pairwise scatter plots)을 행렬 형태로 배치한 것이다.

[예 3.1.5] 다음은 Allegheny 국립공원에 서식하는 31그루의 검은 벚나무(black cherry trees)의 지름(diameter, 단위 inch), 높이(height, 단위: feet), 부피(volume, 단위: 세제곱 feet)를 측정한 데이터이다. [그림 3.1.4]는 이 데이터를 삼차원 산점도, 표면도 그리고 산점도 행렬로 전시한 것이다. 산점도 행렬로부터 지름과 부피 간에 비교적 강한 선형 관계를 볼 수 있다. 그리고 삼차원 산점도와 표면도로부터 지름과 높이가 커질

수록 부피가 커지는 경향을 볼 수 있다. 표면도에서 돌출이 보이는 것은 각 눈(mesh)에서 연속적인 표면을 생성하기 위해서 내삽(interpolation)이 사용되었기 때문이다.

[표 3.1.4] 벚나무 데이터

번호	지름	높이	부피	번호	지름	높이	부피
1	8.3	70	10.3	16	12.9	74	22.2
2	8.6	65	10.3	17	12.9	85	33.8
3	8.8	63	10.2	18	13.3	86	27.4
4	10.5	72	16.4	19	13.7	71	25.7
5	10.7	81	18.8	20	13.8	64	24.9
6	10.8	83	19.7	21	14.0	78	34.5
7	11.0	66	15.6	22	14.2	80	31.7
8	11.0	75	18.2	23	14.5	74	36.3
9	11.1	80	22.6	24	16.0	72	38.3
10	11.2	75	19.9	25	16.3	77	42.6
11	11.3	79	24.2	26	17.3	81	55.4
12	11.4	76	21.0	27	17.5	82	55.7
13	11.4	76	21.4	28	17.9	80	58.3
14	11.7	69	21.3	29	18.0	80	51.5
15	12.0	75	19.1	30	18.0	80	51.0
				31	20.6	87	77.0

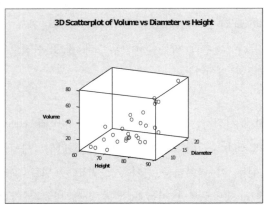

(1) 삼차원 산점도

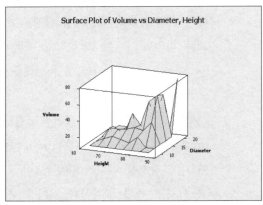

(2) 표면도

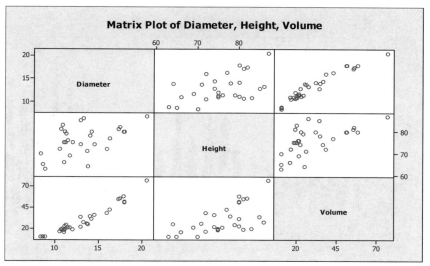

(3) 산점도 행렬

[그림 3.1.4] 벚나무의 부피＊지름＊높이에 대한 산점도와 표면도, 산점도 행렬

3.1.3 시계열 데이터와 공간 데이터

(1) 시계열 산점도(time series scatter plot)와 (꺾은)선 그래프(line graph)

시계열 데이터가 시간에 따라 어떤 추이를 보이는지를 나타낸 그림이다. 시계열 산점도는 흔히 시간을 가로축으로 변수를 세로축으로 삼아 시간에 따른 변수값을 타점해 나간다. 그리고 데이터 점들을 시간순으로 직선으로 연결한 것이 꺾은선그래프이다.

[예 3.1.6] 다음은 1749년 1월에서 2004년 9월까지 255년간 관측된 월평균 태양 흑점수 데이터에 대한 시계열 산점도이다. 태양 흑점수 시계열 산점도로부터 대략 11년의 주기를 관찰할 수 있다(공식적인 태양 흑점수 데이터는 벨기에의 Sunspot Index Data Center와 미국의 National Oceanic and Atmospheric Administration에 의해 보고되고 있다).

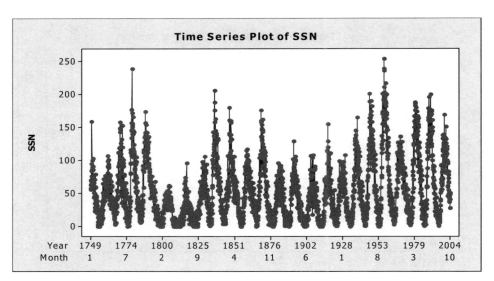

[그림 3.1.5] 월평균 태양 흑점수 데이터(1749년 1월~2004년 10월)에 대한 시계열 산점도

예 3.1.7 다음은 성경의 창세기에 나오는 인물들 중에서 아담에서 이삭까지 21명의 인물들의 수명(age)과 그들이 첫 아들을 낳았을 때의 나이(firstage)에 대한 시계열 산점도 이다. 수명이 표시되지 않은 사람은 에녹이고, 500세에 첫 아들을 낳은 사람은 노아이다.

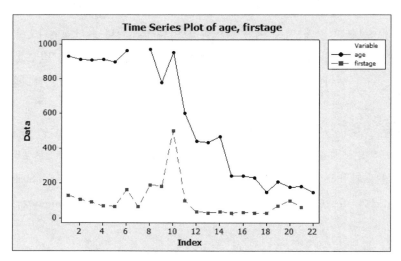

[그림 3.1.6] 성경인물들의 나이 데이터

예 3.1.8 다음은 2002년부터 2009년까지의 월별 소비자물가지수에 대한 꺾은선그 래프와 전년동월비(%)에 대한 막대그래프를 함께 전시한 것이다. 지난 6년간 소비자

물가지수가 선형추세를 보이며 증가해 온 것을 볼 수 있다. 그리고 전년동월비(%)[=
100×(금년당월 – 전년동월)/전년동월]에는 사이클이 존재하며 2006년 이후에 사이클
의 주기와 진폭이 더 커지고 있음을 볼 수 있다.(출처: '2009년 12월 및 연평균 소비자물
가동향', 통계청)

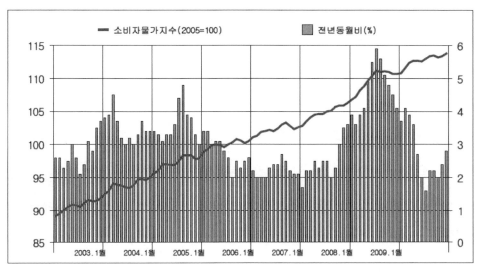

[그림 3.1.7] 소비자물가지수 및 전년동월비 등락률 추이 (출처: 통계청)

예 3.1.9　다음은 1983년부터 2005년까지의 연도별 Dow Jones Industrial Average(DJIA)
에 대한 시계열 산점도와 꺾은선그래프이다. 1995년부터 급등하기 시작하여 2000년경에
10,000선을 돌파한 후에는 10,000선을 중심으로 등락하고 있다.

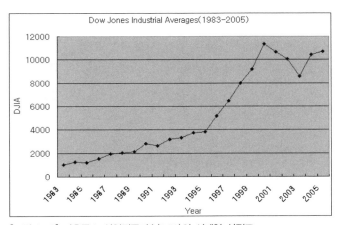

[그림 3.1.8] 다우존스 산업평균지수(DJIA)의 시계열 산점도

(2) 통계지도

통계지도는 지역과 관련된 통계를 지도 위에 나타낸 것이다. 통계지도로부터 수치와 지역의 관련성을 보고자 한다.

예 3.1.10   아래는 나폴레옹의 1812년 모스크바 행군을 나타내는 지도로 Charles Minard(1869)에 의해 작성된 것이다. 이것은 그의 군대가 여행한 방향, 통과한 장소들, 기아와 부상으로 죽은 수, 그들이 겪은 엄동의 온도들을 지리정보로 나타내고 있다.

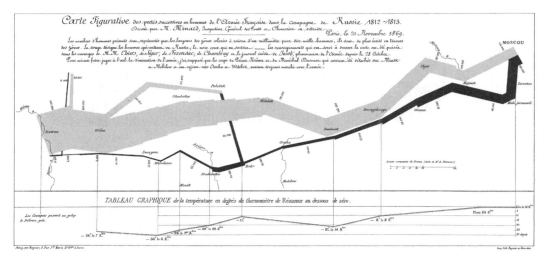

[그림 3.1.9] 나폴레옹의 1812년 모스크바 행군도(Charles Minrad, 1869)

예 3.1.11   다음은 고용동향을 지리정보와 함께 나태내고 있다. 지도에 제시된 숫자들은 2009년 11월의 실업률을 전년동월비(%)[= 100×(금년당월 − 전년동월)/전년동월]로 나타낸 것이다. 수도권과 동부권은 전년 동월에 비해 실업률이 증가한 반면 충청과 서부권은 실업률이 감소했음을 알 수 있다.

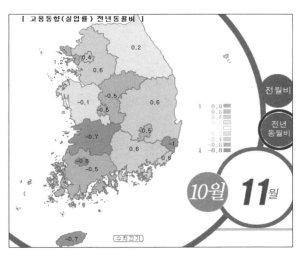

[그림 3.1.10] 지도에 표시한 2009년 11월의 고용동향 (출처: 통계청)

3.2 수치에 의한 다변량 자료의 탐색

다변량 자료에 대한 비교와 추론을 하기 위하여 수치적인 측도들이 필요하다.

3.2.1 연관성(association)의 측도

두 변수 간의 연관성을 크게 다음과 같은 두 가지 입장에서 생각해 볼 수 있다.

- 공변동(covariation)의 입장에서: 한 변수의 변화가 다른 한 변수에 의해 수반되는 정도
- 예측성(predictability, 예측 가능성)의 입장에서: 종속변수의 범주가 독립변수의 범주로부터 예측될 수 있는 정도

양적 이변량 데이터에 대해서는 이 두 입장이 동일한 의미를 가진 연관성 측도(즉 상관계수 r)가 사용되고 있다. 그러나 질적 이변량 데이터(순서형이나 명목형)의 경우에는 이 두 입장 중 어느 하나를 따르는 다양한 연관성 측도들이 제안되어 사용되고

있다. 연관성의 측도는 크기(magnitude)와 방향(direction)을 가질 수 있다.

(1) 양적 이변량 데이터: 크기와 방향

양적 이변량 데이터에 대한 연관성 측도로는 피어슨의 상관계수 r이 널리 사용된다. r은 크기와 방향(-1~1)을 모두 가진다.

(2) 순서형 이변량 데이터

순서형 이변량 데이터에 대한 연관성 측도들은 크기와 방향(-1~1)을 모두 가진다.

- 스피어먼의 ρ
- 켄달의 τ

(3) 명목형 이변량 데이터

명목형 이변량 데이터에 대한 연관성 측도들은 크기(0~1)만 가진다.

- 굿맨 – 크러스칼의 λ
- 굿맨 – 크러스칼의 τ
- 불확실성계수 U

[관찰 3.2.1] 이 명목형 측도들은 모두 비례감소불순도 측도로 예측성의 입장에서 제안되었다.

[관찰 3.2.2] 최적척도법(optimal scaling)을 사용하여 명목형 데이터를 양적 데이터로 변환할 수 있다.

(4) 이진형(binary) 이변량 데이터

두 값만을 가지는 이진형 변수는 양적 변수로 간주되며, 따라서 이에 대한 연관성 측도는 크기와 방향을 모두 가질 수 있다. 크기가 n인 표본을 뽑아서 [표 3.2.1]과 같이 두 이진형 변수들 x와 y에 의해 분류한 교차표 – 분할표(contingency table) – 를 고려하자.

[표 3.2.1] 2×2 분할표

x ╲ y	0	1	계
0	n_{11}	n_{12}	n_{1+}
1	n_{21}	n_{22}	n_{2+}
계	n_{+1}	n_{+2}	n

● 승산비(odds ratio, OR) 또는 교차곱비(cross−product ratio)

2×2 분할표 데이터인 경우에 널리 쓰이며, 크기(0 ~ ∞)만 가진다.

$$OR = \frac{n_{11}/n_{21}}{n_{12}/n_{22}} = \frac{n_{11}n_{22}}{n_{12}n_{21}} \tag{3.2.1}$$

승산비가 1에 가깝다면 두 변수가 연관성이 거의 없음을 시사한다.

● 로그 승산비(log odds ratio, LOR)

승산비에 자연로그를 취한 값으로 크기와 방향(− ∞ ~ ∞)을 모두 가진다.

$$\text{LOR} = \log(OR) \tag{3.2.2}$$

로그 승산비가 0에 가깝다면 두 변수가 연관성이 거의 없음을 시사한다.

[예 3.2.1] 다음은 신입생과 2학년 학생들의 일자리 보유 여부를 정리한 표이다.

학년 ╲ 일자리 보유 여부	No	Yes	계
신입생	25	12	37
2학년	11	14	25
계	26	26	62

신입생이 일자리를 가지지 못할 승산은 25/12 = 2.0833. 2학년이 일자리를 가지지 못할 승산은 11/14 = 0.7857. 따라서 승산비는 2.083/0.7857 = 2.65. 즉 신입생이 일자리를 보유하지 못할 승산은 2학년의 그것에 비해 약 2.65배가 된다. 또 로그 승산비는 log(2.65) = 0.974.

[관찰 3.2.3] 이 경우에 피어슨의 상관계수는 다음과 같다.

$$r = \frac{n_{11}n_{22} - n_{12}n_{21}}{\sqrt{n_{1+}n_{2+}n_{+1}n_{+2}}} \tag{3.2.3}$$

3.2.2 변수들 간의 연관성과 그 원인

두 변수 A와 B가 연관성이 있는 것으로 드러났다면, 그 연관성의 원인이 무엇인지 설명할 수 있어야 한다. 연관성의 원인으로 다음 세 가지를 살펴보자. 인과관계, 공통반응, 또는 교락. 아래 그림에서 화살표는 (적어도 부분적인) 인과관계를 나타내며, 점선은 두 변수 간의 연관성을 나타낸다.

(1) 인과관계(causation)

B의 변화는 A의 변화에 기인한다. 즉, B는 A의 결과이다.

[예] 안전띠 착용과 피해 감소: 양의 상관관계
    흡연과 폐암 발생: 양의 상관관계

(2) 공통반응(common response)

A와 B의 변화는 제3의 변수 C의 변화에 기인한다. 즉, A와 B는 모두 C의 결과이다.

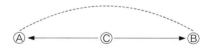

[예] 수능 성적과 대학에서의 평균평점: 양의 상관관계

    우리나라 냉장고 보급율과 위암 환자수: 양의 상관관계 – 냉장고에 든 음식을 섭
취하는 것이 위암 발병의 한 원인이 된다?

(3) 교락(confounding)

B의 변화는 A의 변화뿐 아니라 제3의 변수 C의 변화에도 기인한다. 즉, B는 A의 변
화와 C의 변화의 합이다.

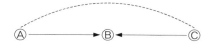

[예] 초봉과 학력 수준: 음의 상관관계 – 심프슨의 역설

3.2.3 심프슨의 역설과 통계적 통제

관찰연구에서 한 문제점은 피험자들이 처리 이외에도 몇몇 중요한 점에서 서로 다르
다는 것이다. 때때로 이런 차이들은 더 작고 더 동질적인 하부집단들로 세분화하여
비교함으로써 조정될 수 있다.

    예를 들어 대학원 입학에서의 성차별에 대한 한 관찰연구가 버클리 소재 캘리포니
아 대학(UCB)에서 실시되었다. 연구 기간 동안에 이 대학의 대학원 지원자 수는 남
학생이 8,442명, 여학생이 4,321명이었고, 남학생의 합격률은 대략 44%, 여학생의 합
격률은 대략 35%로 나타났다. 남학생과 여학생이 전체적으로 자질이 동등하다고 가
정할 때 — 그리고 이 가정을 반박할 만한 증거는 존재하지 않는다 — 이와 같은 합격
률 차이는 입학사정에서 성차별이 있었다는 것을 시사하는 강한 증거처럼 보인다.

    각 전공은 독자적인 입학사정을 실시하였으므로 전공별 합격률을 살펴본다면 여성
에 대해서 성차별을 한 전공을 알아낼 수 있을 것이다. 그런데 이때 수수께끼 같은
일이 벌어졌다. 전공별로 보았을 때 여성에 대한 성차별이 존재하는 것처럼 보이지
않았다. 어떤 전공들은 남학생을 선호했지만 다른 전공들은 여학생을 선호했다. 전체
적으로, 성차별이 있었다고 굳이 말한다면 그것은 오히려 남학생에 대한 것이었다.

    이 문제에는 100여 개 전공이 관련되어 있으므로 전체 양상을 여기서 살펴보기는
어렵다. 그러나 가장 큰 여섯 전공이 전체 지원자 수의 1/3을 담당하고, 이 전공들에

대한 양상이 전체 양상을 잘 반영하고 있으므로 이 여섯 개의 주요 전공들의 양상을 살펴보자. [표 3.2.2]는 주요 전공별 남학생과 여학생 지원자 수와 합격률이다.

[표 3.2.2] 주요 전공별 남녀 응시자 수와 합격률

성별 전공	남	여	전체
A	825(62%)	108(82%)	933(64%)
B	560(63%)	25(68%)	585(63%)
C	325(37%)	593(34%)	918(35%)
D	417(33%)	375(35%)	792(34%)
E	191(28%)	393(24%)	584(25%)
F	373(6%)	341(7%)	714(6%)
전체	2,691(44%)	1,835(30%)	4,526(39%)

각 전공에서 여학생 합격률은 남학생 합격률과 대동소이하다. 한 가지 예외는 전공 A인데, 이곳에서는 남학생에 대해서 성차별을 한 것처럼 보인다. 그럼에도 불구하고 여섯 전공을 종합하면, 남학생은 44%가 합격했고, 여학생은 30%만이 합격했다. 이것은 역설적이다. 그러나 이 역설(심프슨의 역설)을 설명할 길은 있다.

- 처음 두 전공은 상대적으로 들어가기가 쉬운데, 남학생들의 50% 이상이 이 두 전공에 지원했다.
- 다른 네 전공은 상대적으로 들어가기가 어려운데, 여학생들의 90% 이상이 이 네 전공에 지원했다.

따라서 남학생들은 주로 들어가기가 쉬운 전공에 지원했으며, 여학생들은 주로 들어가기가 어려운 전공에 지원했던 것이다. 즉, 전공 선택에 의한 효과가 존재하고 있으며, 이 효과는 성별에 의한 효과와 혼동(교락)되고 있었던 것이다. [표 3.2.2]에서와 같이 전공으로 나누었을 때 남녀 학생에 대한 합격률 차이는 거의 존재하지 않는다. 많은 관찰연구에서 이와 비슷한 과정에 의해 혼동 인자들을 통제하는 것이 가능하다. 동질적인 하부집단에 대해서 개별적인 비교를 실시하라.

그런데 보다 신중하게 합격률을 구했더라면 위와 같은 역설적인 상황은 벌어지지

않았을 것이다. 즉 위에서 사용한 남녀 학생에 대한 합격률은 전공의 규모를 고려하지 않은 단순한 합격률이었다. 이 대신 전공의 규모를 고려한 가중평균 합격률을 사용했더라면 위와 같은 혼동을 피할 수 있었을 것이다. 총지원자 수에 대비한 특정 전공 지원자 수의 비율을 해당 전공의 가중값으로 삼아 남녀별 가중평균 합격률을 구해보면 다음과 같다.

- 남학생에 대한 가중 합격률 = 39%
- 여학생에 대한 가중 합격률 = 43%

이 결과는 전공별 합격률에서 볼 수 있는 양상과 어긋나지 않으며 따라서 역설적이지 않다. 여기에서 보는 바와 같이, 가중평균은 혼동인자 – 전공선택 – 를 통제해준다. 그리고 이 가중평균들은 오히려 남학생에 대한 성차별을 시사하고 있다.

3.3 이변량 양적 데이터에 대한 연관성 분석

[기호] 이변량 데이터: $(x_i, y_i), i = 1, 2, \ldots, n$

3.3.1 이변량 연관성의 측도들

(1) 공분산(covariance)

공분산은 편차곱의 평균이다.

$$s'_{xy} = \sum_{i=1}^{n} (x_i - \overline{x})(y_i - \overline{y}) / n \tag{3.3.1}$$

> **[참고]** 여기서 그리고 3.3절의 나머지 부분에서 s'_{xy}(그리고 s'_x과 s'_y) 대신에 분모가 $(n-1)$인 표본공분산 s_{xy}(그리고 표본표준편차들 s_x과 s_y)를 사용해도 무방하다.

[관찰 3.3.1] 공분산은 위치변환에 불변적이다.

[관찰 3.3.2] 공분산은 척도변환에 불변적이지 않다.

(2) 상관계수(correlation coefficient)

상관계수는 정규화된(normalized) 공분산이다. 다른 말로, 상관계수는 표준화된 편차곱들의 평균이다.

$$r = \frac{s'_{xy}}{s'_x s'_y} = \frac{1}{n} \sum_i \left(\frac{x_i - \overline{x}}{s'_x} \right) \left(\frac{y_i - \overline{y}}{s'_y} \right) \tag{3.3.2}$$

$$= \frac{\sum (x_i - \overline{x})(y_i - \overline{y})}{\sqrt{\sum (x_i - \overline{x})^2 \sum (y_i - \overline{y})^2}} \tag{3.3.3}$$

과제 3.3.1 $-1 \leq r \leq 1$ 임을 보여라.

(도움말: $\displaystyle\sum_i \left\{ \left| \frac{x_i - \overline{x}}{s'_x} \right| - t \left| \frac{y_i - \overline{y}}{s'_y} \right| \right\}^2 \geq 0$ 를 이용하라.)

[관찰 3.3.3] 상관계수는 위치변환뿐 아니라 척도변환에도 불변적이다.

■ 상관계수에 대한 여러 해석

- 변수공간(variable space)에서 (x, y)의 산점도를 고려하면, r은 한 직선을 점들에 얼마나 잘 적합시킬 수 있는지를 나타낸다.
- x와 y를 원점을 지나는 n차원 관측공간(observation space)의 벡터들이라고 보면, r은 그들의 사이각이 얼마나 작은지를 나타낸다.
- x와 y의 밀도(또는 빈도)곡선을 고려하면, r은 그 두 곡선들의 형상이 얼마나 닮았는지를 나타낸다.

아래 그림은 두 개의 관측 (2, 3), (4, 5)를 각각 변수공간과 관측공간에 나타낸 것이다.

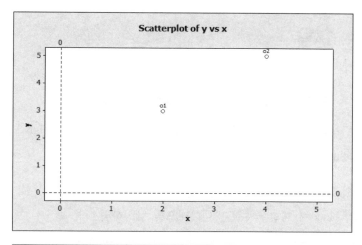

(1) 변수공간의 두 관측점

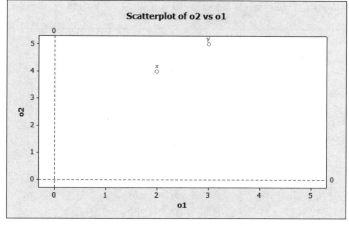

(2) 관측공간의 두 변수벡터

[그림 3.3.1] 변수공간과 관측공간

[성질 3.3.1] 상관계수는 두 변수 간의 선형관계의 측도이다.

[성질 3.3.2] 변동을 표준편차의 크기로 파악할 때, 상관계수는 y의 총변동 가운데 x의 변동이 설명해주는 변동의 비율이다.

(1) 이변량 자료에 대한 산점도 및 막대그래프의 작성

실습 다음은 테니스 동호회 회원 51명의 신장(height, cm), 체중(weight, kg), 성별(gender)과 혈액형(blood type)을 기록한 자료이다. 아래 질문에 답하라.

(1) 변수 height와 weight에 대한 산점도를 작성하라.
(2) 변수 gender, blood에 대한 3차원 막대그래프를 작성하라.

ID	Height	Weight	Gender	Blood Type	ID	Height	Weight	Gender	Blood Type
1	179	54	m	B	27	160	53	f	O
2	162	53	f	O	28	168	58	f	O
3	170	57	m	A	29	164	55	f	B
4	177	73	m	O	30	173	74	m	B
5	167	55	m	B	31	183	71	m	O
6	167	78	m	A	32	170	52	m	A
7	160	48	f	A	33	169	57	f	AB
8	171	55	m	B	34	160	48	f	A
9	158	53	f	A	35	161	49	f	O
10	180	74	m	A	36	178	73	m	A
11	163	51	f	B	37	159	50	f	O
12	170	59	f	A	38	181	78	m	AB
13	175	59	m	B	39	169	55	m	A
14	171	65	m	B	40	166	59	f	A
15	160	50	f	A	41	178	74	m	B
16	158	59	f	A	42	169	71	m	B
17	158	45	f	AB	43	178	68	m	A
18	180	63	m	O	44	160	47	f	O
19	160	46	f	B	45	173	70	m	AB
20	173	61	m	B	46	158	50	f	A
21	171	68	m	AB	47	160	65	f	A
22	152	38	f	B	48	167	48	f	O
23	173	64	m	AB	49	163	53	m	B
24	173	52	m	O	50	177	64	m	A
25	163	56	m	O	51	165	45	f	O
26	162	52	f	O					

[풀이] SPSS 데이터 편집기에서 tennis.sav를 작성한다.

1. 산점도를 작성하기 위하여 [그림 3.4.1]의 데이터 편집기 메뉴에서 **그래프 → 레거시 대화상자 → 산점도/점도표**를 클릭하여 구한 [그림 3.4.2]의 '산점도/점도표' 대화상자에서 단순 산점도를 선택한 후 〈**정의**〉를 누른다. [그림 3.4.3]의 '단순 산점도' 대화상자의 Y-축 항에 변수 height를, X-축 항에 변수 weight를 각각 옮긴 후 〈**확인**〉을 클릭하면 두 변수의 산점도가 출력된다.

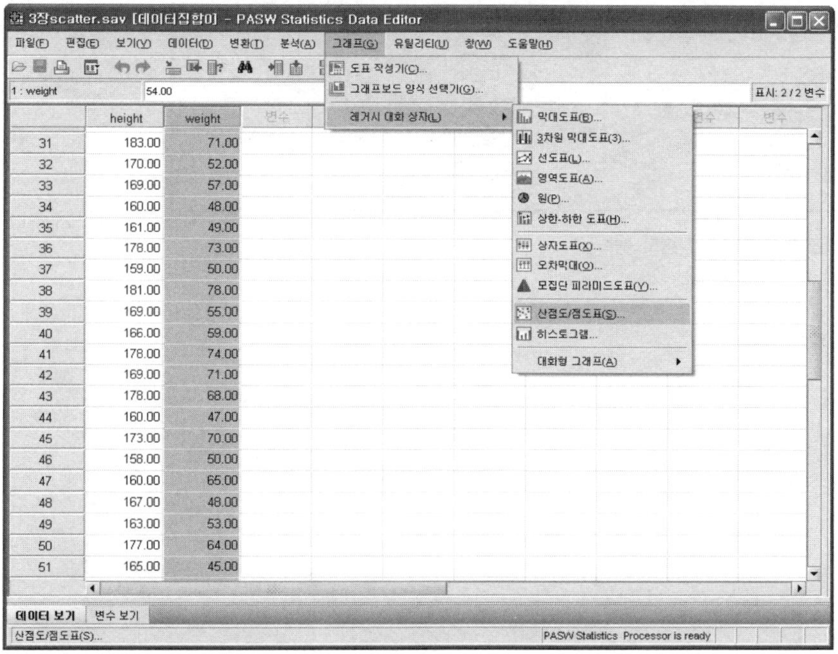

[그림 3.4.1] 산점도를 작성하기 위한 명령

[그림 3.4.2] 산점도/점도표 대화상자

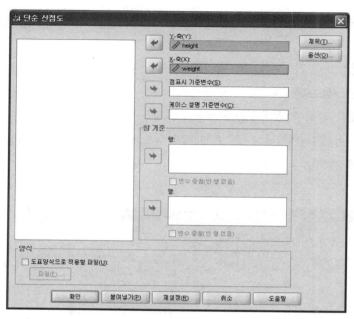

[그림 3.4.3] 단순 산점도 대화상자

그래프

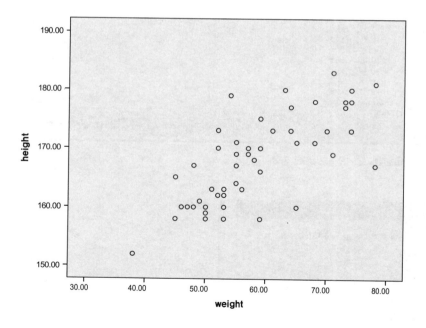

2. 막대그래프를 작성하기 위하여 [그림 3.4.4]의 데이터 편집기 메뉴에서 **그래프 →
레거시 대화상자 → 3차원 막대도표**를 클릭하여 [그림 3.4.5]의 '3차원 막대도표' 대화상
자를 구한 후 **〈정의〉**를 누른다. [그림 3.4.6]의 '3차원 막대 정의:케이스 집단 요약'
대화상자의 X-범주축 항에 변수 gender를 , Y-범주축 항에 변수 blood를 옮긴 후
〈확인〉을 클릭하면 3차원 막대도표가 산출된다.

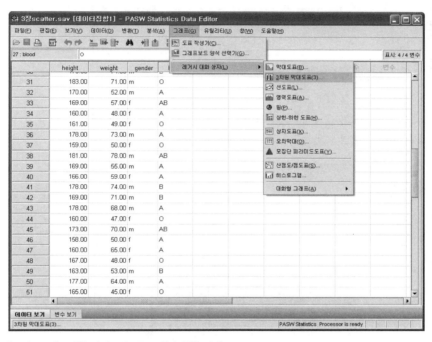

[그림 3.4.4] 3차원 막대그래프를 그리기 위한 명령

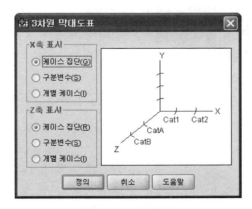

[그림 3.4.5] 3차원 막대도표 대화상자

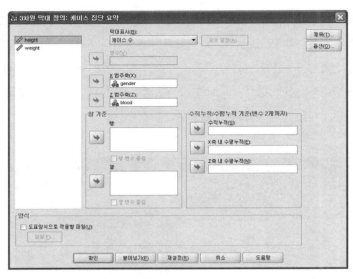

[그림 3.4.6] 3차원 막대 정의: 케이스 집단 요약 대화상자

XGraph

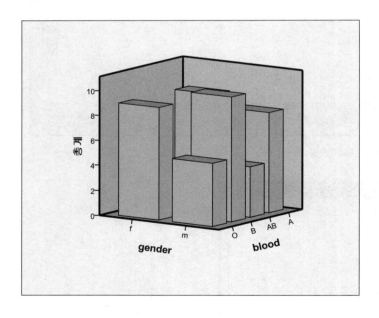

1. 심프슨의 역설(Simpson's paradox)에 대해 조사해보자.

2. 선형변환된 데이터의 공분산과 상관계수는 어떻게 되겠는가? 구체적으로 x와 y의 공분산과 상관계수를 각각 s'_{xy}와 r_{xy}로 나타내자. 이때 $u = a + bx$, $v = c + dy$로 정의되는 u와 v의 공분산 s'_{uv}와 상관계수 r'_{xy}를 구하라.

3. 12명의 여학생들이 참여한 한 실험에서, 무릎을 5도 만큼 기울였을 때와 45도 만큼 기울였을 때 오금의 힘을 역계를 사용하여 측정하였다. 다음은 이 두 변수 —Force5(x)와 Force45(y) —를 측정한 이변량 데이터에 대한 산점도에 최소제곱회귀선(regression line) $\hat{y} = a + bx$을 나타낸 그림이다.

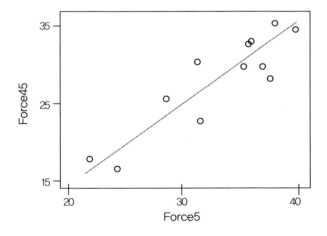

(1) 이 두 변수 간의 상관계수는 $r = 0.9$로 계산되었다. ① 상관계수는 무엇을 측정하는 가? ② 이 상관계수의 계산 과정을 설명하라.

(2) ① '최소제곱' 회귀선이란 무엇인가?

② 회귀(regression)라는 용어의 유래에 대해서 설명하라.

(3) Force5와 Force45의 표준편차들 SD5＝5.0와 SD45＝6.0 그리고 상관계수 r＝0.9로부터 회귀선의 기울기 b 를 구하라.

(4) 회귀선의 기울기 b 와 Force5와 Force45의 평균들 Mean5＝30과 Mean45＝25 로부터 회귀선의 절편 a 를 구하라.

4. 다음은 몇 나라의 혈액형 분포를 비교한 것이다. 이 그래프의 종류를 식별하고, 각국의 혈액형 분포의 특징을 기술하라.

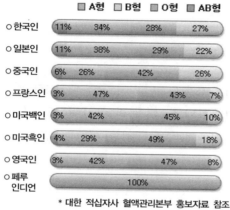

5. [표 3.4.1]은 미국 플로리다 주에서 발생한 살인 사건들에 대한 인종별 사형 판결 백분율이다. [표 3.4.2]는 희생자의 인종을 고려한 인종별 사형 판결의 백분율이다. 어떤 인종이 극형 판결을 받는 비율이 높은지 해석하라.

[표 3.4.1] 인종별 사형 판결의 백분율

살인자	판결		사형 판결의 백분율
	사형	기타	
흑	59	2448	2.4
백	72	2158	3.2

[표 3.4.2] 희생자의 인종을 고려한 인종별 사형 판결의 백분율

희생자	살인자	판결		사형 판결의 백분율
		사형	기타	
흑	흑	11	2209	0.5
	백	0	111	0.0
백	흑	48	239	16.7
	백	72	2074	3.4

6. 아래는 '1,000고지 세 번 돌파… 허망한 추락'이라는 동아일보(2002.04.10) 기사와 함께 제시된 종합주가지수(KOSPI)에 대한 시계열 산점도(1985~2000)이다. 종합주가지수가 어떻게 산정되는지 조사하고, 지난 10년간의 동향을 시계열 산점도로 제시하라. 그리고 이 시계열 산점도와 그 시계열 산점도를 비교하여 해석하라.

4장

확률

이 장에서는 사건의 확률과 그 개념에 대하여 소개하기로 한다. 우선 표본공간, 실험, 사건 등의 개념을 공부하도록 한다.

예를 들어 과녁을 향하여 활을 쏜다고 가정하자. 그 결과 활이 과녁에 명중하거나 또는 과녁을 빗나가는 두 가지 경우가 발생할 것이다. 이 경우 활을 쏘는 행위를 실험(experiment) 또는 시행(trial), 실험의 모든 가능한 결과의 집합 즉 과녁에 명중 또는 빗나감을 표본공간(sample space)이라 정의한다. 표본공간은 주로 S라 표기하고, 이 예에서는 표본공간 $S = \{$명중 또는 빗나감$\}$이다.

[예제] 농구선수가 자유투를 두 번 던진다고 하자. 이때 표본공간을 적어라.

[풀이] 이 실험은 자유투를 두 번 던지는 것이다.
자유투가 성공하면 s, 실패하면 f라고 표기하자. 이때 표본공간 S는 다음과 같다.

$$S = \{(s,s), (s,f), (f,s), (f,f)\}$$ □

[정의] 사건(event)
표본공간 S의 임의의 부분집합 E를 사건(event) 또는 사상이라고 정의한다. 즉 어느 한 사건이란 어떤 실험의 가능한 결과(들)의 집합을 의미한다. 만약 어느 실험의 한 결과가 사건 E에 포함된다면, 사건 E가 발생했다고 한다.

[예제] 앞의 예에서, 만약 $E = \{(s,s), (s,f)\}$라고 한다면, E는 사건이라고 할 수 있는가?

[풀이] $E = \{(s,s), (s,f)\} \subset S = \{(s,s), (s,f), (f,s), (f,f)\}$
이므로, E는 사건이며 맨 처음의 자유투에서 성공하는 사건이라고 한다. □

[정의] 표본공간 S의 두 사건 E와 F에 대하여, 새로운 사건 $E \cup F$를 사건 E 또는 F 내의 모든 결과들로 구성된 집합으로 정의한다. 만약 사건 E 또는 F가 발생했다면, 사건 $E \cup F$가 발생했다고 한다. 사건 $E \cup F$를 사건 E와 F의 합사건(union)이라고 부른다.

같은 방법으로 사건 $E \cap F$를 사건 E 그리고 F 내의 모든 결과들로 구성된 집합으로 정의한다. 만약 사건 E와 F가 발생했다면, 사건 $E \cap F$가 발생했다고 한다. 사건 $E \cap F$를 사건 E와 F의 곱사건(intersection)이라고 부른다.

사건 E와 F의 곱사건이 공집합일 때, 사건 A와 B는 배반 또는 서로소(mutually exclusive)라 한다.

마지막으로, 새 사건 E^C를 표본공간 S 내의 모든 결과(들) 중 사건 E에 속하지 않는 것들로 구성된 집합으로 정의한다. 만약 사건 E가 발생하지 않았다면, 사건 E^C가 발생했다고 한다. 사건 E^C를 사건 E의 여사건(complement)이라 한다.

[예] 앞의 예에서 만약 $E = \{(s, s), (s, f)\}$이고 $F = \{(f, s)\}$라면

$$E \cup F = \{(s, s), (s, f), (f, s)\}$$

이며, 적어도 한 번 자유투에서 성공하는 사건이라고 한다. 사건 E와 F의 곱사건은

$$E \cap F = \varnothing$$

이므로, 어떤 결과도 발생하지 않는 사건을 의미한다. 즉 사건 E와 F는 배반 사건이다. 사건 E의 여사건은

$$E^C = \{(f, s), (f, f)\}$$

이며, 맨 처음 자유투에서 실패하는 사건이라 할 수 있다. □

사건 E, F, G의 합사건, 곱사건에 관한 대수학적인 성질은 집합의 그것과 동일함을 다음 정리에서 살펴보기로 한다.

정리 사건 E, F, G가 있을 때, 다음이 성립한다.

1. 교환법칙 $E \cup F = F \cup E$
2. 결합법칙 $(E \cup F) \cup G = E \cup (F \cup G)$

3. 분배법칙 $(E \cup F) \cap G = (E \cap G) \cup (F \cap G)$

1′. 교환법칙 $E \cap F = F \cap E$

2′. 결합법칙 $(E \cap F) \cap G = E \cap (F \cap G)$

3′. 분배법칙 $(E \cap F) \cup G = (E \cup G) \cap (F \cup G)$

사건 E, F의 합사건, 곱사건, 여사건에 대한 대수학적인 성질을 다음의 드모르간(De Morgan)의 법칙에서 살펴보도록 하자.

정리 드모르간의 법칙

(a) 합의 여사건 $(E \cup F)^C = E^C \cap F^C$

(b) 곱의 여사건 $(E \cap F)^C = E^C \cup F^C$

증명 (a) w를 $(E \cup F)^C$의 한 결과라고 하자. 그러면

$$w \in (E \cup F)^C$$
$$\Leftrightarrow$$
$$w \notin E \cup F$$
$$\Leftrightarrow$$
$$w \notin E \quad \wedge \quad w \notin F$$
$$\Leftrightarrow$$
$$w \in E^C \quad \wedge \quad w \in F^C$$
$$\Leftrightarrow$$
$$w \in E^C \cap F^C$$

(b) 같은 방법으로 증명한다.

두 개 이상의 사건에 대하여도 비슷한 방법으로 합사건과 곱사건을 정의할 수 있다. 사건 $E_1, E_2, \cdots$에 대하여 합사건 $\bigcup_{n=1}^{\infty} E_n$은 적어도 한 사건 E_k, $k = 1, 2, \cdots$에 속한 모든 결과들의 집합을, 곱사건 $\bigcap_{n=1}^{\infty} E_n$은 모든 사건 E_k, $k = 1, 2, \cdots$에 속한 결과들의 집합으로 정의한다.

▶ 확률의 공리

표본공간이 S인 어떤 실험을 행한다고 하자. 표본공간 S의 임의의 사건 E에 대하여, 사건 E가 발생할 확률 $P(E)$는 다음 세 종류의 공리(axiom)를 만족한다고 가정한다.

- 공리 1

$$0 \le P(E) \le 1$$

- 공리 2

$$P(S) = 1$$

- 공리 3

서로 배반인 사건 $E_1, E_2, \cdots$에 대하여(즉, $E_i \cap E_j = 0$, $i \ne j$)

$$P(\bigcup_{i=1}^{\infty} E_i) = \sum_{i=1}^{\infty} P(A_i)$$

확률에 관한 몇몇 정리를 살펴보도록 한다.

> **proposition 1** 어떤 사건 E에 대하여,

$$P(E^C) = 1 - P(E)$$

증명 $1 = P(S) = P(E \cup E^C) = P(E) + P(E^C)$

$\therefore P(E^C) = 1 - P(E)$ $\qquad\qquad\qquad\qquad$ □

즉 어떤 사건이 발생하지 않을 확률은 1에서 그 사건이 발생할 확률을 빼주면 된다. 두 번째 정리는 두 사건 E, F의 합사건이 발생할 확률을 각 사건의 확률로 표현하고 있다.

> **proposition 2**

$$P(E \cup F) = P(E) + P(F) - P(E \cap F)$$

증명

$$P(E \cup F) = P(E \cup (E^C \cap F))$$
$$= P(E) + P(E^C \cap F) \, (\because E \cap (E^C \cap F) = \varnothing)$$

그런데

$$P(F) = P(E \cap F) + P(E^C \cap F)$$

이므로,

$$P(E \cup F) = P(E) + P(F) - P(E \cap F) \qquad \square$$

위의 정리는 벤다이어그램(Venn diagram)을 이용하여 증명할 수도 있다.
합사건 $E \cup F$를 서로 배반인 세 영역으로 아래 그림처럼 나누어 보자.

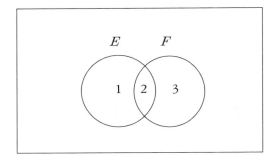

영역 1은 사건 F에 속하지 않은 사건 E 내의 모든 점들을, 영역 2는 사건 E와 그리고 사건 F에 동시에 속하는 모든 점들을 그리고 영역 3은 사건 E에 속하지 않은 사건 F 내의 모든 점들을 각각 나타내고 있다.

그림을 통하여, 다음 관계가 성립함을 알 수 있다.

$$E \cup F = 1 \cup 2 \cup 3$$
$$E = 1 \cup 2$$
$$F = 2 \cup 3$$

그런데 영역 1, 2, 3은 서로 배반이므로, 다음 관계식이 성립한다.

$$P(E \cup F) = P(1) + P(2) + P(3)$$
$$P(E) = P(1) + P(2)$$
$$P(F) = P(2) + P(3)$$

따라서

$$P(E \cup F) = P(E) + P(F) - P(2)$$
$$= P(E) + P(F) - P(E \cap F)$$

[예제] 주사위 두 개를 동시에 던지는 실험을 한다. 이때 사건 E는 주사위의 합이 홀수일 사상을, 사건 F는 적어도 하나 주사위의 눈이 1일 사상을 각각 나타낸다. 이때 $P(E \cup F)$를 구하라.

[풀이]
$$P(E) = 1/2$$
$$P(F) = 1 - P(F^C) = 1 - \left(\frac{5}{6}\right)\left(\frac{5}{6}\right) = \frac{11}{36}$$

$E \cap F = \{(1,2), (1,4), (1,6), (2,1), (4,1), (6,1)\}$ 이므로

$$P(E \cap F) = \frac{6}{36} = \frac{1}{6}$$

$$\therefore \ P(E \cup F) = P(E) + P(F) - P(E \cap F)$$
$$= \frac{1}{2} + \frac{11}{36} - \frac{6}{36} = \frac{23}{36}$$

□

4.1 조건확률과 독립성

어떤 실험을 행하였을 때, 그 결과에 관련된 부분적인 정보만이 주어졌거나 또는 원하는 확률을 보다 쉽게 구하기 위하여 조건확률(conditional probability)의 개념을 필요로 한다.

[예제] 주사위 두 개를 동시에 던지는 실험에서, 모든 가능한 경우가 발생할 확률이 동일하다고 가정한다. 우리가 원하는 것은 두 주사위의 합이 9이하일 확률을

계산하는 것이다. 그런데 적어도 한 주사위의 눈이 5라는 부분적인 정보를 얻게 되었을 때, 두 주사위의 합이 9 이하일 확률을 구하여 보자.

[풀이] 집합 E를 적어도 한 주사위 눈이 5라는 사건이라 놓으면,

$$E = \{(5,1),(5,2),(5,3),(5,4),(5,6),(1,5),(2,5),(3,5),(4,5),(6,5),(5,5)\}$$

이다. 맨 처음의 실험에서 각 결과가 발생할 확률은 모두 동일하므로, 사건 E 내의 어떤 결과가 발생할 확률도 모두 같게 된다. 따라서 사건 E 내의 어떤 결과가 나올 확률은 1/11이다. 이 중에서 합이 9이하일 경우는 모두 8가지이므로, 구하려는 확률은 8/11이 된다. □

여기에서 사건 E와 사건 F를

사건 E = 적어도 한 주사위의 눈이 5이다.
사건 F = 두 주사위 눈의 합이 9 이하이다.

를 각각 나타낸다고 하면, 위의 예에서 구한 확률은 사상 E가 주어졌다는 조건에서 사상 F가 발생할 조건확률이라 부르고 다음과 같이 표기한다.

$$P(F/E)$$

만약 사건 E가 발생하였다는 조건하에서 사건 F가 발생하기 위해서는, 실제적 발생점은 사건 E와 F 내에 위치하여야 한다. 즉 사건 E가 발생하였다는 조건은 E가 새로운 표본공간이 됨을 의미하며, 이 조건하에서의 사건 F의 발생은 사건 E와 F가 동시에 발생함을 의미하게 된다. 다음 정의를 살펴보자.

[정의] 조건확률

$$P(F/E) = \frac{P(E \cap F)}{P(E)} \tag{4.1.1}$$

(단 $P(E) > 0$일 때)

[예제] 아기를 출산할 때, 아들 또는 딸일 확률은 서로 같다고 가정한다. 만약 어느 가정의 자녀가 둘인 경우, 다음 조건이 주어졌을 때

(a) 나이든 자녀가 딸일 경우
(b) 적어도 한 자녀는 딸일 경우

두 자녀 모두 딸일 확률을 각각 구하라.

[풀이]

사건 $G =$ 두 자녀 모두 딸일 사건
사건 $E_1 =$ 나이든 자녀가 딸일 사건
사건 $E_2 =$ 적어도 한 자녀가 딸일 사건
으로 놓으면, 다음과 같이 구할 수 있다.

(a) $P(G/E_1) = \dfrac{P(G \cap E_1)}{P(E_1)} = \dfrac{1/4}{2/4} = \dfrac{1}{2}$

(b) $P(G/E_2) = \dfrac{P(G \cap E_2)}{P(E_2)} = \dfrac{1/4}{3/4} = \dfrac{1}{3}$ □

독립인 사건

만약 다음 등식이 성립하면,

$$P(F/E) = P(F), \ P(E) > 0 \tag{4.1.2}$$

두 사건 E와 F는 서로 독립(independent)이라고 정의한다.

식 (4.1.1)에 의해, 서로 독립인 조건인 식 (4.1.2)는 다음과 같이 표현된다.

$$P(E \cap F) = P(E) \cdot P(F)$$

즉 사건 E와 F가 서로 독립이라는 것은, 사건 E가 발생하였다는 사실이 사건 F가 발생할 확률에 아무런 영향도 주지 못함을 의미한다. 또한 두 사건 E와 F가 독립이 아닌 경우, 두 사건은 서로 종속(dependent)이라고 한다.

[예제] 52장의 카드에서 랜덤으로 한 장을 뽑는다. 이때

사건 E = 뽑힌 카드가 에이스 일 사건

사건 F = 뽑힌 카드가 스페이드 일 사건

이라고 할 때, 사건 E와 F는 독립임을 보여라.

[풀이]

$$P(E) = \frac{4}{52} = \frac{1}{13}$$
$$P(F) = \frac{13}{52} = \frac{1}{4}$$
$$P(E \cap F) = \frac{1}{52}$$
$$\therefore \ P(E \cap F) = P(E) \cdot P(F)$$

따라서 사건 E와 F는 서로 독립이다. □

4.2 베이즈 정리

사건 E와 F가 주어졌다고 하자. 이때 사건 F는 다음과 같이 표현된다.

$$F = (E \cap F) \cup (E^C \cap F)$$

그런데 사건 $E \cap F$와 $E^C \cap F$는 서로 배반이므로, 서로 F의 확률은

$$
\begin{aligned}
P(F) &= P(E \cap F) + P(E^C \cap F) \\
&= P(E) \cdot P(F/E) + P(E^C) \cdot P(F/E^C) \\
&= P(E) \cdot P(F/E) + (1 - P(E)) \cdot P(F/E^C)
\end{aligned}
$$

가 된다. 즉 사건 F의 확률이란 E가 발생하였다는 조건에서 사건 F의 조건확률과 E가 발생하지 않았다는 조건에서 사건 F의 조건확률의 가중평균으로 주어진다. 각 조건확률의 가중값은 조건으로 주어진 사건 E의 발생확률의 값이다.

위의 식을 다음과 같이 일반화하여 보자. 자연수 n에 대하여 사건 $E_1, E_2, \cdots, E_n$은 서로 배반인 사건이고 표본공간 S를 포함한다고 하자. 즉

$$E_i \cap E_j = \varnothing, \quad i \neq j$$
$$\bigcup_{i=1}^{n} E_i = S$$

그런데

$$F = (E_1 \cap F) \cup (E_2 \cap F) \cup \cdots \cup (E_n \cap F)$$

이고 사건 $E_i \cap F$, $i = 1, 2, \cdots, n$ 들은 서로 배반이므로, 다음 등식을 얻는다.

$$\begin{aligned} P(F) &= P((E_1 \cap F) \cup (E_2 \cap F) \cup \cdots \cup (E_n \cap F)) \\ &= \sum_{i=1}^{n} P(E_i \cap F) \\ &= \sum_{i=1}^{n} P(E_i) P(F/E_i) \end{aligned} \qquad (4.2.1)$$

위의 식 (4.2.1)은 주어진 사건 $E_1, E_2, \cdots, E_n$에 대하여 그 중 한 사건만은 반드시 발생하여야 하고, 그 발생한 사건에 대한 조건확률을 계산함으로써 확률 $P(F)$를 구할 수 있음을 나타낸다. 즉 확률 $P(F)$는 확률 $P(F/E_i)$들의 가중평균이라 할 수 있다.

사건 F가 지금 막 발생하였다고 가정하였을 때, 사건 E_i들 중 어느 한 사건이 과거에 발생하였는지 그 조건확률을 구하여 보자. 식 (4.2.1)을 이용하여

$$\begin{aligned} P(E_j/F) &= \frac{P(E_j \cap F)}{P(F)} \\ &= \frac{P(E_j) P(F/E_j)}{\displaystyle\sum_{j=1}^{n} P(E_j) P(F/E_j)} \end{aligned} \qquad (4.2.2)$$

임을 유도할 수 있다. 식 (4.2.2)를 베이즈 공식(Bayes' formula)이라 부른다.

[예제] 혈액 검사를 통하여 어떤 질병이 있는지를 판별한다고 한다. 질병이 있는 경우 질병이 있다고 옳게 진단할 확률은 95%이고, 질병이 없는 경우 질병이

없다고 옳게 진단할 확률은 90%라고 한다. 실제로 전체 모집단의 1% 만이 질병이 있는 경우, 검사 결과가 양성으로 나타났을 때 그 사람이 질병이 있을 확률을 구하라.

풀이

$D =$ 질병의 유무

$T =$ 검사 결과

로 놓으면, 구하려는 확률은 다음과 같다.

$P(D = $ 질병 $/ T = $ 양성 $)$

따라서 베이즈 공식을 이용하면

$$P(D = \text{질병} / T = \text{양성}) = \frac{P(D = \text{질병} \wedge T = \text{양성})}{P(T = \text{양성})}$$

$$= \frac{P(D = \text{질병})P(T = \text{양성} / D = \text{질병})}{P(D = \text{질병})P(T = \text{양성} / D = \text{질병}) + P(D = \text{질병 없음})P(T = \text{양성} / D = \text{질병 없음})}$$

$$= \frac{(0.01)(0.95)}{(0.01)(0.95) + (0.99)(0.10)} = 0.088$$

즉, 놀랍게도 검사 결과가 양성인 사람들 중 단지 8.8% 만이 진짜로 그 질병을 가지고 있음을 보여준다.

하지만 모집단 중 1% 만이 질병이 있었지만 검사 결과가 양성인 경우 질병이 있을 확률이 8.8%로 늘어남을 알 수 있다. □

연습문제

1. 5개의 흰 공과 4개의 검은 공이 있는 상자에서 3개의 공을 랜덤으로 꺼낸다. 이때 꺼낸 공이 하나는 흰 공이고 두개는 검은 공일 확률을 구하라.

2. 어느 교실에 학생들이 11명 있다. 이때 어느 두 학생도 같은 날 생일이 아닐 확률을 구하라.

3. 52장으로 된 카드덱을 잘 섞어 4명에게 각각 13장씩 나누어준다. 이때 다음 확률을 구하라.

   (1) 4명 중 1명이 모두 스페이드일 확률
   (2) 4명 모두 각각 에이스 1장씩 받을 확률

4. 본문의 정리를 증명하라(교환, 결합, 분배법칙).

5. 52장의 카드덱에서 카드 한 장을 랜덤으로 고른다. 선택된 카드가 에이스일 사상을 A, 하트일 사상을 B라 하였을 때, 사상 A와 B는 서로 독립인지 종속인지를 보여라.

6. 사건 E와 F는 서로 독립일 때, 사건 E와 F^c도 독립임을 보여라.

7. 200명의 성인 중 1명만이 걸리는 희귀한 병의 검사법을 개발했다. 임상실험을 통하여 관찰하여 보니, 이 검사법은 병이 있는 성인의 99%가 양성 반응을, 병이 없는 성인의 10%가 양성 반응을 보인다.

만일 임의의 성인이 이 검사를 받아 양성 반응을 보였을 때, 이 성인이 병에 걸렸을 확률은 얼마인가?

8. 갑에게 종이쪽지 하나를 주면서, ○ 또는 ×를 표기하라고 한다. 갑이 ○라고 표기할 확률은 $\frac{1}{3}$이다. 갑이 이 쪽지를 을에게 넘겼을 때, 을은 쪽지에 표기된 대로 그냥 두거나 변경하여 적을 수 있다. 을이 이 쪽지를 병에게 주고, 병은 쪽지에 적힌 내용을 그냥 두거나 변경하여 적어서 정에게 건넨다. 정도 마찬가지이다. 을, 병, 정이 표기를 바꿀 확률을 각각 $\frac{2}{3}$라고 할 때, 갑이 맨 처음 쪽지에 '○'이라고 표기할 확률을 구하라.

9. 사건 A_1, A_2, A_3가 표본공간 S의 부분집합일 때, 확률 $P(A_1 \cup A_2 \cup A_3)$를 전개하라.

10. 비 오는 날 다섯 명의 손님이 식당에 도착할 때 그들의 우산을 맡기고, 떠날 때 무작위로 한 우산씩 가져간다고 하자.

(1) 아무도 자신의 우산을 가져가지 못할 확률을 구하라.
(2) 5명 중 2명만이 자신의 우산을 가져갈 확률을 구하라.

5장

확률변수와 확률분포

실험을 행할 때, 그 결과 자체보다는 결과의 함수에 관심이 있는 경우가 대부분이다. 확률변수(random variable)란 표본공간 S에서 정의된 실수값의 함수를 의미한다. 즉 표본공간 내의 임의의 한 원소에 대하여 단지 하나의 실수만을 대응시키는 관계이다 $(X(s) = x,\ s \in S)$. 예를 들어 동전을 1회 던지는 실험에서 표본공간은 $S = \{H, T\}$ 이다. 단, H는 앞면을 T는 뒷면을 나타낸다. 이때, 다음 함수관계를 이용하여

$$X : \begin{cases} H & \to & 1 \\ T & \to & 0 \end{cases}$$

확률변수 X를 정의할 수 있다. 즉 확률변수 X는 $X(H) = 1, X(T) = 0$인 함수가 된다. X가 취하는 값은 실험의 결과에 따라 표현되므로, 확률변수가 된다.

[예제] 균일한 동전 3개를 동시에 던지는 실험을 한다. 이때, 처음 동전이 앞면이면 X 는 1, 그렇지 않으면 0, Y를 동전 3개 중 앞면의 수라고 하면, 이들은 확률변수이다.

[풀이] 균일한 동전 3개를 동시에 던지면 다음과 같이 총 8종류의 결과가 발생한다.

$$S = \{(H, H, H), (H, H, T), (H, T, H), (H, T, T), (T, H, H), (T, H, T), (T, T, H), (T, T, T)\}$$

이때 X는 처음 4가지 경우에 1을, 나머지에는 0을 각각 배정하는 함수가 되고, Y도 각각의 결과에 0~3의 정수를 각각 부여하는 함수이므로, X와 Y는 각각 확률변수이다. □

확률변수의 값은 실험의 결과에 의해 결정되므로, 확률변수의 각각의 값에 확률을 부여할 수 있다.

[예제] 위의 예에서 확률변수 X와 Y의 값에 대한 확률을 각각 구하라.

[풀이]

$$P(X = 1) = P\{(H, H, H), (H, H, T), (H, T, H), (H, T, T)\} = 1/2$$
$$P(X = 0) = P\{(T, H, H), (T, H, T), (T, T, H), (T, T, T)\} = 1/2$$

$$P(Y=3) = P\{(H, H, H)\} = 1/8$$

$$P(Y=2) = P\{(H, H, T), (H, T, H), (T, H, H)\} = 3/8$$

$$P(Y=1) = P\{(H, T, T), (T, H, T), (T, T, H)\} = 3/8$$

$$P(Y=0) = P\{(T, T, T)\} = 1/8$$

5.1 이산형 확률변수

확률변수가 취할 수 있는 값들이 유한하거나 또는 셀 수 있는(countable) 경우를 이산형(discrete)이라 한다. 예를 들어 인종, 성별 또는 활을 n번 쏘았을 때 과녁에 맞춘 횟수 등은 모두 이산형 확률변수이다. 확률변수 X가 이산형일 때 X의 확률분포(probability distribution)란 X의 가능한 값에 대한 확률의 분포를 의미한다. 즉 이산형 확률분포는 이산형 확률변수 X의 가능한 값 x들과 그에 대한 확률 $P(X=x)$를 각각 나타낸다.

이산형 확률변수 X에 대하여 X의 확률밀도함수(probability density function) $f(x)$를 다음과 같이 정의한다.

$$f(x) = P\{X=x\}$$

즉, 확률밀도함수 $f(X)$는 많아야 셀 수 있는 경우에서 양수값을 가진다.

예 5.1　균일한 동전 두 개를 한꺼번에 던질 때, X를 앞면이 나오는 횟수라 하자. 이때 확률변수 X에 대한 확률분포를 구하라.

풀이　$X = 0, 1, 2$ 의 값을 가진다. 이때 확률변수 X에 대한 확률은

$$P(X=0) = P\{TT\} = 1/4$$

$$P(X=1) = P\{HT \text{ or } TH\} = P\{HT\} + P\{TH\} = 1/4 + 1/4 = 1/2$$

$$P(X=2) = P\{HH\} = 1/4$$

이다. 확률분포를 표로 만들면 다음과 같은 확률분포표를 얻는다.

[표 5.1.1] 확률분포표

X	$P(X=x)$
0	1/4
1	1/2
2	1/4
합	1

X축에 x의 값을 Y축에 $P(X=x)$의 값을 그려봄으로써, 확률변수 X의 확률분포를 가늠할 수 있다.

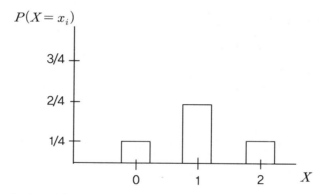

[그림 5.1.1] 확률변수 X의 확률분포 그림

▶ 누적분포함수

확률변수 X의 값이 x일 때, 확률 $P(X \le x)$ 또는 $P(X > x)$ 등을 구할 필요가 있다. 이 중에서 확률값 $P(X \le x)$를 누적분포함수(cumulative distribution function) $F(x)$라고 정의한다. 즉 이산형 확률변수 X의 확률밀도함수 $f(x)$에 대하여 누적분포함수 $F(x)$는 다음과 같다.

$$F(x) = P(X \le x) = \sum_{all\ a\ s.t\ a \le x} f(a)$$

예 5.2 위의 (예 5.1)에서 확률변수 X의 확률분포표는 다음과 같다. 이때 X의 누적분포함수를 구하라.

X	$P(X = x)$
0	1/4
1	1/2
2	1/4
합	1

[풀이] X의 누적분포함수 $F(x)$는

$$F(0) = P(X \leq 0) = 1/4$$
$$F(1/2) = P(X \leq 1/2) = P(X \leq 0) = 1/4$$
$$F(1) = P(X \leq 1) = P(X = 0) + P(X = 1) = 3/4$$
$$F(2) = P(X \leq 2) = P(X = 0) + P(X = 1) + P(X = 2) = 1$$

이므로, 다음과 같은 계단함수(step function)로 표현된다.

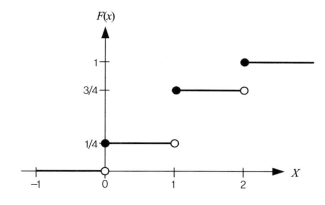

[그림 5.1.2] 누적분포함수의 그래프

그림을 통하여, 누적분포함수 $F(x)$는 다음과 같은 성질이 있음을 알 수 있다.

(1) 증가함수이며, $0 \leq F(x) \leq 1$이다.
(2) 계단함수이다.
(3) 오른쪽에서 연속인 함수이다.

▶ 기댓값

자료의 성질을 파악하기 위하여, 그 중심 위치와 퍼짐 정도를 규명하여야 한다. 이 중 중심 위치를 위한 기댓값(expectation 또는 expected value)의 계산은 확률론에서 매우 중요한 개념 중의 하나이다.

이산형 확률변수 X의 확률밀도함수 $f(x)$가 주어졌을 때, X의 기댓값 $E(X)$를 다음과 같이 정의한다.

$$E(X) = \sum_i x_i f(x_i)$$

다시 말하면 확률변수 X의 기댓값이란 X의 가능한 값들의 가중평균이라 할 수 있다.

[예 5.3] 위의 (예 5.2)에서 확률변수 X의 기댓값을 구하라.

[풀이] X의 기댓값 $E(X)$는 다음과 같다.

$$\begin{aligned}
E(X) &= \sum_i x_i f(x_i) \\
&= 0 \times \frac{1}{4} + 1 \times \frac{1}{2} + 2 \times \frac{1}{4} \\
&= 1
\end{aligned}$$

□

▶ 확률변수 X의 함수 $g(X)$의 기댓값

[예제] 확률변수 X의 확률분포는 다음과 같다.

X	$P(X=x)$
−1	1/3
0	1/3
1	1/3

이때 확률변수 X의 함수인 확률변수 $Y = g(X) = X^2$에 대하여

(1) Y의 확률분포를 구하고, 그 기댓값을 구하라.

(2) $\sum_{i=1}^{3} x_i^2 f(x_i)$를 계산하여, 그 값을 (1)에서의 값과 비교하라.

풀이 (1) Y의 확률분포는 다음과 같다.

$Y = X^2$	$P(Y = y)$
1	2/3
0	1/3

따라서 그 기댓값은 다음과 같다.

$$E(Y) = 1 \times \frac{2}{3} + 0 \times \frac{1}{3} = \frac{2}{3}$$

(2) $\displaystyle\sum_{i=1}^{3} x_i^2 f(x_i)$

$= (-1)^2 (\frac{1}{3}) + (0)^2 (\frac{1}{3}) + (1)^2 (\frac{1}{3})$

$= 2/3$

따라서 (1), (2)에서 각각 구한 기댓값은 서로 같은 값임을 알 수 있다. $\square$

proposition 1

이산확률변수 X는 $x_i (i = 1, 2, \cdots, n, \cdots)$의 값을 가지고 확률밀도함수가 $f(x_i)$라면, X의 함수 $g(X)$의 기댓값 $E\{g(X)\}$는 다음과 같다.

$$E\{g(X)\} = \sum_{i=1} g(x_i) f(x_i)$$

증명 같은 값을 가지는 $g(x_i)$를 묶어서 다음 식을 얻는다.

$\displaystyle\sum_{i=1} g(x_i) f(x_i)$

$\displaystyle = \sum_j \sum_{i : g(x_i) = y_j} g(x_i) f(x_i)$

$\displaystyle = \sum_j y_j \sum_{i : g(x_i) = y_j} f(x_i)$

$\displaystyle = \sum_j y_j P\{g(X) = y_j\}$

$= E\{g(X)\}$ $\square$

따름정리 만약 a, b가 상수라면,

$$E(aX+b) = aE(X)+b$$

증명

$$\begin{aligned}
E(aX+b) &= \sum_i (ax_i + b)f(x_i) \\
&= a\sum_i x_i f(x_i) + b\sum_i f(x_i) \\
&= aE(X) + b
\end{aligned}$$

□

분산

확률변수 X와 확률밀도함수 $f(x)$가 주어졌을 때, X의 성질을 규명하기 위한 측도로 중심경향과 퍼짐 정도를 생각해 볼 수 있다. 중심경향을 나타내는 기댓값 $E(X)$는 X의 가능한 값들의 가중평균이지만, 이 값들의 산포 또는 퍼짐 정도에 관하여는 아무런 정보도 제공하여 주지 못한다. 따라서 X의 값들이 평균 $E(X)$을 중심으로 얼마나 많이 산포되어 있는가의 측도로 $E\{|X-\mu|\}$를 고려해 볼 수 있겠다. 여기에서 $\mu = E(X)$이다. 그렇지만 이런 값들을 수학적으로 다루기 어려운 부분이 있어, X와 그 평균 간의 차이를 제곱한 양의 기댓값을 구하여 산포 또는 퍼짐 정도를 측정하여볼 수 있겠다.

정의 분산

확률변수 X의 기댓값을 μ라 하면 X의 분산(variance) $V(X)$(또는 σ^2)를 다음과 같이 정의한다.

$$\sigma^2 = V(X) = E[(X-\mu)^2]$$

이산확률변수 X의 분산 $V(X)$을 조금 더 정리하여 보자.

$$\begin{aligned} V(X) &= E\big[(X-\mu)^2\big] \\ &= \sum_i (x_i - \mu)^2 f(x_i) \\ &= \sum_i (x_i{}^2 - 2x_i\mu + \mu^2) f(x_i) \\ &= \sum_i x_i{}^2 f(x_i) - 2\mu \sum_i x_i f(x_i) + \mu^2 \sum_i f(x_i) \\ &= E(X^2) - 2\mu^2 + \mu^2 \\ &= E(X^2) - \mu^2 \end{aligned}$$

$$\therefore \quad V(X) = E(X^2) - [E(X)]^2$$

즉 확률변수 X의 분산은 X^2의 기댓값에서 X의 기댓값 제곱을 빼주면 된다.

[예제] 균일한 동전 두 개를 동시에 던질 때, X는 앞면이 나오는 횟수이다. 이때 X의 분산을 구하라.

[풀이] X의 확률 분포표는 다음과 같다.

X	$P(X=x)$
0	1/4
1	1/2
2	1/4

따라서

$$\begin{aligned} E(X^2) &= 0^2 \times \frac{1}{4} + 1^2 \times \frac{1}{2} + 2^2 \times \frac{1}{4} \\ &= \frac{3}{2} \\ E(X) &= 0 \times \frac{1}{4} + 1 \times \frac{1}{2} + 2 \times \frac{1}{4} \\ &= 1 \end{aligned}$$

이므로, 분산 $V(X)$는 다음과 같다.

$$V(X) = E(X^2) - [E(X)]^2 = 1/2 \qquad \square$$

분산 $V(X)$의 양의 제곱근을 확률변수 X의 표준편차(standard deviation) σ 또는 $sd(X)$라고 정의한다.

분산에 관한 유용한 공식으로 다음 식을 살펴보자. 즉 임의의 상수 a, b에 대하여, 다음 식이 성립한다.

$$V(aX+b) = a^2 V(X)$$

증명 X의 기댓값을 μ라 하면, $aX+b$의 기댓값은

$$E(aX+b) = a\mu + b$$

이다. 따라서 다음 식을 얻는다.

$$\begin{aligned}
V(aX+b) &= E[(aX+b) - (a\mu+b)]^2 \\
&= E[(aX - a\mu)^2] \\
&= a^2 E[(X-\mu)^2] \\
&= a^2 V(X)
\end{aligned}$$

□

5.2 이산형 확률변수의 분포함수

이산형 분포로 이산균일분포(uniform distribution), 이항분포(binomial distribution), 포아송분포(poisson distribution)에 대하여 다루기로 한다.

(1) 이산균일분포

확률밀도함수가 표본공간 내의 모든 점에서 동일한 값을 가질 때, 그 분포는 균일(uniform)하다고 정의한다.

예 5.4 공정한 주사위를 한 번 던지는 실험을 한다. X를 주사위가 나타내는 눈의 수라 할 때, X의 표본공간과 확률밀도함수를 구하라. 이때 이 함수는 이산균일분포를 하는가?

풀이

표본공간 $S = \{1, 2, 3, 4, 5, 6\}$

확률밀도함수 $f(x) = 1/6$, $x = 1, 2, \cdots, 6$

따라서 이산균일분포를 한다. □

위의 예를 일반화하여 확률변수 X가 처음 m개의 자연수에서 이산균일분포를 한다면, 그 확률밀도함수는 다음과 같다.

$$f(x) = \frac{1}{m}, \ x = 1, 2, \cdots, m$$

정리 확률변수 X가 다음과 같은 이산균일분포를 할 때,

$$f(x) = \frac{1}{m}, \ x = 1, 2, \cdots, m$$

이므로, 확률변수 X의 기댓값과 분산은 다음과 같다.

$$E(X) = \frac{m+1}{2}$$
$$\sigma^2 = V(X) = \frac{m^2 - 1}{12}$$

증명

$$
\begin{aligned}
E(X) &= \sum x_i f(x_i) = 1 \times \frac{1}{m} + \cdots + m \times \frac{1}{m} \\
&= \frac{1}{m}(1 + 2 + \cdots + m) = \frac{1}{m}\left\{ \frac{m(m+1)}{2} \right\} \\
&= \frac{m+1}{2}
\end{aligned}
$$

$$
\begin{aligned}
E(X^2) &= \sum x_i{}^2 f(x_i) = 1^2 \times \frac{1}{m} + \cdots + m^2 \times \frac{1}{m} \\
&= \frac{1}{m}(1^2 + 2^2 + \cdots + m^2) = \frac{1}{m}\left\{ \frac{m(m+1)(2m+1)}{6} \right\} \\
&= \frac{(m+1)(2m+1)}{6}
\end{aligned}
$$

따라서 분산은 다음과 같다.

$$V(X) = E(X^2) - [E(X)]^2$$
$$= \frac{(m+1)(2m+1)}{6} - \left\{ \frac{(m+1)}{2} \right\}^2$$
$$= \frac{m^2 - 1}{12}$$

□

[예 5.5] 위의 (예 5.4)에서 확률변수 X의 기댓값과 분산을 각각 구하라.

[풀이]

$$E(X) = \frac{6+1}{2} = \frac{7}{2}$$
$$\sigma^2 = V(X) = \frac{6^2 - 1}{12} = \frac{35}{12}$$

□

(2) 베르누이 시행과 이항분포

결과가 단지 두 가지인 시행(trial) 또는 실험을 행한다고 하자. 이때 결과는 성공 또는 실패(여성 또는 남성, 삶 또는 죽음 등)로 표기되며, 서로 배반이 된다.

가령 결과가 성공인 경우 $X = 1$, 실패일 때 $X = 0$으로 표기한다면, X의 확률밀도함수는 다음과 같다.

$$f(0) = P\{X=0\} = 1-p$$
$$f(1) = P\{X=1\} = p \tag{5.2.1}$$

여기에서 p는 시행 시 성공할 확률을 나타내며, $0 \leq p \leq 1$이다.

위의 시행 또는 실험을 성공 확률이 p인 베르누이 시행(Bernoulli trial)이라고 부른다. 식 (5.2.1)을 다시 표현하면

$$f(x) = p^x (1-p)^{1-x}, \; x = 0, 1$$

이며, 이때 X는 베르누이 분포를 한다고 하며 $X \sim B(1, p)$로 표기한다.

[정리] 확률변수 X가 베르누이 분포를 할 때

$$X \sim B(1, p)$$

다음이 성립한다.

$$E(X) = p$$
$$V(X) = p(1-p) = pq \quad (\text{단} \ q = 1-p \text{이다.})$$

증명 확률분포표는

X	$P(X=x)$
0	$1-p$
1	p

이므로, 따라서 확률변수 X의 기댓값과 분산은 다음과 같다.

$$E(X) = 0 \cdot (1-p) + 1 \cdot p = p$$
$$V(X) = E(X^2) - [E(X)]^2$$
$$= 0^2 \cdot (1-p) + 1^2 \cdot p - p^2$$
$$= p(1-p) \hspace{4cm} \square$$

성공할 확률이 p, 실패할 확률이 $1-p$인 베르누이 시행을 독립적으로 n번 시행한다고 가정한다. 만약 확률변수 X를 n번 시행 중 발생한 성공 횟수라 하면, 확률변수 X는 모수 (n,p)인 이항분포(binomial distribution)을 한다고 정의한다. 특히 $n=1$인 이항확률변수는 베르누이 분포임을 알 수 있다. 모수 (n,p)인 이항확률변수의 확률밀도함수는 다음과 같다.

$$P(X=x) = f(x) = \binom{n}{x} p^x (1-p)^{n-x}, \quad i = 0, 1, \cdots n \hspace{2cm} (5.2.2)$$

n번의 시행 중 성공이 x번, 실패가 $n-x$번일 경우의 수는 $\binom{n}{x}$이므로, 식 (5.2.2)가 성립한다.

예 5.6 어떤 궁수가 활을 쏠 때, 과녁에 맞출 확률은 $p = 0.8$이다. 총 10번을 쏘았을 때, 7번만 과녁에 맞출 확률은 얼마인가?(10번의 시행은 독립이라고 가정한다.)

풀이 확률변수 X를 $n = 10$번 중 과녁에 맞출 횟수라 하면 $X = 7$일 확률은 다음과 같다.

$$P(X = 7) = \binom{10}{7} p^7 (1-p)^3$$
$$= \binom{10}{7} (.8)^7 (1-.8)^3 = .201$$

□

정리 만약 $X \sim B(n, p)$ 이면, 평균과 분산은 다음과 같다.

$$E(X) = np$$
$$V(X) = np(1-p)$$

증명 이항실험은 서로 독립인 n개의 베르누이 시행의 합이므로

$$X = X_1 + X_2 + \cdots + X_n$$

으로 표현된다. 여기에서 i번째 시행이 성공이면 $X_i = 1$, 실패일 때 $X_i = 0$이다. 그런데 베르누이 시행에서 기댓값과 분산은 각각 p와 $p(1-p)$이므로, X의 기댓값과 분산은

$$E(X) = np$$
$$V(X) = np(1-p)$$

이다.

□

예 5.7 위의 (예 5.6)에서 총 10번을 쏘았을 때 과녁에 맞춘 횟수를 X라 하면, 그 기댓값과 분산을 구하라.

풀이

$$X \sim B(n = 10, p = 0.8)$$

따라서 그 기댓값과 분산은

$$E(X) = np = 10 \times 0.8 = 8$$
$$V(X) = np(1-p) = 10(0.8)(0.2) = 1.6$$

이다.

□

`proposition 2` 만약 $X \sim B(n, p)$, $0 < p < 1$이면, $P\{X = k\}$는 다음을 만족한다.

(1) k값에 따라 단조증가하다 다시 단조감소한다.

(2) $k \le (n+1)p$를 만족하는 제일 큰 자연수에서 최대값을 가진다.

`증명` 다음 비(ratio)의 값이 k에 따라 1보다 작은지의 여부를 구한다.

$$\frac{P\{X = k\}}{P\{X = k-1\}} = \frac{{}_nC_k p^k (1-p)^{n-k}}{{}_nC_{k-1} p^{k-1} (1-p)^{n-k+1}}$$

$$= \frac{(n-k+1)p}{k(1-p)}$$

따라서

$$P\{X = k\} \ge P\{X = k-1\} \text{ iff } (n-k+1)p \ge k(1-p) \text{ iff } k \le (n+1)p$$

이므로, 증명된다. $\square$

(3) 포아송분포

이항확률변수의 범위는 $0, 1, \cdots, n$이지만 이 범위를 초과하는 자연수의 값을 취하는 확률변수를 생각해 볼 수 있다. 예를 들어 어느 병원의 관리자가 몇 개월의 기간 동안 하루 응급환자의 수를 조사하여 보니 평균 3명의 환자가 응급실을 찾았다는 사실을 알았다. 이때 병원 관리자는 어느 특정한 날에 응급환자가 아무도 없을 확률을 구하려 한다.

확률변수 X가 $0, 1, 2, \cdots$ 중의 어느 값을 취할 때, X는 포아송분포(Poisson distribution)를 따른다고 말한다.

`정의` 이산형 확률변수 X의 확률밀도함수가 다음과 같을 때, X는 포아송분포를 한다고 정의하고 $X \sim P(x; m)$이라고 표기한다.

$$P(X = x) = \frac{e^{-m} m^x}{x!}, \ x = 0, 1, 2, \cdots \tag{5.2.3}$$
$$(단 \ m > 0)$$

식 (5.2.3)을 모든 x에서 다 더해주면

$$\sum_{x=0}^{\infty} P(X=x) = e^{-m} \sum_{x=0}^{\infty} \frac{m^x}{x!} = e^{-m} e^m = 1$$

이므로, 확률밀도함수가 된다.

정리 만약 $X \sim P(m)$이면, 평균과 분산은 다음과 같다.

$$E(X) = m$$
$$V(X) = m$$

증명

$$E(X) = \sum_{x=0}^{\infty} x \frac{e^{-m} m^x}{x!} = e^{-m} m \sum_{x=1}^{\infty} \frac{m^{x-1}}{(x-1)!} = m$$

$$E(X(X-1)) = \sum_{x=0}^{\infty} x(x-1) \frac{e^{-m} m^x}{x!} = e^{-m} m^2 \sum_{x=2}^{\infty} \frac{m^{x-2}}{(x-2)!} = m^2$$

$$\therefore \quad V(X) = E(X^2) - m^2 = m^2 + m - m^2 = m \qquad \square$$

property 만약 X_1, X_2는 서로 독립이고, 각각 포아송분포

$$X_i \sim P(m_i), \, i = 1, 2$$

이면, $X_1 + X_2$의 분포는

$$X_1 + X_2 \sim P(m_1 + m_2)$$

이다.

증명 $Y = X_1 + X_2$라 놓고 확률변수 Y의 확률밀도함수를 직접 구한다.
자연수 y에 대하여

$$\begin{aligned} P(Y=y) &= P(X_1 + X_2 = y) \\ &= \sum_{x=0}^{y} P(X_1 = x) P(X_2 = y - x) \\ &= \sum_{x=0}^{y} \frac{e^{-m_1} m_1^{\ x}}{x!} \frac{e^{-m_2} m_2^{\ y-x}}{(y-x)!} \\ &= e^{-(m_1+m_2)} \sum_{x=0}^{y} \frac{m_1^{\ x} m_2^{\ y-x}}{x!(y-x)!} \end{aligned}$$

$$= e^{-(m_1 + m_2)} \frac{1}{y!} \sum_{x=0}^{y} {}_y C_x {m_1}^x {m_2}^{y-x}$$

$$= e^{-(m_1 + m_2)} \frac{1}{y!} (m_1 + m_2)^y$$

이므로, 다음이 성립한다.

$$Y \sim P(m_1 + m_2)$$

$\square$

▶ 이항분포의 포아송 근사

포아송 확률변수는 이항분포의 근사값으로 사용 가능하므로, 응용 범위가 다양하다. 이항분포 $B(n, p)$에서 $np = m$으로 일정하게 하고 n을 충분히 크게 하면(p를 충분히 작게 하면), 포아송분포에 근사함을 보일 수 있다. 이 경우 이항확률변수는 기댓값이 $np = m$이고 분산은 $np(1-p) = m(1-p)$이므로, 포아송 확률변수의 기댓값과 분산이 각각 m임을 예측할 수 있다(왜냐하면 $1-p \cong 1$이므로).

정리 이항확률변수 X의 확률밀도함수에서 $np = m$, $n \to \infty$로 하면 포아송분포를 한다.

$$\binom{n}{x} p^x (1-p)^{n-x} \to \frac{e^{-m} m^x}{x!}$$

증명 음수가 아닌 정수 x에 대하여

$$P(X = x) = \frac{n!}{x!(n-x)!} p^x (1-p)^{n-x}$$

$$= \frac{n!}{x!(n-x)!} \left(\frac{m}{n}\right)^x \left(1 - \frac{m}{n}\right)^{n-x}$$

$$= \frac{m^x}{x!} \frac{n!}{(n-x)! n^x} \frac{\left(1 - \frac{m}{n}\right)^n}{\left(1 - \frac{m}{n}\right)^x}$$

$$= \frac{m^x}{x!} \frac{n(n-1) \cdots (n-x+1)}{n^x} \frac{\left(1 - \frac{m}{n}\right)^n}{\left(1 - \frac{m}{n}\right)^x}$$

$$\to \frac{m^x}{x!} e^{-m}$$

(왜냐하면 $\left(1 - \frac{m}{n}\right)^n \to e^{-m}$, $\left(1 - \frac{m}{n}\right)^x \to 1$ 이므로)

$\square$

예제 크리스마스트리용 꼬마전구를 만드는 제조업자는 약 1%의 불량률이 있다는 사실을 경험을 통하여 알고 있다. 이 꼬마전구 100개들이 한 상자에 불량품이 많아야 2개일 확률을 다음과 같이 구하라(단 꼬마전구가 불량품일 사건은 서로 독립이라고 가정한다).

(1) 이항분포를 이용한 정확한 값
(2) 포아송 근사값

풀이 확률변수 X를 100개 중 불량품의 개수라 하면, X는 모수 $n = 100$, $p = 0.01$인 이항분포를 따른다.

(1) $P(X \leq 2) = \sum_{x=0}^{2} \binom{100}{x} (0.01)^x (0.99)^{100-x} = 0.9206$

(2) 평균 $m = np = 1$이므로 모수 $m = 1$인 포아송분포로 근사하면

$$P(X \leq 2) = \sum_{x=0}^{2} \frac{e^{-1} 1^x}{x!} = e^{-1}(\frac{1}{1} + \frac{1}{1} + \frac{1}{2}) = 0.9197$$

따라서 포아송 근사값은 참값과 거의 비슷함을 알 수 있다. □

5.3 연속형 확률변수

앞에서 정의한 이산형 확률변수의 가능한 값들은 유한하거나 셀 수 있는 경우이었지만, 확률변수의 가능한 값들이 실수상의 어떤 구간 또는 구간들에 포함되는 경우가 왕왕 있다. 예를 들어 어떤 호수의 수심이나 어느 병원에 입원 중인 환자들의 수축기혈압 등을 들 수 있다.

연속형 확률변수 X의 확률밀도함수(probability density function) $f(x)$는 다음 조건을 만족하는 적분 가능한 함수이다.

(1) $f(x) \geq 0$

(2) $\int_{-\infty}^{\infty} f(x)dx = 1$

(3) 임의의 실수 a, b에 대하여

$$P(a \le X \le b) = \int_{a}^{b} f(x)dx$$

[예제] 연속형 확률변수 X의 확률밀도함수 $f(x)$가 주어졌을 때 다음 질문에 답하라.

$$f(x) = \begin{cases} c(4x - 2x^2) & 0 < x < 2 \\ 0 & o.w \end{cases}$$

(1) c의 값을 구하라.

(2) $P(X \le 1)$를 구하라.

[풀이] (1) 확률밀도함수 f의 적분값이 1이어야 하므로

$$\int_{0}^{2} c(4x - 2x^2)dx = 1$$
$$\Rightarrow$$
$$c\left[2x^2 - \frac{2}{3}x^3\right]_{0}^{2} = 1$$
$$\therefore \ c = 3/8$$

(2) $P(X \le 1) = \int_{0}^{1} f(x)dx$
$$= \frac{3}{8}\int_{0}^{1}(4x - 2x^2)dx$$
$$= \frac{3}{8}\left[2x^2 - \frac{2}{3}x^3\right]_{0}^{1}$$
$$= 1/2 \qquad\qquad \square$$

연속형 확률변수의 누적분포함수(cumulative distribution function) $F(x)$를 다음과 같이 정의한다.

$$F(x) = P(X \le x) = \int_{-\infty}^{x} f(t)dt$$

예제 X의 확률밀도함수가 다음과 같을 때

$$f(x) = \begin{cases} \dfrac{3}{4}(2x - x^2) & 0 < x < 2 \\ 0 & o.w \end{cases}$$

누적분포함수 $F(x)$를 구하고, 그 그림을 그려라.

풀이 (1) $0 < x < 2$일 때

$$\begin{aligned}
F(x) &= \int_{-\infty}^{x} \frac{3}{4}(2t - t^2)dt \\
&= \int_{0}^{x} \frac{3}{4}(2t - t^2)dt \\
&= \frac{3}{4}\left(x^2 - \frac{1}{3}x^3\right) \\
&= \frac{3}{4}x^2\left(1 - \frac{x}{3}\right)
\end{aligned}$$

(2) $x < 0$일 때
$$F(x) = 0$$

(3) $x > 2$일 때
$$F(x) = 1$$

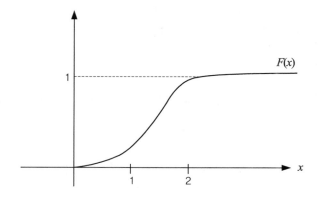

예제 Y의 확률밀도함수가 다음과 같을 때

$$g(y) = \begin{cases} 2y & 0 < y < 1 \\ 0 & 0.w \end{cases}$$

누적분포함수 $G(y)$를 구하고, 그 그래프를 그려라.

풀이

(1) $y < 0$ 일 때 $G(y) = 0$

(2) $0 < y < 1$일 때 $G(y) = \displaystyle\int_0^y 2t\,dt = y^2$

(3) $y > 1$일 때 $G(y) = 1$

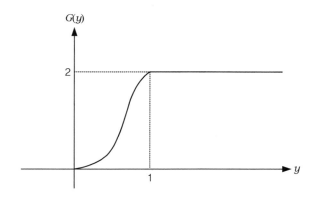

미적분학의 기본정리(the fundamental theorem of calculus)에 의하여, 누적분포함수 $F(x)$와 확률밀도함수 $f(x)$의 관계는 다음과 같다. 즉 $F(x)$가 x에서 미분 가능하면

$$F'(x) = f(x)$$

이다.

예제 위의 예에서 $G'(y) = g(y)$임을 보여라.

풀이

(1) $y < 0$일 때 $G'(y) = 0 = g(y)$

(2) $0 < y < 1$일 때 $G'(y) = 2y = g(y)$

(3) $y > 1$일 때 $G'(y) = 0 = g(y)$

그렇지만 누적분포함수 G는 1에서 미분가능하지 않음에 유의하라. 따라서 $G'(1)$ 이 존재하지 않는다. □

▶ 연속형 확률변수의 기댓값과 분산

연속형 확률변수의 기댓값은 이산형 확률변수의 기댓값 계산에서 $\sum$(합 기호)를 $\int$ (적분 기호)로 바꾸어 주면 된다. X를 연속형 확률변수, $f(x)$를 X의 확률밀도함수 라 하면, 매우 작은 $\triangle x > 0$에 대하여

$$\sum x_i f(x_i) = \sum x_i P(X = x_i)$$
$$\cong \sum x_i f(x_i) \triangle x$$
$$= \int x f(x) dx$$

이므로

1. X의 기댓값 $E(X)$는

$$E(X) = \mu = \int_{-\infty}^{\infty} x f(x) dx$$

2. X의 분산 $V(X)$은

$$\sigma^2 = V(X) = E[(X - \mu)^2] = \int_{-\infty}^{\infty} (x - \mu)^2 f(x) dx$$

3. X의 표준편차 σ는

$$\sigma = \sqrt{V(X)}$$

이다.

[예제] Y의 확률밀도함수 $g(y)$가 다음과 같을 때

$$g(y) = \begin{cases} 2y & 0 < y < 1 \\ 0 & o.w \end{cases}$$

Y의 기댓값 $E(Y)$와 분산 $V(Y)$를 각각 구하라.

풀이 기댓값 $E(Y)$와 분산 $V(Y)$는 다음과 같다.

$$E(Y) = \int y \cdot g(y)dy = \int_0^1 y \cdot 2ydy$$
$$= \left[\frac{2}{3}y^3 \right]_0^1 = \frac{2}{3}$$

$$V(Y) = E(Y^2) - [E(Y)]^2 = \int_0^1 y^2 \cdot 2ydy - (2/3)^2$$
$$= \left[2\frac{y^4}{4} \right]_0^1 - (\frac{2}{3})^2 = \frac{1}{18} \qquad \square$$

Lemma 확률변수 Y가 0 이상의 값만을 가질 때, 그 기댓값은 다음과 같다.

$$E(Y) = \int_0^\infty P(Y > y)dy$$

증명 Y가 연속형이라고 가정하고, Y의 확률밀도함수를 f라 놓는다. 그러면 다음 식이 성립한다.

$$\int_0^\infty P\{Y \ge y\}dy$$
$$= \int_0^\infty \int_y^\infty f(x)dxdy$$
$$= \int_0^\infty \int_0^x f(x)dydx$$
$$= \int_0^\infty xf(x)dx$$
$$= E(Y) \qquad \square$$

연속형 분포로 균일분포(일양분포, uniform distribution), 지수분포(exponential distribution), 감마분포(gamma distribution), χ^2분포(chi-square distribution), 정규분포(normal distribution) 등이 있지만, 여기에서는 일양분포, 지수분포 그리고 정규분포에 대하여 다루기로 한다.

(1) 균일분포

연속형 확률변수 X의 확률밀도함수 f가 다음과 같을 때, 구간 (0, 1)에서 균일분포 (uniform distribution)를 한다고 정의한다.

$$f(x) = \begin{cases} 1 & 0 < x < 1 \\ 0 & o.w \end{cases} \tag{5.4.1}$$

$f(x) \geq 0$이고 $\displaystyle\int_{-\infty}^{\infty} f(x)dx = 1$이므로, 식 (5.4.1)는 확률밀도함수가 된다. 임의의 $0 < a < b < 1$에 대하여

$$P(a \leq X \leq b) = \int_{a}^{b} f(x)dx = b - a$$

이므로, 확률변수 X가 구간 (0, 1) 내의 소구간에 위치할 확률은 그 소구간의 길이가 된다.

　일반적으로 X의 확률밀도함수가

$$f(x) = \begin{cases} \dfrac{1}{\beta - \alpha} & \alpha < x < \beta \\ 0 & o.w \end{cases} \tag{5.4.2}$$

일 때, X는 구간 (α, β)에서 균일분포를 한다고 정의한다. $F(x) = \displaystyle\int_{-\infty}^{x} f(t)dt$를 이용하여 균일확률변수의 누적분포함수 $F(x)$를 구하면

$$F(x) = \begin{cases} 0 & x \leq \alpha \\ \dfrac{x-\alpha}{\beta-\alpha} & (\alpha, \beta) \\ 1 & x \geq \beta \end{cases}$$

이다. [그림 5.4.1]은 $f(x)$와 $F(x)$의 그래프이다.

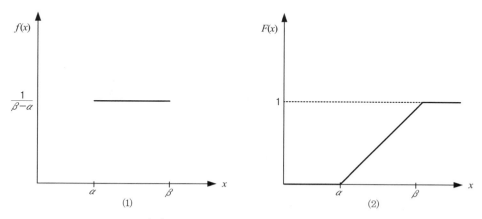

[그림 5.4.1] (1) 균일확률변수의 $f(x)$의 그래프 (2) $F(x)$의 그래프

[예제] X가 구간 (α, β)에서 균일분포를 할 때

(1) 기댓값 $E(X)$를 구하라.

(2) 분산 $V(X)$를 구하라.

[풀이]

(1) $E(X) = \displaystyle\int_{-\infty}^{\infty} x f(x) dx$

$\quad = \displaystyle\int_{\alpha}^{\beta} x \frac{1}{\beta-\alpha} dx$

$\quad = \dfrac{1}{\beta-\alpha} \left[\dfrac{1}{2} x^2 \right]_{\alpha}^{\beta}$

$\quad = \dfrac{\beta+\alpha}{2}$

즉 균일확률변수의 기댓값은 그 구간의 중앙값이 된다.

(2) 분산을 구하기 위하여, $E(X^2)$을 계산한다.

$$E(X^2) = \int_\alpha^\beta x^2 \frac{1}{\beta - \alpha} dx$$
$$= \frac{1}{\beta - \alpha} \left[\frac{1}{3} x^3 \right]_\alpha^\beta$$
$$= \frac{1}{3} (\beta^2 + \alpha\beta + \alpha^2)$$

따라서

$$V(X) = E(X^2) - [E(X)]^2$$
$$= \frac{1}{3} (\beta^2 + \alpha\beta + \alpha^2) - \left(\frac{\beta + \alpha}{2} \right)^2$$
$$= \frac{1}{12} (\beta - \alpha)^2$$

이다. 분산은 그 구간의 길이 제곱에 비례한다. □

[예제] X가 구간$(-1, 1)$에서 균일분포를 할 때

(1) $P\left\{ |X| > \frac{1}{2} \right\}$를 계산하라.

(2) 확률변수 $|X|$의 확률밀도함수를 구하라.

[풀이] X가 구간$(-1, 1)$에서 균일분포를 하면 그 확률밀도함수 $f(x)$는 다음과 같다.

$$f(x) = \begin{cases} 1/2 & -1 < x < 1\text{일 때} \\ 0 & o.w \end{cases}$$

(1) $P\{|X| > 1/2\} = P\{X > 1/2 \text{ 또는 } X < -1/2\}$
$$= \int_{\frac{1}{2}}^{1} 1/2 dx + \int_{-1}^{-\frac{1}{2}} 1/2 dx$$
$$= 1/2$$

(2) 확률변수 $|X|$의 누적분포함수 $F_{|X|}(a)$를 구하면, $0 < a < 1$에 대해

$$F_{|X|}(a) = P(|X| \leq a) = P(-a \leq X \leq a)$$
$$= \int_{-a}^{a} \frac{1}{2} dx = \frac{1}{2} [x]_{-a}^{a}$$
$$= a$$

따라서 위의 식을 미분하면 $|X|$의 확률밀도함수 g를 얻는다.

$$g(x) = \begin{cases} 1 & 0 < x < 1 \text{일 때} \\ 0 & o.w \end{cases}$$

$\square$

(2) 지수분포

연속형 확률변수의 확률밀도함수가 모수 $\lambda > 0$에 대해

$$f(x) = \begin{cases} \lambda e^{-\lambda x} & x \geq 0 \text{일 때} \\ 0 & o.w \end{cases}$$

일 때, X는 모수 λ인 지수분포(exponential distribution)를 한다고 정의한다. $f(x)$를 적분함으로써, X의 누적분포함수 F를 구한다.

$$\begin{aligned} F(a) &= P\{X \leq a\} \\ &= \int_0^a \lambda e^{-\lambda x} dx \\ &= \left[-e^{-\lambda x} \right]_0^a \\ &= 1 - e^{-\lambda a} \quad (a \geq 0) \end{aligned}$$

[예제] 어느 기계를 수리하는 데 걸리는 시간은 모수 $\lambda = 1/2$인 지수분포를 한다. 이때 수리 시간이 2시간을 초과할 확률을 구하라.

[풀이] X를 수리하는 데 걸리는 시간이라 하면, 확률밀도함수 $f(x)$는

$$f(x) = \begin{cases} \dfrac{1}{2} e^{-\frac{1}{2}x} & x > 0 \text{일 때} \\ 0 & o.w \end{cases}$$

이다. 따라서 2시간을 초과할 확률은 다음과 같다.

$$\begin{aligned} P(X > 2) &= \int_2^\infty \frac{1}{2} e^{-\frac{1}{2}x} dx \\ &= -\left[e^{-\frac{1}{2}x} \right]_2^\infty \\ &= e^{-1} \\ &= 0.368 \end{aligned}$$

$\square$

예제 X가 모수 λ인 지수분포를 할 때

(1) 기댓값 $E(X)$를 구하라.
(2) 분산 $V(X)$를 구하라.

풀이 밀도함수 f는 다음과 같다.

$$f(x) = \begin{cases} \lambda e^{-\lambda x} & x \geq 0 \text{ 일 때} \\ 0 & o.w \end{cases}$$

따라서 부분적분을 이용하여

(1)
$$\begin{aligned} E(X) &= \int_0^\infty x\lambda e^{-\lambda x} dx \\ &= \left[-xe^{-\lambda x} \right]_0^\infty + \int_0^\infty e^{-\lambda x} dx \\ &= \left[-\frac{e^{-\lambda x}}{\lambda} \right]_0^\infty \\ &= 1/\lambda \qquad (\lambda > 0) \end{aligned}$$

(2) X의 분산을 구하기 위해, 우선 $E(X^2)$을 부분적분을 이용하여 구한다.

$$\begin{aligned} E(X^2) &= \int_0^\infty x^2 \lambda e^{-\lambda x} dx \\ &= \left[-x^2 \lambda e^{-\lambda x} \right]_0^\infty + \int_0^\infty 2xe^{-\lambda x} dx \\ &= 0 + \frac{2}{\lambda} E(X) \\ &= \frac{2}{\lambda^2} \qquad (\lambda > 0) \end{aligned}$$

따라서 X의 분산은

$$\begin{aligned} V(X) &= E(X^2) - [E(X)]^2 \\ &= \frac{2}{\lambda^2} - (\frac{1}{\lambda})^2 \\ &= \frac{1}{\lambda^2} \end{aligned}$$

이다. 즉 지수확률변수의 기댓값은 모수 λ의 역수이고, 분산은 모수 λ의 제곱의 역수가 된다.   □

X가 모수 λ인 지수분포를 할 때

$$P(X > x) = 1 - F(x) = 1 - (1 - e^{-\lambda x})$$
$$= e^{-\lambda x}$$

이므로, 만약 X가 수명을 나타낸다면 생존함수 $S(x)$를

$$S(x) = P(X > x)$$

라고 정의하고 시간 x를 넘어서 생존할 확률(생존확률)이라고 한다.

(3) 정규분포

연속형 확률변수 X의 확률밀도함수 f가 두 모수 $\mu \in R$, $\sigma^2 > 0$에 대해

$$f(x : \mu, \sigma^2) = \frac{1}{\sqrt{2\pi}\,\sigma} e^{-\frac{(x-\mu)^2}{2\sigma^2}}, \quad -\infty < x < \infty$$

일 때, X는 평균이 μ, 분산이 σ^2인 정규분포(the normal distribution)를 한다고 정의하고, $X \sim N(\mu, \sigma^2)$으로 표기한다. 여기에서 e는 대략 2.71828인 오일러의 수(Euler's number)이며, π는 3.14159$\cdots$인 원주율을 나타낸다.

▶ 확률밀도함수의 성질

(1) 범위가 실수인 종 모양(bell-shaped)의 곡선이며, $X = \mu$에 대하여 대칭이다.

(2) 정규곡선 아래의 면적은 항상 1이다.

(3) $X = \mu$에서 곡선의 최대값을 가진다.

(4) 표준편차 σ는 곡선의 퍼짐 정도를 나타낸다.

([그림 5.4.2]를 보라.)

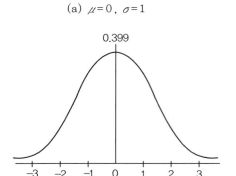
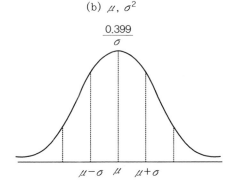

(a) $\mu=0$, $\sigma=1$ (b) μ, σ^2

[그림 5.4.2] 정규분포의 확률밀도함수 그래프

정규분포는 통계학에서 매우 중요한 역할을 하며 주위의 많은 현상들은, 적어도 근사적으로 정규분포를 따른다고 보아도 된다. 예를 들어 성인 남자 또는 성인 여자들의 신장 또는 체중은 정확히는 아니지만 정규분포에 매우 유사하다. 또한 다양한 여러 종류의 수명 시간도 근사적으로 정규분포를 한다.

정리 확률변수 X가 모수 μ, σ^2인 정규분포를 할 때, 다음이 성립한다.

(1) $E(X) = \mu$

(2) $V(X) = \sigma^2$

증명

(1) $E(X) = \displaystyle\int_{-\infty}^{\infty} x \frac{1}{\sqrt{2\pi}\,\sigma} e^{-\frac{(x-\mu)^2}{2\sigma^2}} dx$

$\qquad = \displaystyle\int_{-\infty}^{\infty} (\mu+y\sigma) \frac{1}{\sqrt{2\pi}} e^{-\frac{y^2}{2}} dy \quad (y=\frac{x-\mu}{\sigma})$

$\qquad = \mu \displaystyle\int_{-\infty}^{\infty} \frac{1}{\sqrt{2\pi}} e^{-\frac{y^2}{2}} dy + \sigma \int_{-\infty}^{\infty} y \frac{1}{\sqrt{2\pi}} e^{-\frac{y^2}{2}} dy$

$\qquad = \mu$

(왜냐하면 $\displaystyle\int_{-\infty}^{\infty} \frac{1}{\sqrt{2\pi}\,\sigma} e^{-y^2/2} dy = 1$이고, 두 번째 적분항은 피적분함수가 $y=0$에 대하여 기함수이므로 0이 되기 때문이다.)

(2)

$$V(X) = E(X - \mu)^2$$
$$= \frac{1}{\sqrt{2\pi}\,\sigma} \int_{-\infty}^{\infty} (x - \mu)^2 e^{-\frac{(x - \mu)^2}{2\sigma^2}}\, dx$$
$$= \frac{1}{\sqrt{2\pi}} \int_{-\infty}^{\infty} \sigma^2 y^2 e^{-y^2/2} dy \qquad (\because y = \frac{x - \mu}{\sigma})$$
$$= \frac{\sigma^2}{\sqrt{2\pi}} \left[-ye^{-y^2/2}\big|_{-\infty}^{\infty} + \int_{-\infty}^{\infty} e^{-y^2/2} dy \right] (\text{부분적분} : f' = ye^{-\frac{1}{2}y^2}, \ g = y)$$
$$= \sigma^2$$

$\square$

중요한 사실로, 만약 X가 정규분포를 하면 X의 일차변환인 $Y = aX + b$도 정규분포를 한다는 것이다. 다음 정리에서 자세히 언급한다.

정리 만약 $X \sim N(\mu, \sigma^2)$이면, X의 일차변환인 $Y = aX + b$의 분포는

$$Y = aX + b \sim N(a\mu + b, a^2\sigma^2)$$

이다.

증명 $a > 0$로 가정하면, 확률변수 Y의 누적분포함수 F_Y는

$$F_Y(y) = P(Y \le y)$$
$$= P(aX + b \le y)$$
$$= P(X \le \frac{y - b}{a})$$
$$= F_X(\frac{y - b}{a})$$

y에 대하여 미분하면, Y의 확률밀도함수가 유도된다.

$$f_Y(y) = \frac{1}{a} f_X(\frac{y - b}{a})$$
$$= \frac{1}{a} \frac{1}{\sqrt{2\pi}\,\sigma} e^{-\frac{(\frac{y - b}{a} - \mu)^2}{2\sigma^2}}$$
$$= \frac{1}{\sqrt{2\pi}\,a\sigma} e^{-\frac{(y - b - a\mu)^2}{2a^2\sigma^2}} \sim N(a\mu + b, \ a^2\sigma^2)$$

$\square$

위의 정리를 이용하여 다음 사실을 유도한다. 만약 $X \sim N(\mu, \sigma^2)$이면 X를 표준화한 Z는

$$Z = \frac{X - \mu}{\sigma} \sim N(0, 1)$$

이다. 평균 $\mu = 0$이고, 분산 $\sigma^2 = 1$인 경우를 표준정규분포(standard normal distribution)라고 정의하고, 이때의 확률변수 Z의 확률밀도함수 f는

$$f(z) = \frac{1}{\sqrt{2\pi}} e^{-\frac{z^2}{2}}, \quad z \in R$$

이며, Z의 누적분포함수 Φ는 다음과 같다.

$$\Phi(x) = \frac{1}{\sqrt{2\pi}} \int_{-\infty}^{x} e^{-\frac{z^2}{2}} dz$$

연속형 확률변수가 a와 b 사이의 값을 가질 확률은 a와 b 사이의 확률밀도함수 곡선 아래의 면적으로 표현된다. [그림 5.4.3]은 표준정규분포 곡선과 그 곡선 아래의 면적을 보여준다.

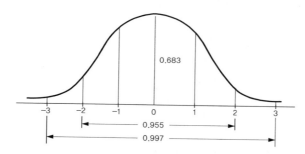

[그림 5.4.3] 표준정규분포 곡선과 곡선 아래의 면적

예를 들어

$$P(-1 \leq Z \leq 1) = 0.683$$
$$P(-2 \leq Z \leq 2) = 0.955$$

이다. 표준정규분포 곡선 아래의 면적을 구한 표가 부록에 주어졌다.

예제 $Z \sim N(0,1)$일 때 다음을 구하라.

(1) $P(-1 \leq Z \leq 1)$

(2) $P(Z \geq 1.58)$

풀이

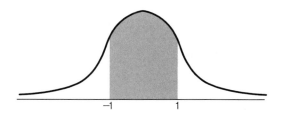

[그림 5.4.4] 표준정규분포의 그래프

(1) $P(-1 \leq Z \leq 1) = P(-1 \leq Z \leq 0) + P(0 \leq Z \leq 1)$
$$= 2P(0 \leq Z \leq 1)$$
$$= 2(0.3413)$$
$$= 0.6826$$

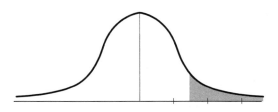

[그림 5.4.5] 표준정규분포의 그래프

(2) $P(Z \geq 1.58) = 0.5 - P(0 \leq Z \leq 1.58)$
$$= 0.5 - 0.4429$$
$$= 0.0571$$

$\square$

예제 어느 모집단의 총 콜레스테롤 값(cholesterol values)은 평균 $\mu = 200\,(mg/100ml)$, 표준편차 $\sigma = 20$인 정규분포를 따른다고 한다. 이때 다음 질문에 답하라.

(1) $P(X \geq 240)$를 계산하라.

(2) $P(X \geq x) = 0.10$를 만족하는 x를 구하라.

[풀이]

(1) $P(X \geq 240) = P(\frac{X-200}{20} \geq \frac{240-200}{20})$
$= P(Z \geq 2.0)$
$= 0.5 - P(0 \leq Z \leq 2.0)$
$= 0.5 - 0.4772$
$= 0.0228$

(2) $P(X \geq x) = 0.10$
$\Leftrightarrow$
$P(\frac{X-200}{20} \geq \frac{x-200}{20}) = 0.1$

그런데 $P(Z \geq 1.28) = 0.1$이므로

$\frac{x-200}{20} = 1.28$

$\therefore x = 225.6$ □

이항분포의 정규 근사

확률론의 중요한 정리인, De Moivre-Laplace 정리는 다음과 같다.

$X \sim B(n, p)$이고 n이 충분히 크면,
X의 분포는 근사적으로 정규분포를 따르고
$X \sim N(np, np(1-p))$ 이다.

이항분포의 근사 확률을 구하기 위하여 두 가지 방법을 다루었다.

(1) n이 크고, p가 작을 때의 포아송 근사
(2) $np(1-p)$가 큰 경우 정규근사
   (정규 근사는 $np(1-p) \geq 10$일 때 잘 근사된다.)

[예제] 확률변수 X를 공정한 동전을 40번 던졌을 때 앞면의 수라 하자. 이때 $X = 20$
일 확률을 구하고, 정규 근사값과 비교하라.

[풀이] $X \sim B(40, 1/2)$이므로, 정확한 이항확률값은

$$P(X = 20) = {}_{40}C_{20}(\frac{1}{2})^{20}(\frac{1}{2})^{20}$$
$$\cong 0.1254$$

이다. 또한 X의 기댓값과 분산은 다음과 같다.

$$E(X) = np = 20$$
$$V(X) = npq = 10$$

정규 근사를 하기 위하여 연속성 수정(continuity correction)을 하면

$$P(X = 20) = P(19.5 \leq X \leq 20.5) \,(\text{연속성 수정})$$
$$= P(\frac{19.5 - 20}{\sqrt{10}} \leq \frac{X - 20}{\sqrt{10}} \leq \frac{20.5 - 20}{\sqrt{10}})$$
$$\cong P(-0.16 \leq Z \leq 0.16)$$
$$= 2 \cdot P(0 \leq Z \leq 0.16)$$
$$= 0.1272$$

이다. $npq \geq 10$이므로 정규 근사는 이항분포에 잘 근사됨을 보여준다. $\square$

5.5 SPSS 실습

[실습 1] 다양한 분포를 하는 난수를 생성하여 본다.

(1) 0에서 1 사이의 값을 가지는 uniform 분포인 난수 50개를 생성하라.

(2) 성공확률 $P = 0.5$인 베르누이 분포를 하는 난수 100개를 생성하라.

(3) 시행 횟수 $n = 5$, 성공확률 $P = 0.8$인 이항분포를 하는 난수 100개를 생성하라.

(4) 평균 $\mu = 5$, 분산 $\sigma^2 = 1$인 정규분포를 하는 난수 50개를 생성하라.

[풀이]

(1) uniform 분포를 하는 난수 50개를 다음과 같은 순서로 생성한다.

1. 데이터 편집기의 '변수 보기' 창을 열고 '이름' 열에 u1이라는 임의의 변수명을 입력한다.(이때 소수점 이하 자리수를 '1'로 준다.)

2. '데이터보기' 창에서 40행에 임의의 숫자를 입력한다.

3. [그림 5.5.1]의 데이터 편집기 메뉴에서 **변환 → 변수 계산**을 클릭하여, [그림 5.5.2]의 '변수 계산' 대화상자를 구한다.

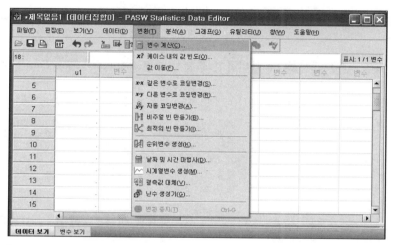

[그림 5.5.1] 난수를 생성하기 위한 명령

4. '변수 계산' 대화상자에서
   ① 대상변수란에 변수명 u1을 입력한다.
   ② 오른쪽의 '함수 집단'에서 '난수'를 선택한다.
   ③ 오른쪽의 '함수 및 특수변수'에서 Rv.uniform을 더블클릭하여 숫자표현식으로 보낸다.
   ④ 숫자표현식에서 최소값 '0', 최대값 '1'을 입력한 후 **[확인]**을 클릭하면 [그림 5.5.3]의 uniform 분포를 하는 40개의 난수 u1이 생성된다.

[그림 5.5.2] 난수를 생성하기 위한 변수 계산 대화상자

5. '데이터 보기' 창에서 50번째 행에 임의의 숫자를 입력한 후, **변환 → 변수 계산**을 선택한 후 '변수 계산' 대화상자에서 **[확인]**을 클릭하면 전체 50개의 난수가 생성된다.

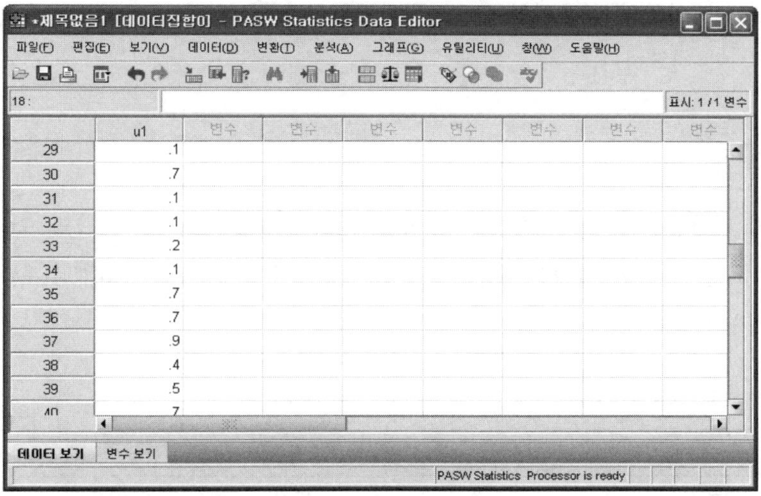

[그림 5.5.3] 균등분포를 하는 난수 u1의 생성

(2) 베르누이 분포 $B(1, P = 0.5)$를 따르는 난수 b1을 생성하기 위하여 (1)의 순서와 모두 동일하지만, 다음에 유의하면 된다. 즉 위의 4의 ③ '함수 및 특수변수'에서 Rv.Ber noulli를 더블클릭하여 숫자표현식으로 보낸 후, 숫자표현식에서 $P = '0.5'$를

입력한 후 **[확인]**을 누르면 베르누이 분포를 하는 난수 b1이 생성된다.

(3) 이항분포 $B(n=5, P=0.8)$를 하는 난수 b5를 생성하기 위하여 위의 4의 ③ '함수 및 특수변수'에서 Rv.Binom을 더블클릭하여 숫자표현식으로 보낸 후, $n = {}'5'$ $P = {}'0.8'$을 입력한 후 **[확인]**을 누르면 이항분포를 하는 난수 b5가 생성된다.

(4) 정규분포 $N(\mu = 5, \sigma^2 = 1)$를 따르는 난수 n5를 생성하기 위하여 위의 4의 ③ '함수 및 특수변수'에서 Rv.Normal을 더블클릭하여 숫자표현식으로 보낸 후, $\mu = {}'0.5'$, $\sigma = {}'1'$을 입력한 후 **[확인]**을 누르면 정규분포를 하는 난수 n5가 생성된다.

실습 2   3개의 동전을 던지는 실험을 한다. 앞면이 나오는 횟수를 X라 할 때 다음 질문에 답하라.

(1) 위의 분포를 하는 난수 80개를 생성하라.
(2) 앞면이 나오는 횟수의 분포표를 작성하라.
(3) 이 실험의 이론적인 평균, 표준편차와 난수 80개의 평균, 표준편차를 각각 구하여 비교하라.

풀이

(1), (2) [실습 1]의 순서를 이용하여 $X \sim B(n=3, P=\frac{1}{2})$인 난수 80개를 생성하고 **분석 → 기술통계량 → 빈도분석**을 이용하여 변수 X의 상대도수표를 작성한 결과가 다음과 같다.

[표 5.5.1] X의 상대도수표

		빈도	퍼센트	유효 퍼센트	누적 퍼센트
유효	.00	8	10.0	10.0	10.0
	1.00	31	38.8	38.8	48.8
	2.00	26	32.5	32.5	81.3
	2.00	15	18.8	18.8	100.0
	합계	80	100.0	100.0	

(3) $X \sim B(n = 3,\ P = \dfrac{1}{2})$이므로, X의 이론적인 평균과 표준편차는

$$E(X) = np = \frac{3}{2}$$
$$\sigma = \sqrt{npq} = \sqrt{3 \times \frac{1}{2} \times \frac{1}{2}} = .866$$

이고, **분석 → 기술통계량 → 기술통계**를 이용하여 다음과 같이 변수 X의 평균과 표준편차를 산출하였다.

[표 5.5.2] 기술통계량

	N	최소값	최대값	평균	표준편차
x	80	.00	3.00	1.600	.90847
유효수(목록별)	80				

이산형 확률변수

1. 어떤 연구에 의하면, 결혼생활 10년 이하인 부부들 중 약 40%가 맞벌이를 한다고 한다. 이 부부들 중 10 부부를 선택하였을 때, 이 중 맞벌이 부부의 수에 관심이 있다. 이때 다음 확률을 구하라.

(1) 5 부부 이하
(2) 7 부부 이상

2. 어떤 궁수가 활을 쏠 때, 과녁에 맞출 확률은 $p = 0.8$이다. 총 10번을 쏜다고 할 때, 확률 $P\{X = k\}$, $k = 0, 1, \cdots, 10$의 최대값과 그때의 k값을 구하라.

3. 하수처리장의 직원은 어느 강의 오염 여부를 측정하기 위하여 같은 부피의 샘플을 채집하였다. 각 샘플의 대장균 수를 세어 본 결과, 샘플당 평균 대장균 수는 15이었다. 대장균 수가 포아송 분포임을 가정하였을 때, 다음 확률을 구하라.

(1) 다음 샘플의 대장균 수가 적어도 10일 확률
(2) 다음 샘플의 대장균 수가 5일 확률

4. 만약 X_i, $i = 1, \cdots, k$는 서로 독립이고 $X_i \sim P(m_i)$, $i = 1, \cdots, k$일 때, 다음을 보여라.

$$X_1 + \cdots + X_k \sim P(m_1 + \cdots + m_k)$$

5. 5명의 남학생과 5명의 여학생이 운전면허 시험에 응시하여 필기시험을 치렀다. 어느 두 사람도 동일한 점수를 받지 않았고, 시험 점수에 따라 1등부터 10등의 등수를 정하는 바, 10!의 가능한 순위는 랜덤하다고 가정한다. 확률변수 X는 여학생의 순위 중 가장 높은 순위를 나타낸다고 할 때,(만약 1등이 여학생인 경우, $X=1$이다.) $P\{X=i\}, i=1,2,3$을 구하라.

6. 확률변수 X의 분포함수가 다음과 같을 때 아래의 질문에 답하라.

$$F(x) = \begin{cases} 0 & x < 0 \\ 1/5 & 0 \leq x < 1 \\ 1/2 & 1 \leq x < 2 \\ 4/5 & 2 \leq x < 3 \\ 9/10 & 3 \leq x < 4 \\ 1 & x \geq 4 \end{cases}$$

(1) X의 확률밀도함수 $f(x)$를 구하라.
(2) X의 평균과 분산을 구하라.

7. 어느 보험회사에서는 사건 E가 1년 이내에 발생하면, a원을 보상한다고 한다. 회사에서는 사건 E가 1년 이내에 발생할 확률을 P로 추정하였을 때, 회사의 기대이익이 a의 10%가 되기 위하여 고객에게 얼마의 보험료를 청구하여야 하나?

8. 망고가 20개 든 과일 상자에서 3개는 노란색이고 나머지는 자주색의 망고이다. 이 상자에서 2개의 망고를 랜덤으로 꺼낼 때, 노란색 망고의 수의 기댓값과 분산을 각각 구하라.

9. 어느 저금통에 백 원짜리 동전 5개, 오백 원짜리 동전 4개가 있다. 저금통을 흔들어서 두 개의 동전을 한꺼번에 꺼내 X를 두 동전을 합한 금액이라 할 때, 다음 질문에 답하라.

(1) 확률변수 X의 확률분포를 구하라.
(2) 확률변수 X의 기댓값을 구하라.
(3) 확률변수 X의 분산과 표준편차를 구하라.

10. 바둑알 상자에 검은 돌 5개와 흰 돌 5개가 있다. 이 중 두 개를 랜덤으로 골라, 만약 같은 색이면 20원 받고, 다른 색이면 15원을 주어야 한다.(−15원을 받는다.) 이때 다음을 구하라.

(1) 받게 되는 금액의 기댓값
(2) 받게 되는 금액의 분산

연속형 확률변수

11. 연속확률변수 X의 확률밀도함수가 다음과 같을 때, 물음에 답하라.

$$f(x) = \begin{cases} k(2x - x^2) & (0 < x < 2) \\ 0 & o.w \end{cases}$$

(1) 상수 k의 값을 구하라.
(2) $P\{X > 1\}$를 계산하라.
(3) 누적확률분포함수 $F(x)$를 구하라.
(4) $E(X)$, $V(X)$를 구하라.

12. 확률변수 X는 구간 (0, 10)에서 균등분포를 한다. 다음을 구하라.

(1) $P\{X < 3\}$
(2) $P\{3 < X < 5\}$

(3) 확률변수 X의 확률밀도함수 $f(x)$

(4) 확률변수 X의 누적밀도함수 $F(x)$와 그 그래프

13. 전화 한 통화의 시간(단위: 분) X는 대략 $\lambda = \dfrac{1}{5}$인 지수분포를 한다고 한다. 공중전화 부스에 어떤 사람이 지금 막 전화 통화를 한다고 할 때, 물음에 답하라.

(1) 5분 이상을 기다릴 확률

(2) 5분~10분 사이를 기다릴 확률

(3) 확률변수 X의 기댓값과 분산

14. 표준정규분포를 하는 확률변수 Z에 대해 다음을 구하라.

(1) $P\{Z > 0\}$

(2) $P\{-2 < Z < 2\}$

(3) 제30백분위수

15. 표준정규분포를 하는 확률변수 Z에 대하여 각 경우의 a를 구하라.

(1) $P\{Z \geq a\} = 0.1$

(2) $P\{|Z| > a\} = 0.95$

(3) $P\{0 \leq Z \leq a\} = 0.45$

(4) $P\{|Z - 2| \leq a\} = 0.5$

16. 확률변수 X는 평균 $\mu = 3$, 분산 $\sigma^2 = 9$인 정규분포를 할 때, 다음을 구하라.

(1) $P\{2 < X < 5\}$

(2) $P\{|X - 3| > 6\}$

(3) 제20백분위수

17. X가 구간 (a, b)에서 균일분포를 한다. 이때 X를 어떻게 선형변환하면 구간 $(0, 1)$에서 균일분포를 하게 되나?

18. 확률변수 X는 0과 1 사이의 값을 가진다. 즉, $P\{0 \leq X \leq 1\} = 1$이다. 다음을 보여라.

$$V(X) \leq \frac{1}{4}$$

(Hint)

① $E(X^2) \leq E(X)$를 보인다.

② $V(X) \leq c^2 \cdot E(X) \cdot \{1 - E(X)\}$

19. 어느 학급의 중간고사 성적은 평균 75, 분산 25인 정규분포를 따른다고 한다.

(1) 만약 당신의 점수가 85점이라면, 85점 이상의 점수를 받는 학생들의 비율은 얼마인가?

(2) 학급의 20%만이 A학점을 받는다면, A를 받기 위한 제일 낮은 점수는 얼마인가?

6장

표본분포

모집단의 모수에 관한 정보를 얻기 위해, 어떤 변수에 관하여 모집단 전체를 조사하기가 경제적으로나 시간적으로 어려운 경우가 다반사이다. 따라서 모집단에서 하나의 표본을 선택하여 모수(예를 들어 모집단 평균)에 관한 추론을 하게 된다. 모수란 모집단의 특성을 나타내는 값으로, 모평균 μ 또는 모비율 π 등을 일컫는다.

모집단에서 선택된 크기 n인 하나의 확률표본(a random sample) $X_1, X_2, \cdots, X_n$이란 다음 두 성질을 만족한다.

1. 확률변수 $X_1, X_2, \cdots, X_n$은 서로 독립이다.
2. 확률변수 $X_1, X_2, \cdots, X_n$는 동일한 확률분포를 가진다.

확률표본 $X_1, X_2, \cdots, X_n$의 함수를 통계량(statistic)이라고 부르며, 표본평균 $\overline{x}$, 표본비율 p 등이 모평균 μ, 모비율 π에 대응되는 통계량들이다. 이 통계량의 값을 이용하여 모수에 관한 추론을 하게 된다.

그런데 하나의 표본에 대한 통계량인, 가령 표본평균의 값은 주어지고 고정되어 있다. 그렇지만 또 다른 표본을 선택하게 되면, 이 표본에서 구한 표본평균은 앞에서 구한 것과 다를 것이다. 이렇게 확률표본을 반복하여 추출하면, 표본평균의 값은 표본마다 다른 값을 가지는 어떤 확률분포를 하게 된다. 이를 통계량의 표본분포(sampling distribution)라 부르며, 통계적 추론에서 매우 중요한 역할을 한다.

[예제] 모집단 분포가 다음과 같다.

x	1	2	3
$f(x)$	1/3	1/3	1/3

이때 표본크기가 2인 확률표본 X_1, X_2을 추출하여 표본평균 $\overline{X} = \dfrac{1}{2}(X_1 + X_2)$의 분포와 기댓값을 구하여 모집단의 그것과 비교하라.

풀이 확률표본 X_1, X_2는 서로 독립이고 동일한 확률분포를 가지므로, 우선 $Y = X_1 + X_2$의 분포를 구한다. Y의 표본공간은 $S = \{2, 3, 4, 5, 6\}$이고, $\{Y = 3\}$인 사건은

$$\{X_1 = 1, X_2 = 2\} \text{ 또는 } \{X_1 = 2, X_2 = 1\}$$

이므로, $Y = 3$일 확률은

$$\begin{aligned}
P(Y = 3) &= P(X_1 = 1, X_2 = 2) + P(X_1 = 2, X_2 = 1) \\
&= P(X_1 = 1)P(X_2 = 2) + P(X_1 = 2)P(X_2 = 1) \text{ (독립성)} \\
&= \frac{1}{3} \cdot \frac{1}{3} + \frac{1}{3} \cdot \frac{1}{3} = \frac{2}{9}
\end{aligned}$$

이다. 따라서 Y와 $\overline{X}$의 확률분포는 다음과 같다.

y와 $\overline{X}$의 확률분포

y	2	3	4	5	6
확률	1/9	2/9	3/9	2/9	1/9

$\overline{x}$	1	3/2	2	5/2	3
확률	1/9	2/9	3/9	2/9	1/9

모평균 $E(X)$와 표본평균의 기댓값 $E(\overline{X})$를 구하면 다음과 같다.

$$\begin{aligned}
E(X) &= 1(1/3) + 2(1/3) + 3(1/3) \\
&= 2
\end{aligned}$$

$$\begin{aligned}
E(\overline{X}) &= 1\left(\frac{1}{9}\right) + \frac{3}{2}\left(\frac{2}{9}\right) + 2\left(\frac{3}{9}\right) + \frac{5}{2}\left(\frac{2}{9}\right) + 3\left(\frac{1}{9}\right) \\
&= 2
\end{aligned}$$

[그림 6.1]은 모집단의 분포와 표본평균의 분포를 막대그래프로 나타낸 것이다. 두 분포의 중심의 위치는 서로 같지만, 산포는 표본평균의 경우 더 작게 됨을 보여준다.

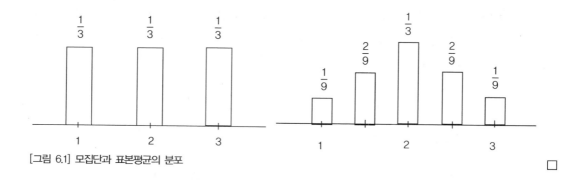

[그림 6.1] 모집단과 표본평균의 분포

6.1 표본평균의 기댓값과 분산

위의 예에서 확률변수 $Y = X_1 + X_2$이므로 Y의 기댓값 $E(Y)$는 4임을 예측할 수 있다. 서로 독립인 확률변수의 선형결합에 관하여 정의하고, 선형결합의 평균과 분산에 관한 정리를 소개한다.

정의 확률변수 $X_1, \cdots, X_n$과 상수 $a_1, \cdots, a_n$에 대하여 확률변수의 선형결합 Y는 다음과 같이 정의한다.

$$Y = a_1 x_1 + \cdots + a_n x_n$$

정리 확률변수 $X_1, \cdots, X_n$은 독립이고 각각 평균 $\mu_1, \cdots, \mu_n$과 분산 $\sigma_1^2, \cdots, \sigma_n^2$일 때 확률변수 $X_1, \cdots, X_n$의 선형결합 $Y = \sum_{i=1}^{n} a_1 x_i$의 기댓값 $E(Y)$와 분산 $V(Y)$는 다음과 같다.

$$E(Y) = \mu_Y = a_1 \mu_1 + \cdots + a_n \mu_n$$
$$V(Y) = \sigma_Y^2 = a_1^2 \sigma_1^2 + \cdots + a_n^2 \sigma_n^2$$

증명 선형결합 Y의 기댓값과 분산을 다음과 같이 구한다.

$$
\begin{aligned}
E(Y) &= E(a_1 X_1 + \cdots + a_n X_n) \\
&= E(a_1 X_1) + \cdots + E(a_n X_n) \ (X_i \text{들의 독립성}) \\
&= a_1 E(X_1) + \cdots + a_n E(X_n) \\
&= a_1 \mu_1 + \cdots + a_n \mu_n
\end{aligned}
$$

$$
\begin{aligned}
V(Y) &= E\{(Y - \mu_Y)^2\} \\
&= E[a_1 X_1 + \cdots + a_n X_n - (a_1 \mu_1 + \cdots + a_n \mu_n)]^2 \\
&= E[a_1(X_1 - \mu_1) + \cdots + a_n(X_n - \mu_n)]^2 \\
&= E\left[\sum_{i=1}^{n} a_i{}^2 (X_i - \mu_i)^2 + \sum_{i \neq j}\sum a_i a_j (X_i - \mu_i)(X_j - \mu_j)\right] \\
&= E\left[\sum_{i=1}^{n} a_i{}^2 (X_i - \mu_i)^2\right] \ (X_i, X_j \ (i \neq j)\text{의 독립성}) \\
&= \sum_{i=1}^{n} a_i{}^2 \sigma_i{}^2
\end{aligned}
$$

$\square$

표본평균 $\overline{X}$는

$$
\overline{X} = \frac{1}{n}(X_1 + \cdots + X_n)
$$

이므로, 위의 정리에서 $a_i = 1/n$이고 $\sigma_i^2 = \sigma_j^2$, $i \neq j$인 경우이므로 표본평균의 기댓값과 분산은 각각 다음과 같다.

$$
\begin{aligned}
E(\overline{X}) &= a_1 \mu_1 + \cdots + a_n \mu_n \\
&= \frac{1}{n}(\mu_1 + \cdots + \mu_{n)} \\
&= \frac{1}{n}(n\mu) = \mu
\end{aligned}
$$

$$
\begin{aligned}
V(\overline{X}) &= a_1{}^2 \sigma_1{}^2 + \cdots + a_n{}^2 \sigma_n{}^2 \\
&= \left(\frac{1}{n}\right)^2 (\sigma_1{}^2 + \cdots + \sigma_n{}^2) \\
&= \left(\frac{1}{n}\right)^2 (n\sigma^2) \\
&= \frac{\sigma^2}{n}
\end{aligned}
$$

즉 모평균 μ, 모분산 σ^2에서의 표본크기 n인 표본평균의 기댓값은 모집단의 평균 μ와 같지만, 그 분산은 σ^2/n이다. 따라서 n이 커질수록, 표본평균의 분산은 작아진다.

[예제] 확률변수 X_1은 평균 3, 분산 4이고, X_2는 평균 8, 분산 9이다. 또한 X_1, X_2는 독립이라고 할 때 $Y = -2X_1 + 3X_2$의 기댓값과 분산을 구하라.

[풀이] X의 선형결합 Y의 기댓값과 분산은 다음과 같다.

$$\begin{aligned} E(Y) &= E(-2X_1 + 3X_2) \\ &= -2E(X_1) + 3E(X_2) \\ &= -2(3) + 3(8) \\ &= 18 \end{aligned}$$

$$\begin{aligned} V(Y) &= V(-2X_1 + 3X_2) \\ &= 4V(X_1) + 9V(X_2) \\ &= 4(4) + 9(9) \\ &= 97 \end{aligned}$$

6.2 표본평균의 분포와 중심극한정리

표본평균 $\overline{X}$의 기댓값과 분산뿐 아니라 그 표본의 분포 형태에 관하여 알아보도록 한다. 모집단이 정규분포를 하면, 선택된 확률변수 $X_1, \cdots, X_n$는 서로 독립이고 각각 모집단의 분포인 정규분포를 따른다. 또한 모집단의 분포가 정규분포인 경우 표본평균의 분포 역시 정규분포임이 알려져 있다. 이상은 다음과 같이 요약한다.

모평균 μ 모분산 σ^2인 정규모집단에서 확률표본 $X_1, \cdots, X_n$을 추출하였을 때, 표본평균 $\overline{X}$의 성질은 다음과 같다.

$$E(\overline{X}) = \mu$$
$$V(\overline{X}) = \frac{\sigma^2}{n}$$
$$\overline{X} \sim Normal$$

[예제] 2008년 한국의 성인 남자 평균 신장은 173.4cm이며, 표준편차는 4.3인 대략적인 정규분포를 따른다고 한다. 이때 15명의 성인 남자를 랜덤하게 뽑아 그들의 신장을 잴 때, 평균 신장 175cm 이상일 확률을 구하라.

[풀이] 평균 신장 $\overline{X}$의 분포는

$$N(\mu = 173.4, \sigma_{\overline{X}}^2 = \frac{4.3^2}{n} = \frac{4.3^2}{15})$$

이므로, $\overline{X}$가 175cm 이상일 확률은

$$P(\overline{X} \geq 175) = P(Z \geq \frac{175 - 173.4}{\sqrt{\dfrac{4.3^2}{15}}}) \quad (\overline{X}를\ 표준화\ 한다.)$$
$$= P(Z \geq 1.44)$$
$$= 0.0749$$

이다. 즉 15명 성인 남자의 평균 신장이 175cm 이상일 확률은 대략 7%이다. □

정규모집단이 아닌 경우에 선택된 표본평균 $\overline{X}$의 분포는 모집단의 분포 형태에 의존하게 된다. 그런데 표본크기가 커지게 되면 모집단의 분포가 어떤 형태를 갖는다 할지라도, 표본평균 $\overline{X}$는 근사적으로 정규분포를 따르게 된다는 사실이 유명한 중심극한정리(Central Limit Theorem)이다.

중심극한정리

모평균 μ 모분산 σ^2인 모집단에서 확률표본 $X_1, \cdots, X_n$을 추출하였을 때, 표본평균 $\overline{X}$의 성질은 다음과 같다.

표본의 크기 n이 충분히 클 경우

$$E(\overline{X}) = \mu$$
$$V(\overline{X}) = \frac{\sigma^2}{n}$$
$$\overline{X} \sim Normal$$

[예제] 부록의 난수표에서 크기 5인 50개의 랜덤표본을 뽑을 경우, 표본평균 $\overline{X}$의 대값과 분산을 구하고, 또한 분포함수를 가늠할 수 있는 히스토그램을 작성하라.

[풀이] 난수표는 0~9까지의 정수가 1/18의 확률로 랜덤하게 나열되어 있는 난수들의 모임이다. 따라서 [그림 6.2.1]과 같이 일양분포를 하는 모집단에서 랜덤표본을 뽑는 것과 동일하다.

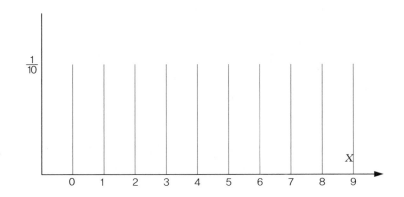

[그림 6.2.1] 0~9의 값을 갖는 일양분포

모집단에서 크기 5인 50개의 표본을 뽑기 위하여 편의상 부록의 표에서 1행 1열부터 시작하여 차례로 5개씩 내려가면서 50개를 뽑는다. 이를 정리한 것이 [표 6.2.1]과 같다.

[표 6.2.1] 난수표에서 뽑은 크기 5인 표본

표본 번호	관찰값	합	평균	표본 번호	관찰값	합	평균
1	6 8 5 4 5	28	5.6	26	8 6 7 0 3	24	4.8
2	6 1 1 3 8	19	3.8	27	8 2 5 2 1	18	3.6
3	8 6 7 0 2	23	4.6	28	2 8 4 8 0	22	4.4
4	4 7 3 5 9	28	5.6	29	5 7 4 9 2	27	5.4
5	3 6 1 9 1	20	4.0	30	0 0 2 4 7	13	2.6
6	7 6 8 4 5	30	6.0	31	7 4 5 7 6	29	5.8
7	1 7 6 5 9	28	5.6	32	9 8 2 2 2	23	4.6
8	0 9 7 3 6	25	5.0	33	4 9 0 2 1	16	3.2
9	8 8 1 5 5	27	5.4	34	9 5 4 6 8	32	6.4
10	9 3 0 8 2	22	4.4	35	0 0 7 6 9	22	4.4
11	3 8 5 6 5	27	5.4	36	6 6 4 6 1	23	4.6
12	9 3 7 6 1	26	5.2	37	7 9 2 6 5	29	5.8
13	4 3 0 6 0	13	2.6	38	3 7 4 8 4	26	5.2
14	1 2 7 3 0	13	2.6	39	3 0 0 7 9	19	3.8
15	2 2 0 1 3	8	1.6	40	4 1 6 0 7	18	3.6
16	3 6 4 8 4	25	5.0	41	1 7 7 6 3	24	4.8
17	4 8 7 8 7	34	6.8	42	3 6 6 0 8	23	4.6
18	4 4 1 2 2	13	2.6	43	9 1 2 6 1	19	3.8
19	4 4 9 7 7	31	6.2	44	0 2 2 6 5	15	3.0
20	4 0 7 4 1	16	3.2	45	1 6 8 1 1	17	3.4
21	2 5 9 2 3	21	4.2	46	4 8 5 8 0	25	5.0
22	3 1 7 5 6	22	4.4	47	7 5 4 8 8	32	6.4
23	6 2 5 4 7	24	4.8	48	0 9 6 6 8	29	5.8
24	9 4 0 7 5	25	5.0	49	4 7 9 8 5	33	6.6
25	0 6 0 5 0	11	2.2	50	4 4 5 4 8	25	5.0

표본평균 $\overline{X}$의 평균과 표본분산을 각각 구하면

$$\overline{X}\text{의 평균} = 4.568$$

$$\overline{X}\text{의 표본분산} = 1.509159$$

이므로, 이는 $\overline{X}$의 기댓값과 분산이 비슷함을 확인할 수 있다.

$$E(\overline{X}) = \mu = 4.5$$
$$V(\overline{X}) = \frac{\sigma^2}{n} = \frac{8.25}{5} = 1.65$$

또한 이들 표본평균들의 히스토그램은 [그림 6.2.2]와 같다. 모집단의 분포가 균등분포임에도 불구하고, 표본의 크기가 5밖에 안 되는 표본평균 $\overline{X}$의 분포는 정규분포에 가까움을 알 수 있다. 표본의 크기가 $n = 10, 20, 30$ 등으로 더 커버린다면 좀 더 정규분포에 근사한 형태로 나타날 것이다.

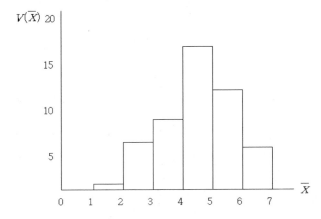

[그림 6.2.2] 표본평균의 히스토그램

☐

[예제] 2008년 한국의 성인 여자 평균 체중은 54.7(kg)이며, 표준편차는 3.7이라고 한다. 이때 36명의 성인 여성을 랜덤하게 뽑아 그들의 체중을 측정할 때, 평균 체중이 55kg 이하일 확률을 구하라.

[풀이] 중심극한정리에 의하여 36명 성인 여성의 평균 체중 $\overline{X}$는

$$\overline{X} \simeq N(\mu, \sigma^2 = \frac{\sigma^2}{n}) = N(54.7, \frac{3.7^2}{36})$$

이므로, $\overline{X}$를 표준화하여 55이하의 확률을 구하면

$$P(\overline{X} \leq 55) = P\left(Z \leq \frac{55 - 54.7}{\sqrt{\dfrac{3.72}{36}}}\right)$$

$$= P(Z \leq 0.49)$$

$$= 0.6879$$

이다. ☐

6.3 정규분포와 관련된 표본분포

대부분의 통계적 추론에서 모집단 분포를 $N(\mu, \sigma^2)$으로 가정하는 경우가 많다. 우리는 모평균 μ와 모분산 σ^2의 추정이나 가설검정에 관심이 많다. 정규분포 $N(\mu, \sigma^2)$에서의 확률표본을 $X_1, \cdots, X_n$이라 하자. 통상적으로 모평균 μ와 모분산 σ^2의 추정값으로 표본평균 $\overline{X}$와 표본분산 $S^2 = \dfrac{1}{n-1}\sum(X_i - \overline{X})^2$을 사용하게 되는데, 이 통계량 또는 통계량의 함수의 분포에 관하여 파악하여야 할 것이다.

(1) 카이제곱분포

표본분산 S^2의 분포는 모분산 σ^2의 추론에 유용하다. 통계량 S^2에 적당한 값을 곱하여 카이제곱분포(Chi-square distribution)를 하게 할 수 있다.

정의 모평균 $\mu = 0$, 모분산 $\sigma^2 = 1$인 표준정규분포 $N(0, 1)$에서의 크기 n인 확률표본을 $Z_1, Z_2, \cdots, Z_n$이라 하면

$$Z_1{}^2 \sim \chi^2(1)$$
$$Z_1{}^2 + Z_2{}^2 + \cdots + Z_n{}^2 \sim \chi^2(n)$$

라고 정의하며, 여기에서 $\chi^2(n)$은 자유도(degree of freedom) n인 카이제곱분포라 한다.

카이제곱을 하는 확률밀도함수의 그래프는 자유도에 따라 다르지만 일반적인 형태는 다음과 같다.

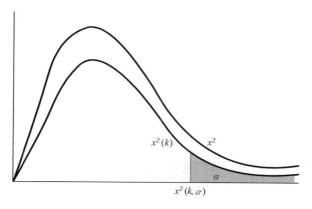

[그림 6.3.1] 카이제곱분포의 그래프

[부록]의 표에 여러 가지 자유도에 따른 카이제곱분포의 곡선 아래 면적을 계산한 결과가 주어졌다. 여기에서 $\chi^2(k:\alpha)$는 자유도 k인 카이제곱분포의 $100(1-\alpha)$ 백분위수를 나타낸다. 예를 들어 $\chi^2(5:0.05) = 11.07$이다.

예제 $Z_1, Z_2, \cdots, Z_7$는 표준정규분포 $N(0,1)$로부터의 확률표본이고,

$$\chi_0^{\,2} = Z_1^{\,2} + \cdots + Z_7^{\,2}$$

이라 할 때, 다음 질문에 답하라.

(1) $\chi_0^{\,2}$의 분포는?

(2) $P(\chi_0^{\,2} \geq a) = 0.05$를 만족하는 a의 값을 구하라.

풀이

(1) $\chi_0^{\,2} = Z_1^{\,2} + \cdots + Z_7^{\,2} \sim \chi^2(7)$

(2) 부록의 표에서 자유도$=7$, $\alpha = 0.05$인 경우이므로, $a = 14.067$이다.

카이제곱분포의 중요한 성질인 가법성을 다음 정리에서 증명없이 서술한다.

정리 임의의 자연수 k_1, k_2에 대하여

$$\chi_1{}^2 \sim \chi^2(k_1), \ \chi_2{}^2 \sim \chi^2(k_2)$$

이고, $\chi_1{}^2$과 $\chi_2{}^2$이 서로 독립이면

$$\chi_1{}^2 + \chi_2{}^2 \sim \chi^2(k_1 + k_2)$$

이다.

자, 이제 정규모집단에서의 표본분산의 분포에 대한 다음 정리를 공부하도록 한다.

정리 확률변수 $X_1, X_2, \cdots, X_n$은 정규분포 $N(\mu, \sigma^2)$에서의 확률표본이고, 두 통계량 $\overline{X}, S^2$을

$$\overline{X} = \frac{1}{n} \sum_{i=1}^{n} X_i$$

$$S^2 = \frac{1}{n-1} \sum_{i=1}^{n} (X_i - \overline{X})^2$$

이라 놓으면, 다음 두 식이 성립한다.

(1) $\overline{X}$와 S^2은 서로 독립이다.

(2) $\dfrac{(n-1)S^2}{\sigma^2} \sim \chi^2(n-1)$이다.

증명

(1) 이 책에서는 증명없이 받아들이기로 한다.

(2) 다음 관계식을 살펴보자.

$$\sum_{i=1}^{n}(\frac{X_i - \mu}{\sigma})^2 = \sum_{i=1}^{n}(\frac{X_i - \overline{X} + \overline{X} - \mu}{\sigma})^2$$

$$= \sum_{i=1}^{n}(\frac{X_i - \overline{X}}{\sigma})^2 + \frac{n(\overline{X} - \mu)^2}{\sigma^2}$$

여기에서 $Z_i = \dfrac{X_i - \mu}{\sigma}$, $i = 1, \cdots, n$들은 서로 독립이며, 표준정규분포 $N(0, 1)$

을 따르므로

$$\sum_{i=1}^{n} Z_i^2 \sim \chi^2(n)$$

이 된다. 또한 $\overline{X} \sim N(\mu, \dfrac{\sigma^2}{n})$이므로, 표준화하면

$$\frac{\overline{X} - \mu}{\sigma / \sqrt{n}} \sim N(0, 1)$$

이고, 따라서 다음이 성립한다.

$$(\frac{\overline{X} - \mu}{\sigma / \sqrt{n}})^2 = \frac{n(\overline{X} - \mu)^2}{\sigma^2} \sim \chi^2(1)$$

그런데 $\overline{X}$와 S^2은 독립이므로, $\dfrac{n(\overline{X} - \mu)^2}{\sigma^2}$과 $\dfrac{(n-1)S^2}{\sigma^2}$ 은 마찬가지로 독립

이 된다. 따라서 카이제곱의 가법성에 의해

$$\frac{(n-1)S^2}{\sigma^2} \sim \chi^2(n-1)$$

이 성립한다. □

$\dfrac{\sum(X_i - \overline{X})^2}{\sigma^2}$에서 n개의 조각 $X_1 - \overline{X}, \cdots, X_n - \overline{X}$을 모두 더하면 0이 되므로

자유도 하나의 손실이 발생하게 된다. 따라서 자유도가 $(n-1)$인 카이제곱분포를 하

게 된다.

[예제] $X_1, X_2, \cdots, X_{10}$은 정규분포 $N(4, 25)$에서의 확률표본이고, 표본분산 S^2이

$$S^2 = \frac{\sum_{i=1}^{10}(X_i - \overline{X})^2}{n-1} = \frac{\sum_{i=1}^{10}(X_i - \overline{X})^2}{9}$$

일 때

(1) $\dfrac{9S^2}{25}$의 분포는?

(2) $P(\sum_{i=1}^{10}(X_i - \overline{X})^2 \leq 10)$를 구하라.

[풀이] 앞의 정리에 의해, 다음을 구한다.

(1) $\dfrac{(n-1)S^2}{\sigma^2} = \dfrac{9S^2}{25} \sim \chi^2(n-1) = \chi^2(9)$

(2) $P\left(\dfrac{\sum(X_i - \overline{X})^2}{\sigma^2} \leq \dfrac{10}{\sigma^2}\right) = P\left(\dfrac{(n-1)S^2}{\sigma^2} \leq \dfrac{10}{\sigma^2}\right)$

$\qquad\qquad\qquad = P\left(\chi_0^2 \leq \dfrac{10}{25}\right) = .00$ □

(2) t-분포

모집단의 분포가 $N(\mu, \sigma^2)$일 때, 일반적으로 모평균 μ와 모분산 σ^2의 값을 알 수 없는 경우가 많다. μ에 대한 추론 시, 모분산 σ^2의 값이 알려져 있지 않으므로 σ^2의 추정값으로 표본분산 S^2을 사용하게 된다. 표본평균을 표준화하면

$$\frac{\overline{X} - \mu}{\sigma/\sqrt{n}} \sim N(0, 1)$$

이지만, 이때 미지의 σ 대신 표본표준편차 S를 대입한 값인

$$t = \frac{\overline{X} - \mu}{S/\sqrt{n}}$$

의 분포를 이용할 때가 자주 있다.

다음에서 t-분포(t-distribution)를 정의하도록 한다.

정의 확률변수 Z는 표준정규분포 $N(0,1)$을 하고, 자연수 k에 대해 $\chi^2(k)$는 자유도 k인 카이제곱분포를 하며, 두 확률변수 Z와 $\chi^2(k)$는 서로 독립이라고 가정할 때

$$T = \frac{Z}{\sqrt{\dfrac{\chi^2(k)}{k}}} \sim t(k)$$

이라고 정의하며, 여기에서 $t(k)$는 자유도가 k인 t-분포를 일컫는다.

t-분포를 하는 확률밀도함수의 그래프는 자유도에 따라 다르지만 표준정규분포에 비해 중심의 높이는 낮지만 꼬리 부분은 더 두터운 대칭형의 형태이다. 표준정규분포와 t-분포의 확률밀도함수 그래프의 대략적인 형태가 [그림 6.3.2]에 있다.

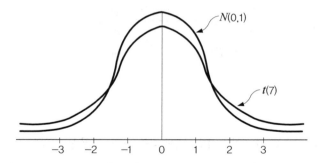

[그림 6.3.2] t-분포와 표준정규분포의 그래프

부록의 표에 여러 자유도에 따른 t-분포의 곡선 아래 면적을 계산한 결과가 있다. 여기에서 $t(k:\alpha)$는 자유도 k인 t-분포의 $100(1-\alpha)$ 백분위수를 나타낸다. 예를 들어 $t(7:0.025)=2.365$이다.

정리 확률변수 $X_1, X_2, \cdots, X_n$은 모분산 σ^2이 미지인 정규분포 $N(\mu, \sigma^2)$에서의 확률표본일 때, 다음이 성립한다(단 S^2은 크기가 n인 표본분산이다).

$$T = \frac{\overline{X} - \mu}{\dfrac{s}{\sqrt{n}}} \sim t(n-1)$$

증명 위의 비 T를 다시 적어보면

$$T = \frac{\overline{X} - \mu}{\dfrac{s}{\sqrt{n}}} = \frac{\dfrac{\overline{X} - \mu}{\sigma / \sqrt{n}}}{\sqrt{\dfrac{(n-1)S^2}{\sigma^2} / (n-1)}}$$

그런데 앞의 정리에 의해

$$\frac{\overline{X} - \mu}{\sigma / \sqrt{n}} \sim N(0,1)$$

$$\frac{(n-1)S^2}{\sigma^2} \sim \chi^2(n-1)$$

이며 두 통계량은 서로 독립이므로, t-분포의 정의에 의해 T는 자유도 $n-1$인 t-분포를 따른다. □

예제 확률변수 T는 자유도 10인 t-분포를 한다. 이때 다음 식

$$P(-b \leq T \leq b) = 0.95$$

을 만족하는 b를 구하라.

풀이 부록의 표에서 자유도가 10인 행을 찾으면

$$P(-2.228 \leq T \leq 2.228) = 0.95$$

임을 알 수 있다. 따라서 $b = 2.228$이다.

(3) F-분포

두 정규모집단의 분산을 서로 비교하기 위해 사용하는 F-분포(F-distribution)에 대하여 정의한다.

정의 m, n을 자연수라 할 때 확률변수 U와 V에 대하여

$$U \sim \chi^2(n)$$
$$V \sim \chi^2(m)$$

이고, 두 확률변수 U와 V는 서로 독립이라고 가정하면

$$F = \frac{U/n}{V/m} \sim F(n, m)$$

라고 정의하며, 여기에서 $F(n, m)$는 자유도가 n, m인 F-분포를 말한다.

만약

$$F \sim F(n, m)$$

이면,

$$\frac{1}{F} \sim F(m, n)$$

임을 F-분포의 정의에서 알 수 있다. F-분포의 그래프 역시 자유도에 따라 다르지만 오른쪽으로 비스듬한(stewed to the right) 형태로 [그림 6.3.3]과 같다.

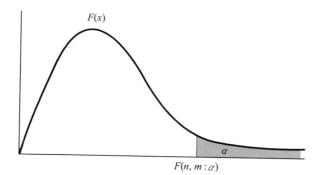

[그림 6.3.3] 자유도가 n, m인 F-분포의 그래프

[부록]의 표에 자유도 n, m에 따른 F-분포의 곡선 아래 면적을 계산한 결과가 주어졌다. 여기에서 $F(n, m : \alpha)$는 자유도 n, m인 F-분포의 $100(1-\alpha)$ 백분위수를 나타낸다. 예를 들어 $F(3, 7 : 0.05) = 4.35$이다.

두 정규모집단에서의 표본분산 비의 분포에 대하여 알아보자.

정리 확률변수 $X_1, \cdots, X_m$은 정규분포 $N(\mu_1, \sigma_1^{\,2})$에서의 확률표본이고, $Y_1, \cdots, Y_n$은 $N(\mu_2, \sigma_2^{\,2})$에서의 확률표본일 때, 다음의 비

$$F = \frac{S_1^{\,2}/\sigma_1^{\,2}}{S_2^{\,2}/\sigma_2^{\,2}}$$

은 F-분포임을 보일 수 있다. 여기에서 $S_1^{\,2}, S_2^{\,2}$은 크기 m, n인 표본분산을 각각 나타낸다.

증명

$$F = \frac{S_1^{\,2}/\sigma_1^{\,2}}{S_2^{\,2}/\sigma_2^{\,2}} = \frac{\dfrac{(m-1)S_1^{\,2}}{\sigma_1^{\,2}}/(m-1)}{\dfrac{(n-1)S_2^{\,2}}{\sigma_2^{\,2}}/(n-1)}$$

그런데

$$\frac{(m-1)S_1^{\,2}}{\sigma_1^{\,2}} \sim \chi^2(m-1), \quad \frac{(n-1)S_2^{\,2}}{\sigma_2^{\,2}} \sim \chi^2(n-1)$$

이고 $S_1^{\,2}$과 $S_2^{\,2}$은 서로 독립이므로

$$F = \frac{S_1^{\,2}/\sigma_1^{\,2}}{S_2^{\,2}/\sigma_2^{\,2}} \sim F(m, n)$$

이 성립한다. □

예제 $S_1{}^2$은 정규분포 $N(2, 4)$에서의 크기 $m = 10$인 표본의 표본분산, $S_2{}^2$은 $N(3, 9)$에서의 크기 $n = 9$인 표본의 표본분산이라 하자. 이때

$$P(S_1{}^2 \geq kS_2{}^2) = 0.05$$

를 만족하는 k를 구하라.

풀이

두 통계량

$$\frac{(m-1)S_1{}^2}{\sigma_1{}^2} = \frac{9S_1{}^2}{4} \sim \chi^2(9)$$

$$\frac{(n-1)S_2{}^2}{\sigma_2{}^2} = \frac{8S_2{}^2}{9} \sim \chi^2(8)$$

이고, 서로 독립이므로 다음이 성립한다.

$$F_0 = \frac{S_1{}^2/\sigma_1{}^2}{S_2{}^2/\sigma_2{}^2} = \frac{S_1{}^2/4}{S_2{}^2/9} \sim F(9, 8)$$

부록의 표에서 자유도가 분자 9, 분모 8인 행에서

$$P(F_0 = \frac{S_1{}^2/4}{S_2{}^2/9} \geq 3.39) = 0.05$$

임을 알 수 있다. 따라서

$$P(S_1{}^2 \geq \frac{4 \times 3.39}{9} S_2{}^2) = 0.05$$

이므로,

$$k = \frac{4 \times 3.39}{9} = 1.51$$

이다. □

SPSS 실습

[실습 1] 이항분포를 하는 확률변수에 대하여 중심극한정리를 적용하려 한다. 다음 질문에 답하라.

(1) 이항분포 $B(n = 10, p = 0.3)$을 따르는 난수 b_1, b_2, b_3, b_4, b_5에 각각 80개의 난수를 생성하라.

(2) b_1, b_2, b_3, b_4, b_5의 평균인 변수 avg를 생성하라.

(3) 변수 b_1과 변수 avg의 기술통계량을 구하고 히스토그램을 각각 그려라.

(4) 변수 avg의 히스토그램이 정규분포곡선과 비슷한 모양을 보이는가?

[풀이]

(1) 5장의 [실습 1]을 참조하여 이항분포 $B(n = 10, p = 0.3)$을 따르는 변수 $b_1, b_2, b_3,$ b_4, b_5에 각각 80개의 난수를 생성한다.

(2) 변수 avg에 b_1, b_2, b_3, b_4, b_5의 평균값을 넣어주기 위하여 변수 계산 대화상자에서 상변수란에 변수명 avg를 입력한다. '함수집단'에서 '통계'를 선택하고, '함수 및 특수변수'에서 Mean을 더블클릭하여 숫자표현식으로 보낸다. 숫자표현식의 값에 b_1, b_2, b_3, b_4, b_5를 입력하면, [그림 6.4.1]과 같다. 〈확인〉을 누르면 [그림 6.4.2]와 같이 변수 avg에 b_1, b_2, b_3, b_4, b_5의 평균값이 들어간다.

[그림 6.4.1] 평균을 구하기 위한 변수 계산 대화상자

	b1	b2	b3	b4	b5	avg	
68	2.00	6.00	3.00	3.00	3.00	3.40	
69	3.00	3.00	2.00	1.00	4.00	2.60	
70	2.00	1.00	3.00	1.00	4.00	2.20	
71	4.00	5.00	1.00	3.00	1.00	2.80	
72	4.00	2.00	3.00	1.00	5.00	3.00	
73	2.00	4.00	3.00	2.00	2.00	2.60	
74	5.00	3.00	4.00	3.00	2.00	3.40	
75	3.00	3.00	2.00	4.00	5.00	3.40	
76	4.00	2.00	4.00	4.00	3.00	3.40	
77	4.00	2.00	3.00	4.00	2.00	3.00	
78	1.00	4.00	3.00	1.00	2.00	2.20	
79	4.00	4.00	6.00	.00	1.00	3.00	
80	4.00	3.00	3.00	2.00	3.00	3.00	

[그림 6.4.2] 난수 b1~b5와 그 평균인 avg

(3) 그래프 → 레거시 대화상자 → 히스토그램을 선택하여 '변수'란에 b_1을 옮긴 후 〈**확인**〉을 누르면, 변수 b_1의 히스토그램이 산출된다. 마찬가지로 변수 avg의 히스토그램을 산출한다.([그림 6.4.4], [그림 6.4.5])

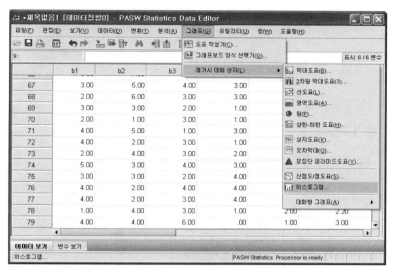

[그림 6.4.3] 히스토그램을 그리기 위한 명령

(4) 변수 avg의 히스토그램이 변수 b_1의 히스토그램에 비해 더욱더 정규분포곡선에 가까워짐을 알 수 있다.

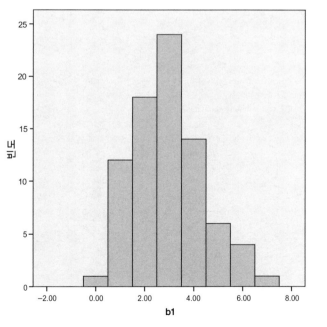

[그림 6.4.4] 변수 b_1의 히스토그램

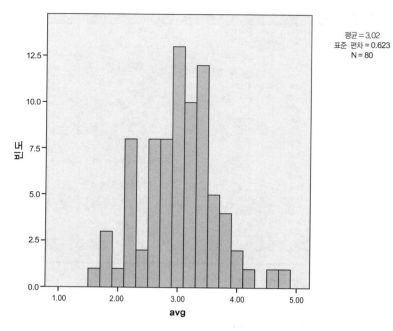

평균 = 3.02
표준 편차 = 0.623
N = 80

[그림 6.4.5] 변수 avg의 히스토그램

1. $T \sim t(n-1)$일 때, $T^2 \sim F(1, n-1)$임을 보여라.

2. 다음을 보여라.

$$F(m, n : \alpha) = \frac{1}{F(n, m : 1-\alpha)}$$

(단, $F(m, n : \alpha)$는 자유도가 m, n인 F-분포의 $100(1-\alpha)$ 백분위수이다.)

3. 부록의 χ^2분포표를 이용하여 다음을 구하라.

(1) 자유도 10인 상위 5% 백분위수

(2) 자유도 12에서 26.217의 왼쪽 곡선 아래의 면적

(3) 자유도 5인 하위 2.5% 백분위수

(4) 자유도 7에서 14.067의 오른쪽 곡선 아래의 면적

4. 부록의 t-분포표를 이용하여 다음을 구하라.

(1) 자유도 5인 상위 2.5% 백분위수

(2) 자유도 10에서 1.372의 왼쪽 곡선 아래의 면적

(3) 자유도 7인 하위 5% 백분위수

(4) 자유도 29에서 2.045의 오른쪽 곡선 아래의 면적

5. 부록의 F-분포표를 이용하여 다음을 구하라.

(1) 자유도 (3, 4)인 상위 1% 백분위수
(2) 자유도 (5, 8)에서 3.69의 오른쪽 곡선 아래의 면적
(3) 자유도 (4, 3)인 하위 1% 백분위수
(4) 자유도 (5, 9)에서 3.48와 6.06 사이의 곡선 아래 면적

6. 어느 항공사에서 발표한 자료에 의하면, 승객 1인당 평균 짐의 무게는 10kg이고, 표준편차는 2kg이라 한다. 어떤 날 랜덤으로 추출한 100명 승객들의 평균 짐의 무게가 11kg 이상 일 확률은 얼마인가?

7. 성공률이 0.4 시행 횟수가 $n = 10$인 이항분포에서, SPSS를 이용하여 다음 물음에 답하라.

(1) 크기가 5인 표본 하나를 뽑아라.
(2) 크기가 5인 표본을 100개 뽑아라.
(3) 크기가 5인 표본의 표본평균의 히스토그램을 그리고, 표본평균의 평균을 구하라.

8. 대학을 마친 사람들의 IQ 점수는 평균 120, 표준편차 10인 정규분포를 한다고 한다. 이때 다음 질문에 답하라.

(1) 대학을 마친 사람을 랜덤으로 한 사람 선택하였을 때, IQ 점수가 110과 130 사이에 있을 확률을 구하라.
(2) 대학을 마친 사람 16명을 랜덤으로 뽑았을 때, IQ 점수의 평균이 125 이상일 확률을 구하라.

9. $X_1, \cdots, X_9$는 평균 $\mu = 4$, 모분산 σ^2이 미지인 정규분포 $N(\mu = 4,\ \sigma^2)$에서의 확률표본이다(표본분산 $S^2 = 1.2^2$). 다음 질문에 답하라.

(1) $\dfrac{5(\overline{X} - \mu)}{2}$ 의 분포를 구하라.

(2) $P(\overline{X} \le 5)$를 구하라.

10. $X_1, \cdots, X_9$는 정규분포 $N(5, 16)$에서의 확률표본일 때, 다음 질문에 답하라.(단, S^2은 표본분산이다.)

(1) $\dfrac{8S^2}{16}$ 의 분포는?

(2) $P\left\{\displaystyle\sum_{i=1}^{9} (X_i - \overline{X})^2 \le 144\right\}$를 구하라.

(3) $N(5, 16)$에서 크기 9인 표본 $X_1, \cdots, X_9$를 뽑아라.

(4) $\displaystyle\sum_{i=1}^{9} (X_i - \overline{X})^2$를 구하여 144와 비교하라.

7장
추정

어떤 분포를 하는 확률변수의 분포함수 형태는 알지만, 분포함수의 모수에 대하여는 미지인 경우가 자주 있다. 예를 들어 혈압을 나타내는 변수 X가 지수분포

$$f(x;\lambda) = \lambda e^{-\lambda x}, \quad x > 0, \ \lambda > 0$$

임은 주어졌지만, 척도모수 λ의 값을 모르는 경우이다. 이때 척도모수 λ가 취할 수 있는 값 전체의 집합을 모수집합(parameter space) Ω라 정의하고, 모수집합 $\Omega = \{\lambda \mid \lambda > 0\}$가 된다.

    미지의 모수 θ에 관한 정보를 얻기 위해 확률표본 $X_1, X_2, \cdots, X_n$을 선택하였다. 확률표본 $X_1, X_2, \cdots, X_n$의 관찰값 $x_1, x_2, \cdots, x_n$을 이용하여 미지의 모수 θ의 값을 추정하려 한다. 모수 θ를 추정하기 위해 사용한 $X_1, X_2, \cdots, X_n$의 함수 $U(X_1, X_2, \cdots, X_n)$를 θ의 추정량(estimator)이라 정의하고, 통상적으로 θ에 가까운 값인 $U(x_1, x_2, \cdots, x_n)$을 θ의 추정값(estimate)이라 부른다. 이와 같이 미지의 모수 θ에 관하여 어느 한 값만을 추정하므로 점추정(point estimation)이라 한다. 예를 들어 표본평균은 모평균의, 표본비율은 모비율의 점추정량이라 할 수 있다.

예제   A대학교 학생들의 한 달 평균 용돈(만 원)을 파악하고자, 이 중 5명 학생들의 용돈을 조사하였다.

$$X_1 = 70 \quad X_2 = 50 \quad X_3 = 80 \quad X_4 = 60 \quad X_5 = 80$$

평균 용돈은 얼마로 추정할 수 있을까?

풀이   모평균 μ를 추정하기 위하여 다음 세 종류의 점추정량을 생각하여 보자.

$$\widehat{\mu_1} = \overline{X} = \frac{X_1 + X_2 + X_3 + X_4 + X_5}{5} = 68$$

$$\widehat{\mu_2} = \widetilde{X} = 70$$

$$\widehat{\mu_3} = \frac{\min(X_i) + \max(X_i)}{2} = \frac{50 + 80}{2} = 65$$

$\widehat{\mu_1}$은 산술평균, $\widehat{\mu_2}$은 표본 중앙값을, $\widehat{\mu_3}$은 중심값을 각각 나타내고 있다. 세 지 방법은 서로 다른 추정량이지만 모두 합리적인 추정법이라 할 수 있다. □

이상의 세 추정법은 추정량의 표본분포에 관하여 아무런 정보를 주지 못하고 있다. 즉 표본에서 구한 추정값이 모수의 참값에 얼마나 가까이 분포하는지에 대한 개념이 없다. 만약 어떤 추정량 $\hat{\theta}$의 표본분포가 참값 θ를 중심으로 대칭이라면 이는 바람직한 성질이라 할 수 있다.

정의 모수 θ의 추정량 $\hat{\theta}$에 대하여

$$E(\hat{\theta}) = \theta$$

이면, $\hat{\theta}(X_1, \cdots, X_n)$을 θ의 불편추정량(unbiased estimator)이라 정의한다. 불편추정량 이 아닌 측도를 편의추정량(biased estimator)이라 부르며, 특별히 $E(\hat{\theta}) - \theta$을 $\hat{\theta}$의 편 의(bias)라 한다. [그림 7.1]은 불편추정량과 편의추정량의 분포그림을 보여준다.

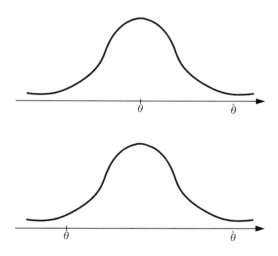

[그림 7.1] 불편추정량과 편의추정량의 분포

예제 모평균 μ, 모분산 σ^2인 모집단에서 확률표본 X_1, X_2, X_3를 추출하였다. 다음은 모평균 μ의 추정량이다.

$$\widehat{\mu_1} = \frac{1}{3}(X_1 + \cdots + X_3)$$

$$\widehat{\mu_2} = \frac{1}{4}(X_1 + 2X_2 + X_3)$$

$$\widehat{\mu_3} = \frac{1}{3}(2X_1 + X_2 + X_3)$$

이때 모평균 μ의 불편추정량은 어떤 것인가?

[풀이]

$$E(\widehat{\mu_1}) = \mu$$

$$E(\widehat{\mu_2}) = \mu$$

$$E(\widehat{\mu_3}) = \frac{4}{3}\mu$$

이므로, $\widehat{\mu_1}$, $\widehat{\mu_2}$은 μ의 불편추정량, $\widehat{\mu_3}$은 μ의 불편추정량이 아닌 편의추정량이 된다. □

불편성은 추정량의 좋은 특징임에 틀림없지만, 그 추정량이 모수의 참값을 기준으로 얼마나 가까이 분포하는 지에 대하여 아무런 정보도 주지 못한다. [그림 7.2]에서 모수 θ에 대한 두 불편추정량 $\hat{\theta}_1$, $\hat{\theta}_2$의 분포 그림을 보여준다.

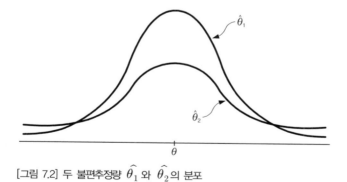

[그림 7.2] 두 불편추정량 $\hat{\theta}_1$와 $\hat{\theta}_2$의 분포

이 그림에서 추정량 $\hat{\theta}_1$의 분포가 $\hat{\theta}_2$에 비해 θ 주변에 밀집해 있으므로, 추정량 $\hat{\theta}_1$

가 $\widehat{\theta_2}$에 비해 더 정확하다고 할 수 있다. 이와 같이 산포의 정도를 재는 측도로 추정량의 표준편차를 사용하는데, 이를 추정량의 표준오차(SE, standard error)라고 정의한다. 여기에서 표준편차란 분산의 양의 근호이다.

정의 두 불편추정량 $\widehat{\theta_1}$, $\widehat{\theta_2}$에 대해

$$SE(\widehat{\theta_1}) < SE(\widehat{\theta_2})$$

이면, 추정량 $\widehat{\theta_1}$이 $\widehat{\theta_2}$보다 유효(efficient)하다고 정의한다.

예제 앞의 예에서 두 불편추정량 $\widehat{\mu_1}$, $\widehat{\mu_2}$ 중에서 더 유효한 것은?

풀이 두 추정량의 표준오차를 각각 구한다.

$$V(\widehat{\mu_1}) = \frac{1}{9}(V(X_1) + V(X_2) + V(X_3)) = \frac{\sigma^2}{3}$$

$$V(\widehat{\mu_2}) = \frac{1}{16}(V(X_1) + 4V(X_2) + V(X_3)) = \frac{3}{8}\sigma^2$$

따라서

$$SE(\widehat{\mu_1}) = \sqrt{V(\widehat{\mu_1})} = \frac{\sigma}{\sqrt{3}} < SE(\widehat{\mu_2}) = \sqrt{V(\widehat{\mu_2})} = \sigma\sqrt{\frac{3}{8}}$$

이므로, 불편추정량 $\widehat{\mu_1}$이 $\widehat{\mu_2}$보다 더 유효하다. □

점추정법의 단점을 보완하여 분포 또는 오차의 개념을 도입한 추정법이 구간추정(interval estimation)이다. 즉 모수 θ의 값이 어떤 구간 내에 위치할 것이라고 예측하는 것이다.

정의 일반적으로 어떤 모수 θ에 대하여 두 통계량 L, U가 있어

$$P\{L(X_1, \cdots, X_n) < \theta < U(X_1, \cdots, X_n)\} = 1 - \alpha$$

가 성립하면, 구간

$$(L(X_1,\cdots,X_n),\, U(X_1,\cdots,X_n))$$

을 θ의 $100(1-\alpha)\%$ 신뢰구간(confidence interval)이라 정의한다. $L(X_1,\cdots,X_n)$을 신뢰구간의 하한(lower limit), $U(X_1,\cdots,X_n)$을 신뢰구간의 상한(upper limit)이라 하며, $(1-\alpha)$를 신뢰구간에 대한 신뢰수준(level of confidence)이라 부른다.

7.1 점추정

모집단의 모수인 모평균 μ, 모비율 p, 모분산 σ^2, 모표준편차 σ에 대한 점추정에 대하여 생각해 보자.

(1) 모평균의 추정

모평균을 추정하기 위하여, 모집단에서 추출한 표본의 표본평균을 사용함이 일반적이다. 무한 모집단인 경우 모평균 μ, 모분산 σ^2일 때 표본평균 $\overline{X} = \dfrac{1}{n}\sum_{i=1}^{n} X_i$의 기댓값과 분산은 다음과 같다.

$$E(\overline{X}) = \mu$$

$$V(\overline{X}) = \frac{\sigma^2}{n}$$

즉 $\overline{X}$는 모평균 μ의 불편추정량이고, $\overline{X}$의 분산은 모분산의 $1/n$로 적어진다. 또한 $\overline{X}$의 표준오차는

$$SE(\overline{X}) = \frac{\sigma}{\sqrt{n}}$$

이며, 여기에서 σ는 모표준편차이다.

모표준편차 σ에 관한 정보가 없거나 그 값을 모른다면 표본표준편차

$$s = \sqrt{\dfrac{\displaystyle\sum_{i=1}^{n}(X_i - \overline{X})^2}{n-1}}$$

를 이용하여 모표준편차 σ를 추정한다. 따라서 $\overline{X}$의 표준오차의 추정값은 다음과 같다.

$$\widehat{SE}(\overline{X}) = \dfrac{s}{\sqrt{n}}$$

이상을 다음과 같이 요약한다.

평균 μ, 분산 σ^2인 모집단에서 확률표본 $X_1, \cdots, X_n$을 추출하였을 때 모평균 μ의 추정량 $\overline{X}$의 성질

추정량 $\hat{\mu} = \overline{X}$

추정량의 기댓값 $E(\overline{X}) = \mu$

표준오차 $SE(\overline{X}) = \sigma/\sqrt{n}$

표준오차의 추정량 $\widehat{SE}(\overline{X}) = s/\sqrt{n}$

$\overline{X}$의 분포는 μ를 중심으로 대칭이며, 표준편차는 $\dfrac{\sigma}{\sqrt{n}}$이므로 μ를 중심으로 밀집된 분포를 나타낸다.

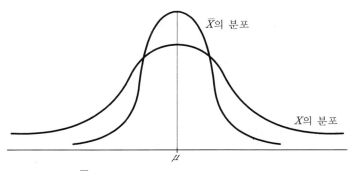

[그림 7.1.1] X와 $\overline{X}$의 분포

예제 어느 회사 제품의 테니스 라켓 무게는 275g이라고 표시되어 있다. 이 회사 제품 10개의 라켓을 랜덤하게 골라 다음과 같은 자료를 얻었다. 라켓의 평균 무게와 표준오차를 각각 추정하라.

[표 7.1.1] 테니스 라켓의 무게

274	275	280	277	272	270	278	271	279	276

풀이 이 자료로부터 표본평균 $\overline{X}$와 표본표준편차 S를 구해보면

$$\overline{X} = \frac{1}{n}\sum_{i=1}^{n} X_i = \frac{2752}{10} = 275.2$$

$$S = \sqrt{\frac{1}{n-1}\sum(X_i - \overline{X})^2} = \sqrt{\frac{1}{9}\left(\sum X_i^2 - 10\overline{X}^2\right)} = 3.425$$

이므로, 모평균과 모표준오차의 추정값은 다음과 같다.

$$\hat{\mu} = \overline{X} = 275.2$$

$$\widehat{SE}(\overline{X}) = \frac{S}{\sqrt{n}} = \frac{3.425}{\sqrt{10}} = 1.083$$

□

(2) 모비율의 추정

지지율, 성공률, 명중률과 같은 모집단의 특정한 속성인 모비율 p에 대한 추정을 하려 한다. 무한 모집단에서 크기 n인 표본을 추출하여 특정 속성이 있는 표본의 개수를 X라 하면, X는 이항분포 $B(n, p)$를 따르므로

$$E(X) = np$$

$$V(X) = np(1-p)$$

이다. 이때 모비율 p의 추정량으로 표본비율 $\hat{p}$

$$\hat{p} = \frac{X}{n}$$

를 주로 사용한다. 그런데

$$E(\hat{p}) = E(\frac{X}{n}) = \frac{E(X)}{n} = p$$

$$V(\hat{p}) = V(\frac{X}{n}) = \frac{V(X)}{n^2} = \frac{p(1-p)}{n}$$

이므로, 모비율 p의 값을 모르는 경우 표본비율의 표준오차의 추정값은 다음과 같다.

$$\widehat{SE}(\hat{p}) = \sqrt{\frac{\hat{p}(1-\hat{p})}{n}}$$

만약 x_i를 다음과 같이 정의하면,

$$x_i = \begin{cases} 1 & \text{만약 특정 속성이 있다면} \\ 0 & o.w \end{cases}$$

표본비율 $\hat{p}$는 표본평균 $\overline{x} = \sum_{i=1}^{n} x_i/n$이 됨에 유의하라.

모비율 p인 모집단에서 확률표본 $X_1, \cdots, X_n$을 추출하였을 때 모비율 p의 추정
값인 표본비율 $\hat{p}$의 성질은 다음과 같다.

추정량 $\hat{p} = \dfrac{\sum_{i=1}^{n} X_i}{n} = \dfrac{X}{n}$

추정량의 기댓값 $E(\hat{p}) = p$

표준오차 $SE(\hat{p}) = \sqrt{\dfrac{p(1-p)}{n}}$

표준오차의 추정량 $\widehat{SE}(\hat{p}) = \sqrt{\dfrac{\hat{p}(1-\hat{p})}{n}}$

예제   보건 관계자가 어느 도시 20세 이상 남성의 흡연율을 조사하기 위해, 크기 $n = 100$
인 표본을 추출하였다. 흡연자 수를 조사한 결과 $n_1 = 30$명으로 나타났다. 흡연율

의 추정값과 그 표준오차를 구하라.

[풀이] 흡연률 p의 추정값과 그 표준오차의 추정값은

$$\hat{p} = \frac{X}{n} = \frac{30}{100}$$

$$\widehat{SE}(\hat{p}) = \sqrt{\frac{\hat{p}(1-\hat{p})}{n}} = \sqrt{\frac{0.3(1-0.3)}{100}} = 0.0458$$

이다. $\square$

(3) 모분산의 추정

모집단의 흩어진 정도를 나타내는 모분산 σ^2의 추정값으로 표본분산 S^2

$$S^2 = \frac{1}{n-1} \sum_{i=1}^{n} (X_i - \overline{X})^2$$

을 주로 사용한다. S^2의 기댓값 $E(S^2)$은

$$
\begin{aligned}
E(S^2) &= E\left[\frac{1}{n-1} \sum_{i=1}^{n} (X_i - \overline{X})^2 \right] \\
&= \frac{1}{n-1} E\left[\sum_{i=1}^{n} \{ X_i - \mu - (\overline{X} - \mu) \}^2 \right] \\
&= \frac{1}{n-1} E\left[\sum (X_i - \mu)^2 - n(\overline{X} - \mu)^2 \right] \\
&= \frac{1}{n-1} (n\sigma^2 - n \cdot \frac{\sigma^2}{n}) = \sigma^2
\end{aligned}
$$

이므로, S^2은 σ^2의 불편추정량이 된다.

한편 모표준편차 σ의 추정량으로 표본표준편차 S를 사용하지만, S의 기댓값 $E(S)$는

$$E(S) < \sigma$$

이므로, σ의 불편추정량은 아니다. 표본크기 n이 커짐에 따라 편의는 무시할 정도

임이 알려져 있다.

모분산 σ^2인 모집단에서 확률표본 $X_1, \cdots, X_n$을 추출하였을 때 모분산 σ^2의 추정량인 표본분산 S^2의 성질은 다음과 같다.

표본분산 $\quad \widehat{\sigma^2} = S^2 = \dfrac{1}{n-1} \sum_{i=1}^{n} (X_i - \overline{X})$

추정량의 기댓값 $\quad E(S^2) = \sigma^2$

표본표준편차 $\quad \hat{\sigma} = S$

$$E(S) < \sigma$$

예제   [표 7.1.1]의 테니스라켓 예에서 모분산 σ^2과 모표준편차 σ의 추정값을 각각 구하라.

풀이   모분산의 추정값은 표본분산 S^2이고, 모표준편차의 추정값은 표본표준편차 S이다. 따라서

$$\widehat{\sigma^2} = S^2 = 11.73$$

$$\hat{\sigma} = S = 3.425$$

이다.   □

7.2   구간추정

모집단의 모수인 모평균 μ, 모비율 p, 모분산 σ^2 등에 대한 구간추정에 대하여 알아보자.

(1) 모평균의 구간추정

모평균을 추정하기 위하여 표본평균 $\overline{X}$을 사용함은 이미 밝힌 바 있다. 무한 모집단에서의 $\overline{X}$의 기댓값과 분산은

$$E(\overline{X}) = \mu$$

$$V(\overline{X}) = \frac{\sigma^2}{n}$$

이므로, 모분산 σ^2의 값이 주어졌거나 그렇지 않은 경우로 나누어 본다. 또한 표본크기 n의 값이 크면 모집단의 분포가 주어지지 않았더라도 중심극한정리에 의해 표본평균 $\overline{X}$가 정규분포함을 이용할 수 있으므로 표본의 크기 n에 따라 나누어 구간추정하여 보자.

1. 모집단이 정규분포이고, 모분산 σ^2이 기지일 때
2. 모집단이 정규분포이고, 모분산 σ^2이 미지일 때
3. 표본크기 n이 큰 경우

1. 모집단이 정규분포이고, 모분산 σ^2이 기지일 때

평균 μ, 분산 σ^2인 정규모집단에서 확률표본 $X_1, \cdots, X_n$을 추출하였을 때, 표본평균 $\overline{X}$는

$$\overline{X} \sim N(\mu, \frac{\sigma^2}{n})$$

이므로, 이를 표준화한 확률변수 Z는

$$Z = \frac{\overline{X} - \mu}{\sigma / \sqrt{n}} \sim N(0, 1)$$

이다. 따라서 유의수준 α에 따른 $Z_{\alpha/2}$를 부록에서 구하면

$$P(-Z_{\alpha/2} \leq Z = \frac{\overline{X} - \mu}{\sigma / \sqrt{n}} \leq Z_{\alpha/2}) = 1 - \alpha$$

이고, 이를 정리하여 다음 식을 얻는다.

$$P(\overline{X} - Z_{\alpha/2}\frac{\sigma}{\sqrt{n}} \leq \mu \leq \overline{X} + Z_{\alpha/2}\frac{\sigma}{\sqrt{n}}) = 1 - \alpha$$

그러므로 모평균 μ의 $100(1-\alpha)\%$ 신뢰구간은

$$(\overline{X} - Z_{\alpha/2}\frac{\sigma}{\sqrt{n}} \, , \, \overline{X} + Z_{\alpha/2}\frac{\sigma}{\sqrt{n}})$$

이다.

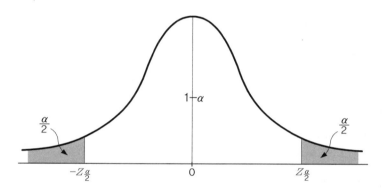

[그림 7.2.1] α에 따른 $Z_{\alpha/2}$

2. 모집단이 정규분포이고, 모분산 σ^2이 미지일 때

소표본이고 모분산 σ^2을 모르는 경우 σ^2의 추정값으로 표본분산 S^2을 사용하면

$$T = \frac{\overline{X} - \mu}{s/\sqrt{n}} \sim t(n-1)$$

임을 언급한 바 있다. 따라서 자유도 $n-1$과 유의수준 α에 따른 $t(n-1:\frac{\alpha}{2})$를 부록에서 구하여 다음 식을 얻는다.

$$P(-t(n-1:\frac{\alpha}{2}) \leq T = \frac{\overline{X} - \mu}{s/\sqrt{n}} \leq t(n-1:\frac{\alpha}{2})) = 1 - \alpha$$

이를 정리하면

$$P(\overline{X} - t(n-1:\frac{\alpha}{2})\frac{s}{\sqrt{n}} \leq \mu \leq \overline{X} + t(n-1:\frac{\alpha}{2})\frac{s}{\sqrt{n}}) = 1 - \alpha$$

이므로, 모평균 μ의 $100(1-\alpha)\%$ 신뢰구간은 다음과 같다.

$$(\overline{X} - t(n-1:\frac{\alpha}{2})\frac{s}{\sqrt{n}} , \overline{X} + t(n-1:\frac{\alpha}{2})\frac{s}{\sqrt{n}})$$

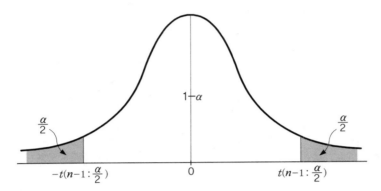

[그림 7.2.2] α에 따른 $t(n-1:\frac{\alpha}{2})$

3. 표본크기 n이 큰 경우

표본크기 n이 충분히 큰 대표본인 경우, 모집단의 분포를 모르는 경우에도 중심극한
정리에 의해 근사적으로

$$\overline{X} \simeq N(\mu, \frac{\sigma}{\sqrt{n}})$$

이므로, 모분산 σ^2을 모르는 경우 σ^2의 추정값으로 표본분산 S^2을 사용하면

$$\frac{\overline{X} - \mu}{s/\sqrt{n}} \simeq N(0,1)$$

이다. 따라서 유의수준 α에 따른 $Z_{\alpha/2}$를 구하면

$$P(-Z_{\alpha/2} \leq \frac{\overline{X} - \mu}{s/\sqrt{n}} \leq Z_{\alpha/2}) = 1 - \alpha$$

이고, 이를 정리하면 다음과 같다.

$$P(\overline{X} - Z_{\alpha/2}\frac{s}{\sqrt{n}} \le \mu \le \overline{X} + Z_{\alpha/2}\frac{s}{\sqrt{n}}) = 1 - \alpha$$

그러므로 모평균 μ의 $100(1 - \alpha)\%$ 신뢰구간은

$$(\overline{X} - Z_{\alpha/2}\frac{s}{\sqrt{n}}\,,\,\overline{X} + Z_{\alpha/2}\frac{s}{\sqrt{n}})$$

이다.

평균 μ, 분산 σ^2인 모집단에서 확률표본 $X_1, \cdots, X_n$을 추출하였을 때, 모평균 μ의 $100(1 - \alpha)\%$ 신뢰구간은 다음과 같다.

1. 모집단이 정규분포이고, 모분산 σ^2이 기지일 때

$$(\overline{X} - Z_{\alpha/2}\frac{\sigma}{\sqrt{n}}\,,\,\overline{X} + Z_{\alpha/2}\frac{\sigma}{\sqrt{n}})$$

2. 모집단이 정규분포이고, 모분산 σ^2이 미지일 때

$$(\overline{X} - t(n - 1 : \frac{\alpha}{2})\frac{s}{\sqrt{n}}\,,\,\overline{X} + t(n - 1 : \frac{\alpha}{2})\frac{s}{\sqrt{n}})$$

3. 표본크기 n이 큰 경우

$$(\overline{X} - Z_{\alpha/2}\frac{s}{\sqrt{n}}\,,\,\overline{X} + Z_{\alpha/2}\frac{s}{\sqrt{n}})$$

[예제] (위의 예에서 연속)

어느 회사 제품의 테니스 라켓 10개를 랜덤하게 골라 조사한 결과, 평균과 표준편차가 각각 다음과 같았다(테니스 라켓 무게는 정규분포를 한다고 가정함).

$$\overline{X} = 275.2$$
$$s = 3.425$$

이 회사의 테니스 라켓 평균 무게에 대한 95% 신뢰구간을 구하라.

[풀이] 모집단이 정규분포이고 모분산 σ^2이 미지인 경우이므로, 유의수준 $\alpha = 0.05$ 에 대한 모평균 μ의 95% 신뢰구간은 다음과 같다.

$$\bar{x} \pm t(n-1:\frac{\alpha}{2})\frac{s}{\sqrt{n}} = \bar{x} \pm t(9:0.025)\frac{s}{\sqrt{10}}$$

$$= 275.2 \pm 2.262\frac{3.425}{\sqrt{10}}$$

$$= (272.75 \, , \, 277.65) \qquad \square$$

[예제] 어느 대학교 신입생의 한 달 평균 용돈(원)이 얼마인 가를 조사하기 위해, $n = 49$명의 학생을 랜덤하게 추출하여 계산한 결과 평균과 표준편차가 각각 다음과 같았다.

$$\bar{x} = 450000$$
$$s = 90000$$

이 학교 신입생들의 한 달 평균 용돈의 99% 신뢰구간을 구하라.

[풀이] $n = 49$명의 대표본이므로 신입생의 한 달 용돈은 근사적으로 정규분포함을 이용할 수 있다. 따라서 유의수준 $\alpha = 0.01$에서 μ의 99% 신뢰구간은 다음과 같다.

$$\bar{x} \pm Z_{\alpha/2}\frac{s}{\sqrt{n}} = 450000 \pm (2.58)\frac{90000}{\sqrt{49}}$$

$$= (413286 \, , \, 486714) \qquad \square$$

(2) 모비율의 구간추정

모비율 p인 모집단에서 크기 n인 표본을 추출하였을 때 특정 속성이 있는 표본의 개수를 X라 하면, X는 이항분포함을 앞에서 다루었다. 따라서 n이 충분히 클 때, X의 분포는 근사적으로

$$X \simeq N(np \, , \, np(1-p))$$

이므로, 표본비율 $\hat{p} = \dfrac{X}{n}$의 분포는 다음과 같다.

$$\hat{p} \simeq N(p, \frac{p(1-p)}{n})$$

n이 충분히 클 때 이를 표준화한 확률변수 Z의 분포는 근사적으로

$$Z = \frac{\hat{p} - p}{\sqrt{\dfrac{p(1-p)}{n}}} \simeq N(0, 1)$$

이다. 그런데 n이 충분히 큰 경우 $\hat{p}$와 p는 비슷할 가능성이 높으므로

$$Z = \frac{\hat{p} - p}{\sqrt{\dfrac{\hat{p}(1-\hat{p})}{n}}} \simeq N(0, 1)$$

이며, 유의수준 α에 따른 $Z_{\alpha/2}$를 구하면

$$P(-Z_{\alpha/2} \leq Z = \frac{\hat{p} - p}{\sqrt{\dfrac{\hat{p}(1-\hat{p})}{n}}} \leq Z_{\alpha/2}) = 1 - \alpha$$

이고, 이를 정리하여 다음 식을 얻는다.

$$P(\hat{p} - Z_{\alpha/2}\sqrt{\frac{\hat{p}(1-\hat{p})}{n}} \leq p \leq \hat{p} + Z_{\alpha/2}\sqrt{\frac{\hat{p}(1-\hat{p})}{n}}) = 1 - \alpha$$

그러므로 모비율 p의 $100(1-\alpha)\%$ 신뢰구간은

$$(\hat{p} - Z_{\alpha/2}\sqrt{\frac{\hat{p}(1-\hat{p})}{n}}, \; \hat{p} + Z_{\alpha/2}\sqrt{\frac{\hat{p}(1-\hat{p})}{n}})$$

이다.

표본크기 n이 충분히 클 경우, 모비율 p의 $100(1-\alpha)\%$ 신뢰구간은 다음과 같다.

$$(\hat{p} - Z_{\alpha/2}\sqrt{\frac{\hat{p}(1-\hat{p})}{n}}, \; \hat{p} + Z_{\alpha/2}\sqrt{\frac{\hat{p}(1-\hat{p})}{n}})$$

[예제] 2003년도 기록에 의하면 이승엽 선수는 타석 479번 중 144개의 안타를 만들었다. 이승엽 선수의 평균 타율의 추정값과 95% 신뢰구간을 구하라.

[풀이] 확률변수 X를 $n = 479$번의 타석 중 안타의 수라 놓으면,
평균타율 p의 추정값은

$$\hat{p} = \frac{X}{n} = \frac{144}{479} = 0.301$$

이고, 95% 신뢰구간은 다음과 같다.

$$\hat{p} \pm Z_{\alpha/2} \sqrt{\frac{\hat{p}(1-\hat{p})}{n}} = 0.301 \pm 1.96 \sqrt{\frac{0.301(1-0.301)}{479}}$$

$$= (0.259 , 0.342)$$ □

(3) 모분산의 구간추정

어떤 공정에서 생산물의 특성값이 정해진 한계값을 넘지 않아야 되는 경우가 종종 있다. 또는 야구 선수의 평균타율이 동일하더라도 게임마다 편차 또는 변동이 큰 선수가 있게 마련이다.

이런 경우 모분산에 대한 추론이 중요할 수 있다. 모분산의 추론을 위하여 모집단의 정규성을 가정하여야 한다.

모분산 σ^2의 추론을 위하여 표본분산 S^2

$$S^2 = \frac{\sum(X_i - \overline{X})^2}{n-1}$$

을 이용하는 바, 표본분산에 적당한 값을 곱하여 변화시키면

$$\chi_0^2 = \frac{\sum(X_i - \overline{X})^2}{\sigma^2} = \frac{(n-1)S^2}{\sigma^2}$$

은 자유도 $n-1$인 카이제곱분포를 한다. 따라서 적당한 양수의 α에 대하여

$$P(\chi^2(n-1:1-\alpha/2) \leq \chi_0^2 \leq \chi^2(n-1:\alpha/2)) = 1-\alpha$$

이다. 이를 정돈하면

$$P\left[\frac{(n-1)S^2}{\chi^2(n-1:\alpha)}\right) < \sigma^2 < \frac{(n-1)S^2}{\chi^2(n-1:1-\alpha/2)}\right] = 1-\alpha$$

이므로, 모분산 σ^2에 대한 100(1-α)% 신뢰구간은 다음과 같다.

$$\left(\frac{(n-1)S^2}{\chi^2(n-1:\alpha/2)}, \frac{(n-1)S^2}{\chi^2(n-1:1-\alpha/2)}\right)$$

모집단이 정규분포를 할 때, 모분산 σ^2의 100(1-α)% 신뢰구간

$$\left(\frac{(n-1)S^2}{\chi^2(n-1:\alpha/2)}, \frac{(n-1)S^2}{\chi^2(n-1:1-\alpha/2)}\right)$$

[예제] 다음은 어떤 품종의 애완견 15마리의 수명을 기록한 것이다. 애완견의 수명은 정규분포임을 가정하였을 때, 모분산 σ^2의 95% 신뢰구간을 구하라(단위: 년).

[표 7.2.1] 15마리 애완견의 수명

14.3	13.7	15.0	14.1	12.7	16.3	18.2	15.4
12.0	15.3	16.0	13.2	12.5	14.6	15.8	

[풀이] 표본크기 $n=15$, 표본분산 $s^2 = \frac{1}{n-1}\sum(X_i-\overline{X})^2 = 2.745$이므로, 모분산 σ^2의 95% 신뢰구간은

$$\left(\frac{(n-1)S^2}{\chi^2(n-1:0.025)}, \frac{(n-1)S^2}{\chi^2(n-1:1-0.025)}\right)$$

$$= \left(\frac{(15-1)2.745^2}{26.119}, \frac{(15-1)2.745^2}{5.62872}\right) = (4.039, 18.741)$$

임을 알 수 있다. □

표본크기의 결정

앞에서는 주어진 표본의 자료를 이용하여 모수를 추정하는 문제를 다루었다. 그렇지만 표본조사 또는 연구에서 '적정한 표본의 크기가 얼마인가?'라는 의문이 종종 발생한다. 적정 표본크기는 표본조사 또는 연구의 목적에 근거하여 구하여야 할 것이다.

다음에 모평균과 모비율의 구간추정에서 표본크기를 구하는 방법을 알아보도록 한다.

(1) 모평균 추정에서의 표본크기

앞에서 다룬 표준오차와 신뢰구간의 공식을 보면, 대부분 분모에 $\sqrt{n}$ 항이 있다. 따라서 표본크기 n이 증가하면, 표준오차는 감소하며 신뢰구간의 길이는 짧아져 더욱 정밀하게 된다. 하지만 n이 커지면 자료를 구하거나 다룰 때 비용도 많이 들고 시간이 많이 소요되는 단점도 있다.

모분산 σ^2이 알려진 경우, 모평균 μ의 추정값인 표본평균 $\overline{X}$의 분포는 대표본인 경우 근사적으로

$$\overline{X} \simeq N(\mu, \frac{\sigma^2}{n})$$

임을 다룬 바 있다. 표본분포는 [그림 7.3.1]에 주어졌다.

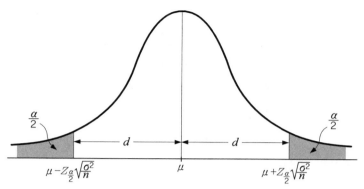

[그림 7.3.1] 표본평균의 표본분포

d는 모평균 μ에서의 거리를 나타내며 유의수준 α에 대해 다음과 같다.

$$d = Z_{\alpha/2} \frac{\sigma}{\sqrt{n}}$$

여기에서 d는 정밀도(precision) 또는 오차의 한계(limit of error)라고 정의하며, n을 크게 하면 원하는 만큼 길이를 정밀하게 할 수 있다. 만약 $Z_{\alpha/2} = 1.96$이라면 모든 표본평균 중 95%가 모평균 μ의 1.96 표분오차 내에 포함될 것임을 의미한다. 위의 식을 n에 관하여 정리하면

$$n = (\frac{Z_{\alpha/2}\, \sigma}{d})^2$$

이며, 미지의 모수인 σ^2은 예비표본(pilot sample)의 표본분산 또는 다른 사전 정보를 이용하여 추정할 수 있다.

모평균 추정에서의 표본크기

모분산 σ^2이 기지일 때, 모평균 μ의 추정에서 $100(1-\alpha)\%$의 신뢰로 오차한계가 d인 표본크기는 다음과 같다.

$$n = (\frac{Z_{\alpha/2} \cdot \sigma}{d})^2$$

[예제] 신경안정제로 많이 사용하는 의약품 30정 한 세트의 평균 소매가를 추정하기 위해 시중 약국을 랜덤으로 선택할 예정이다. 95%의 신뢰로 추정 소매가와 모평균인 평균 소매가의 차이를 200(원) 이내로 하고자 한다. 예비표본에 근거하여 평균 소매가의 표준편차 σ를 1000으로 추정하였을 때, 몇 개의 시중 약국을 선택하여야 하나?

[풀이] 위의 공식을 사용하면

$$n = (\frac{Z_{\alpha/2}\,\sigma}{d})^2 = (\frac{1.96 \times 1000}{200})^2$$

$$= 96.04$$

이므로, 표본크기 n은 97 이상이어야 한다. □

(2) 모비율 추정에서의 표본크기

미지의 모비율 p 에 대하여, 표본비율 $\hat{p}$의 표본분포는 n이 크면 근사적으로

$$\hat{p} \simeq N(p, \frac{p(1-p)}{n})$$

이다. 정밀도 d를 모비율 p에서의 거리라고 하면

$$d = Z_{\alpha/2} \sqrt{\frac{p(1-p)}{n}}$$

이므로, 만약 $Z_{\alpha/2} = 1.96$이라면 모든 표본비율 중 95%가 모비율 p의 1.96 표준오차 내에 포함될 것임을 의미한다. n에 관하여 정리하면

$$n = (\frac{Z_{\alpha/2} \sqrt{p(1-p)}}{d})^2$$

이며, 미지의 모수 p는 예비표본의 표본분산 또는 다른 사전 정보를 이용하여 추정할 수 있다. 만약 p에 대한 추정값을 구할 수 없는 경우에는, $p(1-p)$의 최대값인 1/4을 대입하면 가장 큰 표본크기를 구하게 된다.

> **모비율 추정에서의 표본크기**
>
> 모비율 p의 추정에서 $100(1-\alpha)\%$의 신뢰로 오차한계가 d인 표본크기는 다음과 같다.
>
> 1. p의 추정값이 $\hat{p}$인 경우
> $$n = \left(\frac{Z_{\alpha/2}\sqrt{\hat{p}(1-\hat{p})}}{d}\right)^2$$
>
> 2. p에 대한 정보가 없을 시
> $$n = \frac{1}{4}\left(\frac{Z_{\alpha/2}}{d}\right)^2$$

예제 2006년 전국의 대학생 흡연율을 조사한 결과 흡연율의 추정값이 0.43이었다. 만약 95%의 신뢰수준으로 오차한계가 3% 이내가 되게 하려면 표본크기를 얼마로 하여야 하나?

풀이 평균흡연율 p의 추정값으로 표본비율 $\hat{p}=0.43$을 사용하면

$$n = \left(\frac{Z_{\alpha/2}\sqrt{\hat{p}(1-\hat{p})}}{d}\right)^2 = \left(\frac{1.96\sqrt{0.43(1-0.43)}}{0.03}\right)^2$$

$$= 1046.2$$

이므로, 최소한 표본크기는 1047 이상이다. 만일 p에 대한 정보가 없다면

$$n = \left(\frac{1.96\sqrt{0.5(1-0.5)}}{0.03}\right)^2$$

$$= 1067.1$$

이므로, 최소한 표본크기는 1068이다. □

실습   15마리 애완견의 수명을 기록한 자료 [표 7.2.1]를 이용하여 다음 질문에 답하라. 애완견의 수명은 정규분포임을 가정하였을 때, 모평균 μ의 95% 신뢰구간을 구하라.

풀이   SPSS 데이터 편집기에서 변수 maltese를 가진 maltese.sav를 생성한다. [그림 7.4.1]의 데이터 편집기 메뉴에서 **분석 → 평균 비교 → 일표본 T검정**을 클릭하여 [그림 7.4.2]의 일표본 T검정 대화상자를 구한 후 변수 maltese를 검정변수 항으로 옮긴다. **〈확인〉**을 클릭하면, SPSS 뷰어 창 화면이 새로 생기면서 결과가 출력된다.

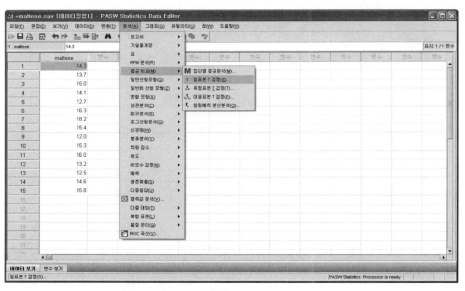

[그림 7.4.1] 신뢰구간을 구하기 위한 명령

[그림 7.4.2] 일표본 T검정 대화상자

일표본 통계량

	N	평균	표준편차	평균의 표준오차
maltese	15	14.607	1.6568	.4278

일표본 T-검정

	검정값 = 0					
					차이의 95% 신뢰구간	
	t	자유도	유의확률(양쪽)	평균차	하한	상한
maltese	34.145	14	.000	14.6067	13.689	15.524

출력 결과에 있는 '차이의 95% 신뢰구간'인 (13.689, 15.524)가 모평균 μ의 95% 신뢰구간이다.　　　　　　　　　　　　　　　　　　　　　　　　　　　　□

1. 습관적으로 조깅하는 사람들의 육체적 조건을 측정하기 위하여 $n = 20$명을 랜덤하게 선택하여 그들의 최대 산소 섭취량(VO_2 max ; maximum volume oxygen)을 측정하였다.

그 결과가 다음과 같을 때,

$$\overline{x} = 47.5 \ \text{mL/kg}$$
$$s = 4.8 \ \ \text{mL/kg}$$

모평균 μ에 대한 95% 신뢰구간을 구하라(단, 최대 산소 섭취량은 정규분포임을 가정한다).

2. 운동을 규칙적으로 하지 않는 사람들의 육체적 조건을 측정하기 위하여 $n = 36$명을 랜덤하게 선택하여 최대 산소 섭취향(VO_2 max)를 측정하였다.

그 결과 다음과 같을 때,

$$\overline{x} = 37.5 \ \text{ml/kg}$$
$$s = 5.1 \ \ \text{ml/kg}$$

모평균 μ에 대한 90% 신뢰구간을 구하라(단, 최대 산소 섭취량은 정규분포를 따른다고 가정한다).

3. 어느 도시의 성인 흡연율은 $P = 0.4$ 정도인 것으로 알려졌다. 크기 $n = 100$ 표본을 뽑았을 때, 표본비율 $\hat{P}$이 0.35와 0.45 사이에 있을 확률을 구하라.

4. 보건복지가족부에 의하면 2009년 상반기 성인 남자의 흡연율은 41%라고 한다. 하반기 흡연율을 측정하기 위한 95% 오차의 한계가 3% 이내가 되기 위한 표본의 크기를 구하라.

5. 중년에 담배를 피울 경우 늙어 치매로 고통 받을 확률이 높아지는 것으로 나타났다. 노인 400명을 랜덤으로 뽑아 조사한 결과, 중년에 흡연한 164명 중 121명이 치매로 고통 받고 있음이 밝혀졌다. 치매에 걸릴 확률의 95% 신뢰구간을 구하라.

6. 남아 신생아 체중에 관한 연구에서 12명의 자료가 다음과 같다(단, 신생아 체중은 정규분포임을 가정한다).

3.1	2.7	3.5	3.3	2.9	3.0
3.6	3.8	3.2	3.3	2.7	3.1

모분산 σ^2이 0.9로 주어졌을 때, 남아 신생아 평균 체중의 90% 신뢰구간을 구하라.

7. LDL 콜레스테롤(low-density-lipoprotein cholesterol)을 관리하기 위하여 운동 - 식이요법이 효과가 있다고 한다. 14명의 남자를 랜덤으로 선택하여 이 요법을 일정 기간 적용한 후, LDL 콜레스테롤의 감소량을 조사한 결과가 다음과 같다(단, LDL 콜레스테롤 감소량은 정규분포를 따른다).

4.61	6.42	5.40	4.54	3.98
3.82	5.01	4.34	3.80	4.56
5.35	3.89	2.25	4.24	

LDL 콜레스테롤(mmol/L) 감소량의 95% 신뢰구간을 구하라.

8. 어느 도시 성인 남녀의 LDL 콜레스테롤(mmol/L)의 평균을 추정하려고 한다. 과거의 자료에 의하면 표준편차는 5.23이라고 한다. 95% 오차 한계가 1(mmol/L)이 내가 되려면 표본크기는 얼마인가?

9. 체질량지수(body mass index)란 체중(kg)을 키(m)의 제곱으로 나눈 값이며, 지방의 양을 측정하는 일종의 비만 측정법이다. 진성당뇨가 있는 중년 남성 중 랜덤으로 선택한 49명의 체질량지수의 평균 $\bar{x}$은 25kg/m^2, 표준편차 s는 2.7kg/m^{2}이었다. 이때 중년 남성의 평균 체질량지수의 95% 신뢰구간을 구하라.

8장

통계적 가설검정

통계적 추론에서 모수에 관한 추정과 구간추정은 앞에서 다루었고, 또 다른 추론으로 통계적 가설검정(statistical hypothesis test)에 대하여 알아보기로 한다. 통계적 가설검정 또는 검정이란 모집단의 미지의 모수에 대한 주장, 추론 또는 예측 등을 모집단에서 추출한 표본에 근거하여 어떤 결정을 내리는 과정이다. 다음의 예를 통하여 설명하기로 한다.

예 1 2008년 어느 지역의 가구당 월 평균 수입은 '340'만 원이라는 통계조사기관의 발표가 있었다.

예 2 2006년 어느 지역 대학생의 평균 흡연율이 '0.43'이라고 한국건강관리협회에서 발표하였다.

예 3 어느 피고인이 법정에서 자신의 무죄를 주장하였다.

정의 이와 같은 모수에 대한 주장이나 발표, 진술 등을 가설(hypothesis)이라 정의한다.

위의 (예 1)에 대하여 다음과 같은 가설을 세운다.

$$H_0 : \mu = 340 \quad vs \quad H_1 : \mu \neq 340$$

여기에서 H_0를 귀무가설(null hypothesis), H_1을 귀무가설에 대한 대립가설(alternative hypothesis)이라 한다. 귀무가설 H_0는 대립가설과 상반되는 것으로, 모수 간에 차이가 없거나 관련성이 없는 경우를 지칭하는 경우가 많다. 귀무가설를 기각할 만한 충분한 이유가 있어야만 귀무가설을 기각하여 대립가설을 채택하게 되므로, 귀무가설을 기각하지 않았더라도 꼭 귀무가설이 옳다는 검정을 한 것은 아니다.

귀무가설을 기각하거나 채택할 때 사용하는 통계량을 검정통계량(test statistic)이라 한다. 귀무가설 H_0를 기각하는 검정통계량의 영역을 기각역(rejection region) 또는 위험역(critical region), 그렇지 않은 영역을 채택역(acceptance region)이라 한다.

가설검정의 결과는 H_0를 채택하거나 또는 기각하는 것밖에 없다. 따라서 표본에 근거하여 내린 결정에는 다음과 같은 두 가지 오류의 가능성이 있다. 즉 귀무가설 H_0가 참인데도 불구하고 H_0를 기각하거나, H_0가 거짓임에도 H_0를 기각하지 않는 경우이다.

검정 결과 \ 실제 현상	H_0 사실	H_0 거짓
H_0 채택	올바른 검정	제2종 오류
H_0 기각	제1종 오류	올바른 검정

이상적인 가설검정법은 제1종 오류(type Ⅰ error)와 제2종 오류(type Ⅱ error)를 모두 범하지 않거나, 두 종류의 오류를 범할 확률을 동시에 줄이는 것이다. 그렇지만 표본 크기가 일정할 때 제1종 오류의 가능성을 줄이면 제2종 오류의 가능성이 커지므로 두 오류의 가능성을 동시에 줄일 수는 없다. 따라서 제1종 오류만 관리하여 귀무가설 H_0가 참일 때 이를 기각하는 확률을 지정하여 지정된 확률 이하인 검정법을 찾는 방법을 사용한다. 제1종 오류를 범할 확률의 허용한계를 유의수준(significance level)이라 하며, 흔히 α로 나타낸다.

> **제1종 오류:** 귀무가설 H_0가 사실일 때 H_0를 기각하는 오류
> **제2종 오류:** 대립가설 H_1이 사실일 때 H_0를 기각하지 못하는 오류
> **유의수준:** 제1종 오류를 범할 확률의 최대값

예 8.1 테니스 라켓 제조회사에서는 라켓 A의 평균 무게가 285g이라고 주장한다. 이와 같은 주장을 확인하기 위하여 크기 100인 표본을 랜덤하게 추출하여 무게를 측정한 결과, 평균 $\bar{x} = 285.8$, 표준편차 $s = 3.1$이었다. 이 자료에서 라켓의 평균 무게는 285g이라고 확신할 수 있는 지 유의수준 $\alpha = 0.05$에서 검정하라.

풀이 제조회사의 주장은 라켓 평균 무게가 285g이므로, 다음과 같은 가설

$$H_0 : \mu = 285 \qquad vs \qquad H_1 : \mu \neq 285$$

을 세운다. 여기에서 H_0는 귀무가설이고, H_1은 대립가설이다.

귀무가설과 대립가설 중 어느 것을 선택할 것인지를 판단하는 통계량으로 표본 평균 $\overline{X}$를 사용한다. $\overline{X}$의 값이 $\mu = 285$에서 충분히 멀어질 때, 귀무가설 H_0를 기각하면 될 것이다. $n = 100$인 대표본이므로 산술평균 $\overline{X}$의 분포는 근사적으로

$$\overline{X} \simeq N(\mu, \frac{\sigma^2}{n})$$

이며, $\overline{X}$를 표준화한 검정통계량 Z의 분포는 다음과 같다.

$$Z = \frac{\overline{X} - \mu}{\frac{s}{\sqrt{n}}} \sim N(0, 1)$$

즉, 검정통계량 Z는 귀무가설 H_0하에서 표준정규분포를 한다. 따라서 Z의 값이

$$|Z| \geq Z_{\alpha/2} = Z_{0.025} = 1.96$$

이면, H_0를 기각하는 결정을 한다.

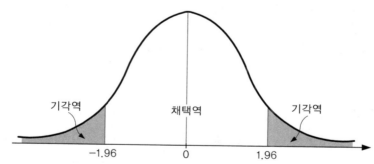

[그림 8.1] 기각역과 채택역

$\overline{x} = 285.8$, $s = 3.1$일 때, Z는

$$Z = \frac{\overline{X} - \mu}{\frac{s}{\sqrt{n}}} = \frac{285.8 - 285}{\frac{3.1}{\sqrt{100}}} = 2.58 \geq 1.96$$

이므로, 검정통계량의 값은 기각역에 속하며 따라서 유의수준 $\alpha = 0.05$로 귀무가설 H_0를 기각한다. 즉, 제조회사의 주장은 근거없다고 판정한다. □

위의 예에서 만약 유의수준을 $\alpha = 0.01$로 기각확률을 더 엄격히 한다면, 어떤 결과가 나올 것인가? 유의수준 $\alpha = 0.01$인 경우 $Z_{\alpha/2} = Z_{0.005} = 2.576$에 대하여, Z는

$$Z = 2.58 \geq Z_{0.005} = 2.576$$

이므로 귀무가설 H_0를 기각하게 된다.

가설검정에서 기각역은 양쪽인 경우도 있지만, 한쪽으로만 나타나는 경우도 있다. 양 쪽인 경우를 양측검정(two-sided test), 한 쪽인 경우를 단측검정(one-sided test)이라 정의한다. 예를 들어 모수 μ의 검정에서 귀무가설 $H_0 : \mu = 285$에 대한 대립가설은 다음 세 종류가 있다.

(1) $H_1 : \mu > 285$

(2) $H_1 : \mu < 285$

(3) $H_1 : \mu \neq 285$

8.1 모평균의 검정

모집단에서 추출한 확률표본을 이용하여 가정한 모평균과 동일한지를 검정하고자 한다. 모평균의 가설검정을 위하여 표본평균 $\overline{X}$을 사용하는데 모집단에 관하여 다음의 세 경우로 나누어 다루기로 한다.

1. 모분산 σ^2이 기지인 정규모집단
2. 모분산 σ^2이 미지인 정규모집단
3. 임의의 모집단에서 대표본인 경우

1. 모분산 σ^2이 기지인 정규모집단에서 모평균 μ에 대한 가설

$$H_0 : \mu = \mu_0 \quad vs \quad H_1 : \mu \neq \mu_0$$

의 검정을 위하여 표본평균 $\overline{X}$와 그 분포를 이용한다. 표본평균 $\overline{X}$의 분포는

$$\overline{X} \sim N(\mu, \frac{\sigma^2}{n})$$

이므로, $\overline{X}$를 표준화한 검정통계량 Z의 분포는 다음과 같다.

$$Z = \frac{\overline{X} - \mu}{\frac{\sigma}{\sqrt{n}}} \sim N(0, 1)$$

따라서 귀무가설 H_0하에서의 Z의 값이

$$|Z| = \left| \frac{\overline{X} - \mu_0}{\frac{\sigma}{\sqrt{N}}} \right| \geq Z_{\alpha/2}$$

이면, 유의수준 α에서 H_0를 기각하게 된다.

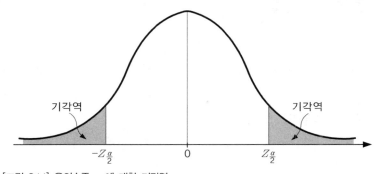

[그림 8.1.1] 유의수준 α에 대한 기각역

위의 검정법은 정규분포를 이용하였으므로 Z-검정법(normal test 또는 Z-test)이라 부르기도 한다.

모분산 σ^2이 기지인 정규모집단에서 모평균의 검정

$$H_0 : \mu = \mu_0 \quad vs \quad H_1 : \mu \neq \mu_0$$

1. 추정량 $\overline{X}$

2. 검정통계량 Z의 분포 $\quad Z = \dfrac{\overline{X} - \mu}{\dfrac{\sigma}{\sqrt{n}}} \sim N(0, 1)$

3. 기각역 $\quad |Z| = \left| \dfrac{\overline{X} - \mu_0}{\dfrac{\sigma}{\sqrt{N}}} \right| \geq Z_{\alpha/2}$

[예 8.2] 직업 연극인이 2008년 연극 창작활동으로 얻은 수입의 월 평균액이 36만 원으로 집계됐다고, 어느 리서치 전문기관에서 발표하였다. 11명의 연극인을 임의 추출하여 다음 자료를 얻었다고 하자.

37	35	38	39	36	41	43	32	35	38	41

직업 연극인의 월수입이 분산 $\sigma^2 = 3.1^2$인 정규분포를 따른다고 가정할 때, 기관의 주장이 옳은가를 유의수준 $\alpha = 0.05$에서 가설검정하라.

[풀이] 연극인의 월평균 수입 μ에 대한 가설은

$$H_0 : \mu = 36 \quad vs \quad H_1 : \mu \neq 36$$

이므로, 검정통계량 Z를 계산하면 다음과 같다($\overline{X} = 37.727$).

$$Z = \frac{\overline{X} - \mu}{\frac{\sigma}{\sqrt{n}}} = \frac{37.727 - 36}{\frac{3.1}{\sqrt{11}}} = 1.85$$

따라서

$$Z = 1.85 < Z_{\alpha/2} = Z_{0.025} = 1.96$$

이므로, 유의수준 0.05로 H_0를 기각하지 못한다. 즉 직업연극인의 월평균 수입이 36만원이 아니라고 결론내리지 못한다. □

2. 모분산 σ^2이 미지인 정규모집단에서 모평균 μ에 대한 가설

$$H_0 : \mu = \mu_0 \qquad vs \qquad H_1 : \mu > \mu_0$$

의 검정을 위하여 표본평균 $\overline{X}$와 그 분포를 이용한다. 표본평균 $\overline{X}$의 분포는

$$\overline{X} \sim N(\mu, \frac{\sigma^2}{n})$$

이지만, 미지의 모표준편차 σ 대신 표본표준편차 s를 사용하여 $\overline{X}$를 스튜던트화(studentize)한 검정통계량 T의 분포는 다음과 같다.

$$T = \frac{\overline{X} - \mu}{\frac{s}{\sqrt{n}}} \sim t(n-1)$$

따라서 귀무가설 H_0하에서의 T의 값이

$$T = \frac{\overline{X} - \mu_0}{\frac{s}{\sqrt{n}}} \geq t(n-1 : \alpha)$$

이면, 유의수준 α에서 H_0를 기각하게 된다.

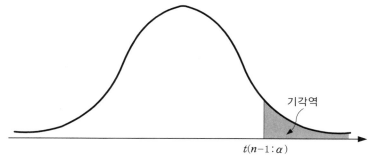

[그림 8.1.2] 단측검정에 대한 기각역

이 검정은 t−분포를 이용하므로 t−검정법(t−test)이라 부른다.

모분산 σ^2이 미지인 정규모집단에서 모평균의 검정

$$H_0 : \mu = \mu_0 \quad vs \quad H_1 : \mu > \mu_0$$

1. 추정량 $\overline{X}$

2. 검정통계량 T의 분포 $\quad T = \dfrac{\overline{X} - \mu}{\dfrac{s}{\sqrt{n}}} \sim t(n-1)$

3. 기각역 $\quad T = \dfrac{\overline{X} - \mu_0}{\dfrac{s}{\sqrt{n}}} \geq t(n-1 : \alpha)$

[예 8.3] 위의 예에서 직업 연극인 월수입의 분산 σ^2의 값이 주어지지 않았을 경우, 기관의 주장이 옳은지 또는 그보다 많은지를 유의수준 $\alpha = 0.10$에서 가설검정하라.

[풀이] 연극인의 평균 월수입 μ의 단측검정을 위한 가설검정은

$$H_0 : \mu = 36 \quad vs \quad H_1 : \mu > 36$$

이므로, 검정통계량 T를 계산하면 다음과 같다($\overline{X} = 37.727$, $S = 3.197$).

$$T = \frac{\overline{X} - \mu}{\frac{S}{\sqrt{n}}} = \frac{37.727 - 36}{\frac{3.197}{\sqrt{11}}} = 1.792$$

따라서

$$T = 1.792 > t(10 : 0.10) = 1.372$$

이므로, 유의수준 $\alpha = 0.1$로 H_0를 기각하게 된다. 즉 직업 연극인의 월평균 수입이 유의수준 $\alpha = 0.1$로는 36만 원보다 많다고 결론 내린다. □

3. 대표본인 경우 임의의 모집단에서 모평균 μ에 대한 가설

$$H_0 : \mu = \mu_0 \quad vs \quad H_1 : \mu < \mu_0$$

의 검정을 위하여 표본평균 $\overline{X}$와 그 분포를 이용한다. 대표본이므로 중심극한정리에 의하여 표본평균 $\overline{X}$의 분포는 근사적으로

$$\overline{X} \simeq N(\mu, \frac{\sigma^2}{n})$$

이며, 미지의 모표준편차 σ 대신 표본표준편차 s를 사용하여 $\overline{X}$를 스튜던트화한 검정통계량 Z의 분포는 다음과 같다.

$$Z = \frac{\overline{X} - \mu}{\frac{s}{\sqrt{n}}} \simeq N(0, 1)$$

따라서 귀무가설 H_0하에서의 Z의 값이

$$Z = \frac{\overline{X} - \mu_0}{\frac{s}{\sqrt{n}}} \leq -Z_\alpha$$

을 만족하면, 유의수준 α에서 H_0를 기각한다.

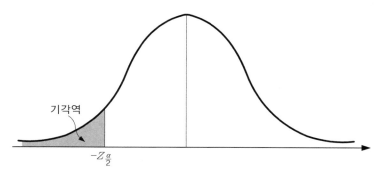

[그림 8.1.3] 단측검정에 대한 기각역

대표본인 경우 임의의 모집단에서 모평균의 검정

$$H_0 : \mu = \mu_0 \qquad vs \qquad H_1 : \mu < \mu_0$$

1. 추정량 $\overline{X}$

2. 검정통계량 Z의 분포 $Z = \dfrac{\overline{X} - \mu}{\dfrac{s}{\sqrt{n}}} \simeq N(0, 1)$

3. 기각역 $Z = \dfrac{\overline{X} - \mu_0}{\dfrac{s}{\sqrt{n}}} \leq - Z_{\alpha}$

예 8.4 어느 통신회사에서 조사한 성인 1인당 인사성 대화의 평균 통화시간은 107 (초)라고 한다. 100명의 성인을 임의 추출하여 통화시간을 조사한 결과, 평균 $\overline{x} = 105$, 표본분산 $S^2 = 7.2^2$으로 나타났다. 이 회사의 주장이 옳은지 또는 그 보다 적은 지를 유의수준 $\alpha = 0.01$에서 가설검정하라.

풀이 성인 1인당 평균 통화시간 μ의 단측검정을 위한 가설은

$$H_0 : \mu = 107 \qquad vs \qquad H_1 : \mu < 107$$

이므로, 귀무가설 H_0 하에서 검정통계량 Z를 계산하면 다음과 같다.

$$Z = \frac{\overline{X} - \mu}{\frac{s}{\sqrt{n}}} = \frac{105 - 107}{\frac{7.2}{\sqrt{100}}} = -2.78$$

따라서

$$Z = -2.78 < -Z_\alpha = -Z_{0.01} = -2.58$$

이므로, 유의수준 $\alpha = 0.01$에서 H_0를 기각한다. 즉 성인 1인당 평균 통화시간은 유의수준 $\alpha = 0.01$에서 107보다 적다고 결론 내린다. □

8.2 모비율의 검정

모비율 p의 가설

$$H_0 : p = p_0 \quad vs \quad H_1 : p \neq p_0$$

의 검정을 위하여 표본비율 $\hat{p}$을 사용한다. 확률변수 X를 크기 n인 표본에서 특정한 속성을 가진 표본의 개수라 하면, 확률변수 X의 분포는

$$X \sim B(n, p)$$

이므로, 표본비율 $\hat{p}$의 기댓값과 분산은 다음과 같다.

$$E(\hat{p}) = p$$

$$V(\hat{p}) = \frac{p(1-p)}{n}$$

따라서 표본크기 n이 충분히 크면 중심극한정리에 의하여 근사적으로

$$\hat{p} \simeq N(p, \frac{p(1-p)}{n})$$

이므로, $\hat{p}$를 표준화한 Z의 분포는 다음과 같다.

$$Z = \frac{\hat{p} - p}{\sqrt{\dfrac{p(1-p)}{n}}} \simeq N(0,1)$$

따라서 귀무가설 H_0 하에서의 Z의 값이

$$|Z| = \left| \frac{\hat{p} - p_0}{\sqrt{\dfrac{p_0(1-p_0)}{n}}} \right| \geq Z_{\alpha/2}$$

이면, 유의수준 α에서 H_0를 기각한다.

대표본인 경우 임의의 모집단에서 모비율의 검정

$$H_0 : p = p_0 \qquad vs \qquad H_1 : p \neq p_0$$

1. 추정량 $\hat{p} = \dfrac{X}{n}$

2. 검정통계량 Z의 분포 $\quad Z = \dfrac{\hat{p} - p_0}{\sqrt{\dfrac{p_0(1-p_0)}{n}}} \sim N(0,1)$

3. 기각역 $|Z| \geq Z_{\alpha/2}$

[예 8.5] 2006년 전국의 대학생 흡연율이 '0.43'이라는 건강관리협회의 발표가 있었다. 강원 지역에 거주하는 남녀 대학생 50명을 임의 추출하여 흡연율을 조사한 결과 $\hat{p} = 0.40$이었다. 강원 지역 대학생의 흡연율은 전국의 흡연율과 다르다고 할 수 있는 가를 유의수준 $\alpha = 0.05$로 검정하라.

[풀이] 이 지역 대학생 흡연율 p에 대한 가설은

$$H_0 : p = 0.43 \quad vs \quad H_1 : p \neq 0.43$$

이므로, 검정통계량 Z를 계산하면 다음과 같다.

$$Z = \frac{\hat{p} - p_0}{\sqrt{\dfrac{p_0(1-p_0)}{n}}} = \frac{0.40 - 0.43}{\sqrt{\dfrac{0.43(1-0.43)}{50}}} = -0.428$$

따라서

$$|Z| = 0.428 < Z_{\alpha/2} = Z_{0.025} = 1.96$$

이므로, 유의수준 $\alpha = 0.05$로 H_0를 기각하지 못한다. 즉 강원 지역 대학생의 흡연율도 전국의 흡연율 $p = 0.43$와 다르다고 할 수 없다. □

8.3 모분산의 검정

가설 $H_0 : \sigma^2 = \sigma_0^2$을 검정하기 위하여, 표본분산 S^2을 사용함은 자연스럽다. 만일 대립가설이 $H_1 : \sigma^2 > \sigma_0^2$인 단측검정이라면, 위험역(또는 기각역)은 s^2의 값이 큰 영역이 될 것이다. 표본분산 s^2의 함수인 검정통계량 χ_0^2의 분포는

$$\chi_0^2 = \frac{(n-1)s^2}{\sigma^2} \sim \chi^2(n-1)$$

이며, 귀무가설 $H_0 : \sigma^2 = \sigma_0^2$하에서는

$$\chi_0^2 = \frac{(n-1)s^2}{\sigma_0^2} \sim \chi^2(n-1)$$

이므로 임의의 양수 α에 대하여

$$P\left(\chi_0^2 = \frac{(n-1)s^2}{\sigma_0^2} \geq \chi^2(n-1 : \alpha)\right) = 1 - \alpha$$

이다. 따라서 유의수준 α에 대한 기각역은 다음과 같다.

$$\chi_0^2 = \frac{(n-1)s^2}{\sigma^2} \geq \chi^2(n-1:\alpha)$$

대립가설이 양측검정 $H_1 : \sigma^2 \neq \sigma_0^2$인 경우

$$P(\chi_0^2 \geq \chi^2(n-1:\frac{\alpha}{2}) \text{ 또는 } \chi_0^2 \leq \chi^2(n-1:1-\frac{\alpha}{2})) = 1-\alpha$$

이므로, 유의수준 α에 대한 기각역은

$$\chi_0^2 \geq \chi^2(n-1:\frac{\alpha}{2}) \text{ 또는 } \chi_0^2 \leq \chi^2(n-1:1-\frac{\alpha}{2})$$

이다.

정규모집단에서 모분산의 검정

$$H_0 : \sigma^2 = \sigma_0^2$$

1. 검정통계량

$$\chi_0^2 = \frac{(n-1)s^2}{\sigma_0^2} \sim \chi^2(n-1)$$

2. 기각역

단측인 경우 $\chi_0^2 \geq \chi^2(n-1:\alpha)$

양측인 경우 $\chi_0^2 \geq \chi^2(n-1:\frac{\alpha}{2})$ 또는 $\chi_0^2 \leq \chi^2(n-1:1-\frac{\alpha}{2})$

예 8.6 앞의 [표 7.2.1] 애완견 자료를 이용하여, 애완견의 수명을 정규분포를 따른다고 가정하였을 때, 동물병원에서는 모분산이 1.5를 넘지 않는다고 한다. 동물병원의 주장이 맞는지를 유의수준 $\alpha = 0.05$에서 가설검정하라.

풀이 애완견의 수명에 관한 모분산 σ^2의 단측검정을 위한 가설은

$$H_0 : \sigma^2 = 1 \quad vs \quad H_1 : \sigma^2 > 1$$

이므로, 검정통계량 χ_0^2을 계산하면 다음과 같다.

$$\chi_0^2 = \frac{(n-1)s^2}{\sigma_0^2} = \frac{14 \times 2.745}{1.5} = 25.62$$

따라서

$$\chi_0^2 = 25.62 > \chi^2(n-1 : 0.05) = 23.6848$$

이므로, 유의수준 $\alpha = 0.1$에서 H_0를 기각한다.

즉, 애완견의 수명에 대한 분산은 유의수준 $\alpha = 0.1$에서 1.5보다 크다고 결론 내린다.   □

8.4 p-값의 개념

예를 들어 다음 가설검정을 살펴보자.

$$H_0 : \mu = \mu_0 \qquad vs \qquad H_1 : \mu > \mu_0$$

만약 모분산 σ^2이 기지이고 정규모집단이라면 검정통계량 Z

$$Z = \frac{\overline{X} - \mu_0}{\dfrac{\sigma}{\sqrt{n}}}$$

의 값을 계산하여, Z의 값이 기각역 내에 속하면 유의수준 α로 H_0를 기각할 것이다. 그런데 검정통계량 Z의 값 z에 대하여 H_0를 기각하려면 유의수준을 $P(Z \geq z)$로 하면 될 것이다. 즉 어떤 검정통계량의 관측된 값에 대한 p-값(p-value 또는 significance probability)이란 이 관측값이 H_0를 기각하게 하는 최소의 유의수준을 말한다. 따라서 p-값이 유의수준 α보다 적거나 같으면 귀무가설 H_0를 기각한다.

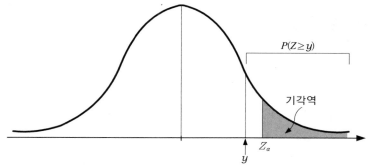

[그림 8.4.1] p-값

예 8.7 위의 (예 8.3) ~ (예 8.5)에서 각 가설검정에 대한 p-값을 각각 구하라.

풀이

- 검정통계량 $T \sim t(10)$, $t = 1.76$이므로, p-값은 다음과 같다.

$$p(1.792) = P(T \geq 1.792 \,|\, \mu = 36)$$
$$= 0.103$$

- 검정통계량 $Z \sim N(0, 1)$, $z = -2.78$이므로, p-값은 다음과 같다.

$$p(-2.78) = P(Z \leq -2.78)$$
$$= 0.0027$$

- 검정통계량 $Z \sim N(0, 1)$, $z = -0.428$이므로, p-값은 다음과 같다.

$$p(-0.428) = P(|Z| \geq 0.428)$$
$$= 0.6686$$

□

8.5 SPSS 실습

실습 11명의 연극인을 임의 추출한 자료(예 8.2)를 이용하여 다음 질문에 답하라. 직업 연극인의 월수입이 정규분포를 따른다고 가정할 때, 다음 질문에 답하라.

(1) 직업 연극인의 월평균 수입이 36(만 원)이라는 리서치 전문기관의 주장이 옳은가를 유의수준 $\alpha = 0.05$에서 가설검정하라.

(2) (1)의 가설검정에 대한 p–값을 구하라.

풀이 SPSS 데이터 편집기에서 변수 salary를 가진 SPSS 데이터 세트인 salary.sav를 작성한다. [그림 8.5.1]의 데이터 편집기 메뉴에서 **분석 → 평균비교 → 일표본 T검정**을 클릭하여 일표본 T검정 대화상자인 [그림 8.5.2]를 구한 후 변수 salary를 '검정변수' 항으로 옮기고, '검정값'에 36을 입력한다. **〈확인〉**을 클릭하면, SPSS 뷰어 창 화면이 새로 생기면서 결과가 산출된다.

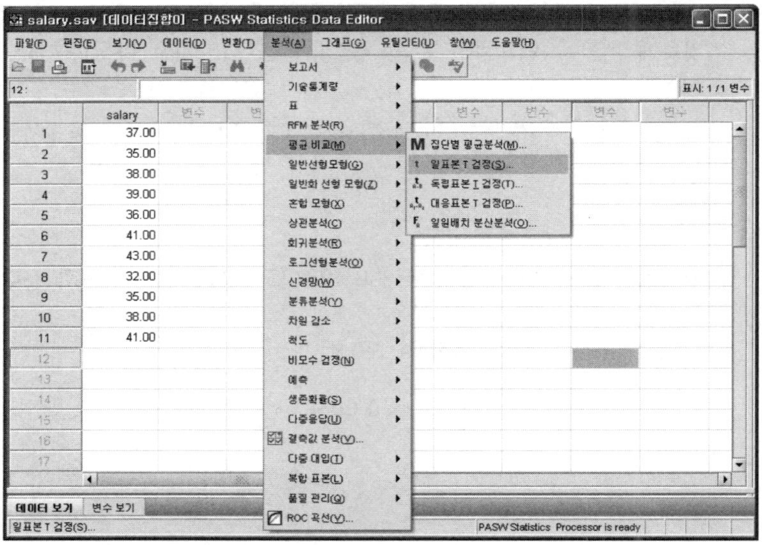

[그림 8.5.1] 모평균을 검정하기 위한 명령

[그림 8.5.2] 일표본 T검정 대화상자

[표 8.5.1]   **일표본 통계량**

	N	평균	표준편차	평균의 표준오차
salary	11	37.7273	3.19659	.96381

[표 8.5.2]   **일표본 T검정**

	검정값 = 36					
					차이의 95% 신뢰구간	
	t	자유도	유의확률(양쪽)	평균차	하한	상한
salary	1.792	10	.103	1.72727	-.4202	3.8748

출력결과에 의하면 가설 $H_0 : \mu = 36 \quad vs \quad H_1 : \mu \neq 36$을 검정하기 위한 검정통계량 $t = 1.792$이고 그 $p-$값이 0.103이므로, 귀무가설 H_0를 유의수준 $\alpha = 0.05$에서 기각하지 못한다. 즉 직업 연극인의 월평균 수입이 유의수준 $\alpha = 0.05$로 36만 원이 아니라고는 할 수 없다. □

1. 어느 단체에서는 단체 내의 중년 남성의 체질량지수가 26kg/m² 미만이라고 주장하고 있다. 이 단체 내의 중년 남성 중 랜덤으로 선택한 49명의 체질량지수를 조사한 결과 평균은 25, 표준편차 2.7이었다. 이 단체의 주장이 맞는지를 유의수준 5%에서 검정하라.

2. 조깅화 제조업체에서는 운동화 A의 평균 수명이 800km라고 주장한다. 이를 확인하기 위하여 $n = 10$개의 운동화 A를 실험한 결과

$$\overline{x} = 780$$
$$s = 55$$

이었다(단, 운동화 A는 정규분포임을 가정한다).

평균 수명이 800km 미만이라고 할 수 있는지를 유의수준 10%에서 검정하라.

3. LDL 콜레스테롤을 관리하기 위하여 상당 기간 운동 – 식이요법을 시행하면 평균 4.3 mmol/L의 LDL 콜레스테롤 감소 효과가 있다고 주장한다. 이 주장이 근거가 있는지를 조사하기 위하여 이 요법을 시행한 사람 중 14명을 랜덤으로 선택하여 LDL 콜레스테롤의 감소량을 조사한 결과가 다음과 같다(단, LDL 콜레스테롤 감소량은 정규분포를 따른다고 한다).

4.61	6.42	5.40	4.54	3.98
3.82	5.01	4.34	3.80	4.56
5.35	3.89	2.25	4.24	

이 주장이 근거가 있는지를 유의수준 5%에서 검정하라.

4. 위의 [문제 3]에서 모분산 $\sigma^2 = 3.2^2$ 이라는 사실이 주어졌을 때, 위의 주장이 근거가 있는지를 유의수준 5%에서 검정하라.

5. 중년에 흡연하는 경우 늙어 치매로 고통받을 확률이 75%까지 높아진다는 미국 M대학의 연구 결과가 있었다. 노인 400명을 랜덤으로 뽑아 조사한 결과, 중년에 흡연한 164명 중 121명이 치매로 고통 받고 있음이 밝혀졌다. 치매에 걸릴 확률이 75% 미만이라고 할 수 있는지를 유의수준 5%에서 검정하라.

6. 신생아 체중에 관한 연구에서 만삭에 태어난 평균 출생 체중은 3.3kg이라고 한다. 12명의 신생아를 랜덤으로 뽑아 얻은 자료가 다음과 같다(단, 신생아 체중은 정규분포임을 가정한다).

3.1	2.7	3.5	3.3	2.9	3.0
3.6	3.8	3.2	3.3	2.7	3.1

이 연구 결과가 맞는지를 유의수준 10%에서 검정하라.

7. 습관적으로 조깅을 하면 최대 산소 섭취량(VO_2 max)이 적어도 50mL/kg 정도는 된다는 스포츠화 제조업체의 주장이 있었다. 이를 확인하기 위하여 $n = 20$ 명을 랜덤하게 선택하여 그들의 최대 산소 섭취량을 측정한 결과 다음을 얻었다(최대 산소 섭취량은 정규분포임을 가정한다).

$$\bar{x} = 47.5 \, \text{m}\ell/\text{kg}$$
$$s = 4.8 \, \text{m}\ell/\text{kg}$$

최대 산소 섭취량의 평균이 50mℓ/kg 미만이라고 할 수 있는지 유의수준 10%에서 검정하라.

8. 건강한 30대 초반 여성들의 평균 확장기 혈압은 74.5㎜Hg라고 한다. 당뇨를 앓고 있는 30대 초반 여성들 중 11명을 랜덤하게 뽑아 그들의 평균 확장기 혈압을 조사한 결과가 다음과 같았다(단, 확장기 혈압은 정규분포임을 가정한다).

71.5	74.3	76.2	72.7	73.5
77.2	70.3	69.7	72.1	70.6
69.5				

당뇨를 앓고 있는 30대 초반 여성들의 평균 확장기 혈압이 74.5㎜Hg라고 할 수 있는지 유의수준 5%에서 검정하라.

9. 위의 [문제 3, 5, 6, 7, 8]에서 각 가설검정에 대한 p-값을 각각 구하라.

9장

두 모집단의 추론

거의 모든 사회 영역에서 기존의 전통 방식을 수정하거나 발전시키려는 행위 또는 시도가 이루어지고 있다. 교육 방식, 생산공정, 보건 계통뿐 아니라 심지어 운동 경기에서도 두 가지 또는 그 이상의 기술 또는 방식을 비교하려는 연구가 활발히 진행되고 있다. 이를 위하여 실험 또는 관측이 선행되어야 하며, 수집된 자료를 분석함으로써 통계적인 추론이나 결론에 도달할 수 있을 것이다. 여기에서는 단지 두 가지 방법 또는 처리(treatment)를 비교하는 내용을 다룰 것이다.

처리란 일반적으로 비교하려는 방법을 지칭하며, 하나의 처리에 한 그룹의 실험 개체들이 노출되어 있고, 또 다른 처리를 또 다른 한 그룹의 실험 개체에 적용하여 그 특성값을 조사함으로써 두 모집단의 비교연구를 수행할 수 있다. 예를 들어 비교연구에서의 두 처리란 약물의 복용 또는 비복용, 두 가지 훈련 방식, 두 종류의 공정에 따른 생산품 등을 일컫는다.

실험개체란 환자, 운동선수, 생산품 등을, 반응값이란 혈압, 점수, 평균수명 등을 말한다. 개체들을 선택하여 어떤 처리에 적용하는 것을 실험계획(experimental design)이라고 하며, 유의할 실험계획의 두 특징은 다음과 같다.

1. 개체들을 두 처리에 랜덤하게 배정
2. 비교요인 아닌 다른 요인들의 효과를 상쇄하기 위한 짝짓기(pairing) 또는 매칭(matching)

특징 1이란 처리 1에 해당하는 모집단에서 랜덤표본을 선택하고 처리 2에 해당하는 모집단에서 독립인 다른 랜덤표본을 선택함을 의미하고, 서로 독립인 두 랜덤표본을 독립표본이라 부른다.

특징 2는 실험개체를 동질적인 쌍으로 선택하여 각 쌍의 처음 단위에는 처리 1을, 다른 단위에는 처리 2를 랜덤하게 적용하는 것이다. 이러한 표본을 쌍체표본이라고 정의한다.

9.1 두 모평균의 차이에 관한 추론

두 모집단의 모평균 차이에 관한 추론을 위하여 다음 가정을 필요로 한다.

자료의 구조

1. $X_1, \cdots, X_m$은 평균 μ_1, 분산 σ_1^2인 모집단 1에서의 확률표본이다.

2. $Y_1, \cdots, Y_n$은 평균 μ_2, 분산 σ_2^2인 모집단 2에서의 확률표본이다.

3. 확률표본 $X_1, \cdots, X_m$은 확률표본 $Y_1, \cdots, Y_n$과 서로 독립이다.

두 모집단의 평균 μ_1, μ_2를 비교하거나 두 처리 간 평균의 동일성에 관한 검정을 하기 위하여 각 모집단의 표본평균에 의존하게 하는데 한 모집단인 경우와 마찬가지로 다음의 네 가지 경우로 나누어 알아보자.

① 두 모분산 σ_1^2, σ_2^2이 기지인 정규모집단

② 두 모분산 σ_1^2, σ_2^2이 미지인 정규모집단

- $\sigma_1^2 = \sigma_2^2$인 경우

- $\sigma_1^2 \neq \sigma_2^2$인 경우

③ 임의의 모집단에서 대표본인 경우

① 두 모분산 σ_1^2, σ_2^2이 기지인 정규모집단

두 모분산 σ_1^2, σ_2^2이 기지인 정규모집단에서 모평균 차이에 대한 추론을 위하여, 표본평균 $\overline{X}$, $\overline{Y}$와 그 분포를 이용한다. 표본평균 $\overline{X}$, $\overline{Y}$의 분포는

$$\overline{X} \sim N(\mu_1, \frac{\sigma_1^2}{m})$$

$$\overline{Y} \sim N(\mu_2, \frac{\sigma_2^2}{n})$$

이며, 서로 독립이므로 $\overline{X} - \overline{Y}$의 분포는 다음과 같다.

$$\overline{X} - \overline{Y} \sim N(\mu_1 - \mu_2, \frac{\sigma_1^{\,2}}{m} + \frac{\sigma_2^{\,2}}{n})$$

$\overline{X} - \overline{Y}$를 표준화시킨 통계량 Z의 분포는

$$Z = \frac{\overline{X} - \overline{Y} - (\mu_1 - \mu_2)}{\sqrt{\dfrac{\sigma_1^{\,2}}{m} + \dfrac{\sigma_2^{\,2}}{n}}} \sim N(0, 1)$$

이므로

$$P(-Z_{\alpha/2} \leq Z = \frac{\overline{X} - \overline{Y} - (\mu_1 - \mu_2)}{\sqrt{\dfrac{\sigma_1^{\,2}}{m} + \dfrac{\sigma_2^{\,2}}{n}}} \leq Z_{\alpha/2}) = 1 - \alpha$$

이다. 이를 정돈하여 $\mu_1 - \mu_2$의 $100(1-\alpha)\%$ 신뢰구간을 구하면 다음과 같다.

$$\left(\overline{X} - \overline{Y} - Z_{\alpha/2}\sqrt{\frac{\sigma_1^{\,2}}{m} + \frac{\sigma_2^{\,2}}{n}} \ , \ \overline{X} - \overline{Y} + Z_{\alpha/2}\sqrt{\frac{\sigma_1^{\,2}}{m} + \frac{\sigma_2^{\,2}}{n}}\right)$$

또한 두 모집단 평균의 동일성에 대한 가설

$$H_0 : \mu_1 = \mu_2 \quad vs \quad H_1 : \mu_1 \neq \mu_2$$

의 검정을 위하여 검정통계량 Z의 값이

$$|Z| = \left| \frac{\overline{X} - \overline{Y}}{\sqrt{\dfrac{\sigma_1^{\,2}}{m} + \dfrac{\sigma_2^{\,2}}{n}}} \right| \geq Z_{\alpha/2}$$

를 만족하면, 유의수준 α에서 H_0를 기각한다.

두 모분산 σ_1^2, $\sigma_2{}^2$이 기지인 정규모집단에서 두 모평균 차이 $\mu_1 - \mu_2$에 관한 추론

1. $\mu_1 - \mu_2$의 $100(1-\alpha)\%$ 신뢰구간

$$\left(\overline{X} - \overline{Y} - Z_{\alpha/2} \sqrt{\frac{\sigma_1{}^2}{m} + \frac{\sigma_2{}^2}{n}}, \quad \overline{X} - \overline{Y} + Z_{\alpha/2} \sqrt{\frac{\sigma_1{}^2}{m} + \frac{\sigma_2{}^2}{n}} \right)$$

2. 가설 $H_0 : \mu_1 = \mu_2 \ vs \ H_1 : \mu_1 \neq \mu_2$

$$기각역 \quad |Z| = \left| \frac{\overline{X} - \overline{Y}}{\sqrt{\dfrac{\sigma_1{}^2}{m} + \dfrac{\sigma_2{}^2}{n}}} \right| \geq Z_{\alpha/2}$$

예 9.1 예술정책기관에서 예술인 가구 월평균 수입이 성별(M, F)에 따라 다른가를 조사하려고 한다. 월평균 수입은 대략 정규분포를 하며 $\sigma_M{}^2 = 13^2$, $\sigma_F{}^2 = 12^2$임을 알고 있다. 남녀별로 크기 9인 표본을 각각 추출하여 다음과 같은 자료를 얻었다(단위: 만 원).

[표 9.1.1] 예술인 가구의 남녀별 월수입

M	310	330	317	341	320	305	335	324	305
F	370	350	355	352	385	362	368	375	357

이때 남녀별 월평균 수입 μ_M, μ_F의 차이에 대한 신뢰구간을 구하고, 월평균 수입이 남녀별로 동일한지를 가설검정하라(단, 유의수준은 0.05이다).

풀이 두 군의 자료는 분산이 기지인 정규모집단에서의 독립적인 두 표본이므로, 자료에서 평균을 구하면

$$m = 9, \quad \overline{x} = 320.8$$
$$n = 9, \quad \overline{y} = 363.8$$

이다. 따라서 두 모평균의 차이 $\mu_M - \mu_F$의 95% 신뢰구간은 다음과 같다.

$$\overline{X} - \overline{Y} \pm Z_{\alpha/2} \sqrt{\frac{\sigma_1^2}{m} + \frac{\sigma_2^2}{n}}$$

$$= (320.8 - 363.8) \pm 1.96 \sqrt{\frac{13^2}{9} + \frac{12^2}{9}}$$

$$= -43 \pm 11.6 = (-54.6, -31.4)$$

또한 월평균 수입이 남녀별로 동일한 지에 대한 가설은

$$H_0 : \mu_M = \mu_F \qquad vs \qquad H_1 : \mu_M \neq \mu_F$$

이므로, 검정통계량 Z를 계산하면 다음과 같다.

$$Z = \frac{\overline{X} - \overline{Y} - (\mu_M - \mu_F)}{\sqrt{\frac{\sigma_1^2}{m} + \frac{\sigma_2^2}{n}}} = \frac{320.8 - 363.8}{\sqrt{\frac{13^2}{9} + \frac{12^2}{9}}} = -7.29$$

따라서

$$|Z| = 7.29 > Z_{\alpha/2} = Z_{0.025} = 1.96$$

이므로, 유의수준 0.05로 H_0를 기각한다. 즉, 남녀별로 월평균 수입이 같지 않다는 결론을 내린다. □

② 두 모분산 σ_1^2, σ_2^2 이 미지인 정규모집단

두 모분산 σ_1^2, σ_2^2 이 미지인 정규모집단에서 모평균 차이에 대한 추론을 위하여 두 모집단의 분산이 동일한 경우와 그렇지 않은 경우로 나누어 다루기로 한다.

● 두 모분산이 동일한 경우
표본평균 $\overline{X}$, $\overline{Y}$ 의 분포는

$$\overline{X} \sim N(\mu_1, \frac{\sigma^2}{m})$$

$$\overline{Y} \sim N(\mu_2, \frac{\sigma^2}{n})$$

이며, 서로 독립이므로 $\overline{X} - \overline{Y}$의 분포는 다음과 같다.

$$\overline{X} - \overline{Y} \sim N(\mu_1 - \mu_2, \, \sigma^2(\frac{1}{m} + \frac{1}{n}))$$

미지의 모분산 σ^2의 추정량으로 합동추정량 $S_p^{\,2}$

$$S_p^{\,2} = \frac{\sum_{i=1}^{m}(X_i - \overline{X})^2 + \sum_{i=1}^{n}(Y_i - \overline{Y})^2}{m+n-2} = \frac{(m-1)S_1^{\,2} + (n-1)S_2^{\,2}}{m+n-2}$$

을 사용하여, $\overline{X} - \overline{Y}$를 표준화한 통계량 T의 분포를 다음과 같이 유도할 수 있다.

$$T = \frac{(\overline{X} - \overline{Y}) - (\mu_1 - \mu_2)}{S_p\sqrt{\dfrac{1}{m} + \dfrac{1}{n}}} \sim t(m+n-2)$$

따라서 이를 정돈하면 $\mu_1 - \mu_2$의 $100(1-\alpha)\%$ 신뢰구간은

$$(\overline{X} - \overline{Y} - t(m+n-2:\frac{\alpha}{2})S_p\sqrt{\frac{1}{m} + \frac{1}{n}} \, , \ \ \overline{X} - \overline{Y} + t(m+n-2:\frac{\alpha}{2})S_p\sqrt{\frac{1}{m} + \frac{1}{n}})$$

이다. 또한 두 모평균의 동일성에 대한 가설

$$H_0 : \mu_1 = \mu_2 \quad vs \quad H_1 : \mu_1 \neq \mu_2$$

의 검정을 위하여 검정통계량 T의 값이

$$|T| = \left| \frac{\overline{X} - \overline{Y}}{s_p\sqrt{\dfrac{1}{m} + \dfrac{1}{n}}} \right| \geq t(m+n-2:\frac{\alpha}{2})$$

를 만족하면, 유의수준 α에서 H_0를 기각하게 된다.

두 모분산 σ_1^2, $\sigma_2{}^2$이 미지이지만, 동일한 경우 정규모집단에서의 두 모평균 차이 $\mu_1 - \mu_2$에 관한 추론

1. $\mu_1 - \mu_2$의 $100(1-\alpha)\%$ 신뢰구간

$$\left(\overline{X} - \overline{Y} - t\left(m+n-2:\frac{\alpha}{2}\right) S_p \sqrt{\frac{1}{m} + \frac{1}{n}}, \ \overline{X} - \overline{Y} + t\left(m+n-2:\frac{\alpha}{2}\right) S_p \sqrt{\frac{1}{m} + \frac{1}{n}} \right)$$

2. 가설 $H_0 : \mu_1 = \mu_2 \ \ vs \ \ H_1 : \mu_1 \neq \mu_2$

$$\text{기각역} \quad |T| = \left| \frac{\overline{X} - \overline{Y}}{S_p \sqrt{\frac{1}{m} + \frac{1}{n}}} \right| \geq t\left(m+n-2:\frac{\sigma}{2}\right)$$

예 9.2 위의 예에서 예술인 가구의 남녀별 월수입의 분산 $\sigma_M{}^2$, $\sigma_F{}^2$의 값이 주어지지 않았지만 동일하다고 가정하였을 때, 남녀별 월평균 수입 μ_M, μ_F의 차이에 대한 신뢰구간을 구하고, 월평균 수입이 남녀별로 동일한지를 가설검정하라(단, 월평균 수입은 대략 정규분포를 하며 유의수준은 $\alpha = 0.10$이다).

풀이 두 표본의 자료에서 평균과 표본분산을 각각 구하면 다음과 같다.

$$m = 9 \ , \ \overline{x} = 320.8 \quad S_1{}^2 = 12.9^2$$
$$n = 9 \ , \ \overline{y} = 363.8 \quad S_2{}^2 = 11.7^2$$

따라서 합동추정량 $S_p{}^2$은

$$S_p{}^2 = \frac{(m-1)S_1{}^2 + (n-1)S_2{}^2}{m+n-2} = \frac{8 \times 166.9 + 8 \times 135.9}{9+9-2} = 151.4$$

이므로, $\mu_M - \mu_F$의 90% 신뢰구간은 다음과 같다.

$$\overline{X} - \overline{Y} \pm t(m+n-2 : \frac{\alpha}{2}) S_p \sqrt{\frac{1}{m} + \frac{1}{n}}$$

$$= 320.8 - 363.8 \pm (1.746)(12.3) \sqrt{\frac{1}{9} + \frac{1}{9}}$$

$$= -43 \pm 10.12 = (-53.12 , -32.88)$$

이때 신뢰구간이 '0'을 포함하지 않음에 유의하라. 또한 월평균 수입이 남녀별로 동일한 지에 대한 가설은

$$H_0 : \mu_M = \mu_F \qquad vs \qquad H_1 : \mu_M \neq \mu_F$$

이므로, 검정통계량 T를 다음과 같이 구한다.

$$T = \frac{\overline{X} - \overline{Y} - (\mu_M - \mu_F)}{S_p \sqrt{\frac{1}{m} + \frac{1}{n}}} = \frac{320.8 - 363.8}{12.3 \sqrt{\frac{1}{9} + \frac{1}{9}}} = -7.41$$

따라서

$$|T| = 7.41 > t(m+n-2 : \frac{\alpha}{2}) = t(16 : 0.05) = 1.746$$

이므로, 유의수준 $\alpha = 0.10$에서 H_0를 기각하게 된다. 즉 남녀별로 월평균 수입이 같지 않다는 결론을 내린다. 위에서 구한 90% 신뢰구간이 '0'을 포함하지 않았으므로 귀무가설 $H_0 : \mu_M = \mu_F$를 기각하게 됨에 유의하라. □

● 두 모분산이 동일하지 않은 경우

표본평균 $\overline{X}$, $\overline{Y}$의 분포는

$$\overline{X} \sim N(\mu_1 , \frac{{\sigma_1}^2}{m})$$

$$\overline{Y} \sim N(\mu_2 , \frac{{\sigma_2}^2}{n})$$

이며, 서로 독립이므로 $\overline{X} - \overline{Y}$의 분포는 다음과 같다.

$$\overline{X} - \overline{Y} \sim N(\mu_1 - \mu_2, \frac{\sigma_1^{\,2}}{m} + \frac{\sigma_2^{\,2}}{n})$$

미지의 모분산 σ_1^2, $\sigma_2^{\,2}$의 추정값으로 표본분산 $S_1^{\,2}$, $S_2^{\,2}$을 각각 사용하여 표준화한 통계량 T

$$T = \frac{(\overline{X} - \overline{Y}) - (\mu_1 - \mu_2)}{\sqrt{\dfrac{S_1^{\,2}}{m} + \dfrac{S_2^{\,2}}{n}}}$$

의 분포는, 자유도 ϕ인

$$\phi = \frac{(\dfrac{S_1^{\,2}}{m} + \dfrac{S_2^{\,2}}{n})^2}{\dfrac{(S_1^{\,2}/m)^2}{m-1} + \dfrac{(S_2^{\,2}/n)^2}{n-1}}$$

t-분포로 근사할 수 있음이 알려져 있다. 따라서 이 사실을 이용하여 모평균의 차이에 대한 추론을 다음과 같이 요약하여 본다.

두 모분산 σ_1^2, $\sigma_2^{\,2}$이 미지이고 동일하지 않은 경우, 정규모집단에서의 두 모평균 차이 $\mu_1 - \mu_2$에 관한 추론

1. $\mu_1 - \mu_2$의 $100(1-\alpha)\%$ 신뢰구간

$$(\overline{X} - \overline{Y} - t(\phi:\frac{\alpha}{2})\sqrt{\frac{S_1^{\,2}}{m} + \frac{S_2^{\,2}}{n}} \ , \ \overline{X} - \overline{Y} + t(\phi:\frac{\alpha}{2})\sqrt{\frac{S_1^{\,2}}{m} + \frac{S_2^{\,2}}{n}})$$

2. 가설 $H_0 : \mu_1 = \mu_2 \ \ vs \ \ H_1 : \mu_1 \neq \mu_2$

기각역 $\quad |T| = \left| \dfrac{\overline{X} - \overline{Y}}{\sqrt{\dfrac{S_1^{\,2}}{m} + \dfrac{S_2^{\,2}}{n}}} \right| \geq t(\phi:\frac{\alpha}{2})$

$$(\text{단,} \ \varnothing = \frac{(\dfrac{S_1^2}{m} + \dfrac{S_2^2}{n})^2}{\dfrac{(S_1^2/m)^2}{m-1} + \dfrac{(S_2^2/n)^2}{n-1}} \ \text{이다.})$$

예 9.3 위의 예에서 예술인 가구의 남녀별 월수입의 분산 $\sigma_M{}^2$, $\sigma_F{}^2$의 값을 모르고 동일하지도 않을 경우, 남녀별 월평균 수입 μ_M, μ_F의 차이에 대한 신뢰구간을 구하고, 월평균 수입이 남녀별로 동일한지를 가설검정하라(단, 유의수준 $\alpha = 0.10$이다).

풀이 두 표본의 자료에서 평균과 표본분산을 각각 구하면 다음과 같다.

$$m = 9 \,,\ \overline{x} = 320.8 \quad S_1{}^2 = 12.9^2$$
$$n = 9 \,,\ \overline{y} = 363.8 \quad S_2{}^2 = 11.7^2$$

따라서 자유도 ϕ는

$$\phi = \frac{(\dfrac{12.9^2}{9} + \dfrac{11.7^2}{9})^2}{\dfrac{(12.9^2/9)^2}{8} + \dfrac{(11.7^2/9)^2}{8}} = 16.6 \cong 17$$

이므로, $\mu_M - \mu_F$의 90% 신뢰구간은 다음과 같다.

$$\overline{X} - \overline{Y} \pm t(\phi : \frac{\alpha}{2})\sqrt{\frac{S_1{}^2}{m} + \frac{S_2{}^2}{n}}$$

$$= (320.8 - 363.8) \pm 1.74\sqrt{\frac{12.9^2}{9} + \frac{11.7^2}{9}}$$

$$= -43 \pm 10.10 = (-53.1 \,,\ -32.9)$$

또한 월평균 수입이 남녀별로 동일한지에 대한 가설은

$$H_0 : \mu_M = \mu_F \quad vs \quad H_1 : \mu_M \neq \mu_F$$

이므로, 검정통계량 T를 구하면 다음과 같다.

$$T = \frac{\overline{X} - \overline{Y} - (\mu_M - \mu_F)}{\sqrt{\dfrac{S_1{}^2}{m} + \dfrac{S_2{}^2}{n}}} = \frac{320.8 - 363.8}{\sqrt{\dfrac{12.9^2}{9} + \dfrac{11.7^2}{9}}} = -7.41$$

따라서

$$|T| = 7.41 > t(\phi : \frac{\alpha}{2}) = t(17 : 0.05) = 1.74$$

이므로, 유의수준 $\alpha = 0.10$에서 H_0를 기각한다. 즉 남녀별로 월평균 수입이 같지 않다는 결론을 내린다. □

③ 임의의 모집단에서 대표본인 경우

대표본인 경우 임의의 모집단에서 모평균 차이에 대한 추론을 위하여, 표본평균 $\overline{X}$, $\overline{Y}$와 그 분포를 이용한다. 표본의 크기 m, n이 충분히 큰 경우, 표본평균 $\overline{X}$, $\overline{Y}$의 분포는 중심극한정리를 이용하여 근사적으로

$$\overline{X} \simeq N(\mu_1, \frac{S_1^2}{m})$$

$$\overline{Y} \simeq N(\mu_2, \frac{S_2^2}{n})$$

이며, 표본평균 $\overline{X}$와 $\overline{Y}$는 서로 독립이므로 $\overline{X} - \overline{Y}$의 분포는

$$\overline{X} - \overline{Y} \simeq N(\mu_1 - \mu_2, \frac{S_1^2}{m} + \frac{S_2^2}{n})$$

이다. 따라서 $\overline{X} - \overline{Y}$를 표준화시킨 통계량 Z의 분포는

$$Z = \frac{\overline{X} - \overline{Y} - (\mu_1 - \mu_2)}{\sqrt{\dfrac{S_1^2}{m} + \dfrac{S_2^2}{n}}} \simeq N(0, 1)$$

이므로 이 사실을 이용하여 모평균의 차이에 관한 추론을 요약하면 다음과 같다.

1. $\mu_1 - \mu_2$의 $100(1-\alpha)\%$ 신뢰구간

$$\left(\overline{X} - \overline{Y} - Z_{\alpha/2}\sqrt{\frac{S_1^{\,2}}{m} + \frac{S_2^{\,2}}{n}}\;,\quad \overline{X} - \overline{Y} + Z_{\alpha/2}\sqrt{\frac{S_1^{\,2}}{m} + \frac{S_2^{\,2}}{n}}\;\right)$$

2. 가설 $H_0 : \mu_1 = \mu_2 \quad vs \quad H_1 : \mu_1 \neq \mu_2$

$$\text{기각역}\quad |Z| = \left|\frac{\overline{X} - \overline{Y}}{\sqrt{\dfrac{S_1^{\,2}}{m} + \dfrac{S_2^{\,2}}{n}}}\right| \geq Z_{\alpha/2}$$

예 9.4 부모의 흡연 여부가 유아들의 건강에 영향을 미치는 여부는 중요한 관심사이다. 집에서 흡연하는 부모에 노출된 유아들과 그렇지 않은 유아들의 오줌 속 니코틴 양을 조사한 결과가 주어졌다.

표본 1(흡연)	$m = 35$	$\overline{x_1} = 31.3$	$s_1 = 37.1$
표본 2(비흡연)	$n = 40$	$\overline{x_2} = 116.0$	$s_2 = 60.0$

두 모집단의 모평균 μ_1, μ_2의 차이에 대한 신뢰구간을 구하고, 모평균 μ_1, μ_2의 동일성에 관하여 가설검정하라(단, 유의수준 $\alpha = 0.05$이다).

풀이 $\mu_1 - \mu_2$의 95% 신뢰구간은 다음과 같다.

$$\overline{X_1} - \overline{X_2} \pm Z_{\frac{\alpha}{2}} \sqrt{\frac{S_1^2}{m} + \frac{S_2^2}{n}}$$

$$= (31.3 - 116.0) \pm 1.96 \sqrt{\frac{37.1^2}{35} + \frac{60^2}{40}}$$

$$= -84.7 \pm 22.29$$

$$= (-106.99, -62.41)$$

또한 오줌 속 니코틴 양이 그룹별로 동일한지에 대한 가설은

$$H_0 : \mu_1 = \mu_2 \quad vs \quad H_1 : \mu_1 \neq \mu_2$$

이므로, 검정통계량 Z를 구하면 다음과 같다.

$$Z = \frac{\overline{X_1} - \overline{X_2} - (\mu_1 - \mu_2)}{\sqrt{\frac{S_1^2}{n} + \frac{S_2^2}{n}}} = \frac{31.3 - 116.0}{\sqrt{\frac{37.1^2}{35} + \frac{60^2}{40}}} = -7.448$$

따라서 $|Z| = 7.448 > Z_{\alpha/2} = Z_{0.025} = 1.96$이므로, 유의수준 $\alpha = 0.05$에서 H_0를 기각한다. 즉 오줌 속 니코틴 함유 평균값이 두 그룹별로 동일하지 않다고 결론 내린다.

□

9.2 대응비교

두 모집단의 추론을 위하여 각 모집단에서 하나의 표본을 선택하여 독립적인 2개의 표본을 얻었다.

그러나 어느 실험에서는 두 처리를 비교하기 위하여 개체들을 선택할 경우 다른 교락요인(confounding factor)으로 인하여 그들을 비교하기가 쉽지 않을 수 있다. 이런 경우 쌍체표본을 이용한다. 쌍체표본 자료의 각 개체 또는 대응된 개체 쌍에 대한 전−후(또는 사례−대조) 차이를 구함으로써 일표본 문제로 국한 시킬 수 있다. 즉 각

개체 또는 쌍에 대하여 관심 있는 특성값을 두 번 측정한다. 이때 각 쌍에서 처리를 적용할 때는 랜덤하게 하여야 한다. 즉 각 쌍의 단위 하나에 처리 1 또는 처리 2 중 하나를 랜덤하게 선택하여 적용하여야 한다. 각 쌍의 관측값의 차를 이용하여 두 모평균의 차이에 관한 추론을 하며, 이 계획을 대응비교(paired comparison)라고 한다. 대응비교의 자료구조는 다음과 같다.

대응비교의 자료구조

쌍		실험단위	
1		처리 1	처리 2
2		처리 2	처리 1
⋮		⋮	
n		처리 2	처리 1

쌍 간은 이질적이어도 되지만, 쌍 내는 동질적이어야 함

처리 1의 반응값을 X, 처리 2의 반응값을 Y라 하면 각 쌍 (X_i, Y_i) $i = 1, 2, \cdots, n$은 서로 독립이지만, 쌍 내의 X_i, Y_i는 통상 서로 독립적이지 않음에 유의하여야 한다. 만약 실험개체의 짝짓기(또는 쌍)가 효과적이라면 X_i가 크면 Y_i도 덩달아 클 것으로 예상된다.

확률변수의 차이 $D_i = X_i - Y_i$를 평균 δ, 분산 $\sigma_D{}^2$인 정규분포에서의 확률표본이라고 가정한다. 여기서 δ는 처리효과 차이의 평균을 의미한다. 만약 처리효과 차이의 평균 δ가 '0'이면, 두 처리의 효과가 동등하다는 의미이고, δ가 음수이면 처리 2의 평균 반응값이 처리 1보다 크다는 것을 나타낸다. $D_1, \cdots, D_n$을 한 모집단에서의 하나의 랜덤표본으로 간주하여 모평균 δ에 대한 추론을 이용한다.

모평균 차이 δ에 관한 추론

가정: 차이 $D_i \sim N(\delta, \sigma_D{}^2), \; i = 1, 2, \cdots, n$

1. δ에 관한 $100(1-\alpha)\%$ 신뢰구간

$$\overline{D} \pm t(n-1 : \frac{\alpha}{2}) \frac{S_D}{\sqrt{n}}$$

2. δ에 관한 검정 $H_0 : \delta = \delta_0 \quad vs \quad H_1 : \delta \neq \delta_0$

기각역 $|t| = \left| \dfrac{\overline{D} - \delta_0}{\dfrac{S_D}{\sqrt{n}}} \right| \geq t(n-1 : \dfrac{\alpha}{2})$

(단, $\overline{D} = \sum_{i=1}^{n} D_i / n, \; S_D{}^2 = \dfrac{\sum_{i=1}^{n}(D_i - \overline{D})^2}{n-1}$)

예 9.5   운동 기술의 습득에 있어서 정신 훈련의 효과를 알아보기 위하여, 8명의 성인 남자를 랜덤하게 선택하였다. 정신 훈련을 하지 않고 테스트한 점수와 소정의 정신 훈련을 마친 후 테스트한 점수를 아래와 같이 각각 기록하였다.

[표 9.2.1] 성인 남녀의 정신 훈련 전과 후의 운동 기술 테스트 점수

번호	훈련 전(X)	훈련 후(Y)	차이($D = X - Y$)
1	110	145	-35
2	153	161	-8
3	81	137	-56
4	134	161	-27
5	97	135	-38
6	127	156	-29
7	132	138	-6
8	138	147	-9

만약 차이 $D_i = X_i - Y_i$가 정규분포를 한다고 가정했을 때

(1) 모평균의 차이 μ_D의 95% 신뢰구간을 구하라.

(2) 정신 훈련 후 점수의 증가가 있는지를 유의수준 5%에서 검정하라.

[풀이]

(1) 모평균의 차이 μ_D의 95% 신뢰구간은

$$\overline{D} \pm t(n-1:0.025)\frac{S_D}{\sqrt{n}} = -26 \pm t(7:0.025)\frac{17.52}{\sqrt{8}}$$

$$= -26 \pm 2.365\frac{17.52}{\sqrt{8}} = (-40.64, -11.36)$$

이다($\overline{D} = -26$, $S_D = 17.52$, $t(7:0.025) = 2.365$).

(2) 정신훈련 후 점수의 증가가 있는 지를 검정하기 위한 가설은

$$H_0 : \mu_D = 0 \quad vs \quad H_1 : \mu_D < 0$$

이므로, 검정통계량 T를 계산하면 다음과 같다.

$$T = \frac{\overline{D}}{S_D/\sqrt{n}} = \frac{-26}{\frac{17.52}{\sqrt{8}}} = -4.20$$

따라서

$$T = -4.20 < -t(7:0.05) = -1.895$$

이므로, 유의수준 $\alpha = 0.05$로 H_0를 기각한다. 즉 정신훈련 후 점수의 증가가 있다고 할 수 있다. □

9.3 두 모비율의 차이에 관한 추론

두 모집단에서 어떤 특성치의 발생률을 비교하고자 한다. 모집단 1과 2에서 어떤 특성을 가지는 개체의 비율을 각각 p_1, p_2라고 하자. 예를 들어 '대학생 흡연율에 있어서 강원도와 경남 지역이 서로 동일한가' 또는 '산골 지역과 도시 지역에 거주하는 성인 여자의 고혈압 발생 비율이 동일한가' 등이 있다. 우리의 목적은 두 모비율의 차이 $(p_1 - p_2)$에 대한 신뢰구간이나 두 모비율이 동일하다는 귀무가설 $H_0 : p_1 = p_2$를 검정하려는 데 있다.

모집단 1로부터 크기 m인 표본을 선택하여 성공 횟수를 X, 모집단 2로부터 크기 n인 독립표본을 선택하여 성공 횟수를 Y라고 각각 표기한다. 각 표본의 표본비율 $\widehat{p_1}$, $\widehat{p_2}$는

$$\widehat{p_1} = \frac{X}{m}$$
$$\widehat{p_2} = \frac{Y}{n}$$

이므로, 그 기댓값과 분산을 각각 구하면 다음과 같다.

$$E(\widehat{p_1}) = p_1 \qquad\qquad E(\widehat{p_2}) = p_2$$

$$V(\widehat{p_1}) = \frac{p_1(1-p_1)}{m} \qquad V(\widehat{p_2}) = \frac{p_2(1-p_2)}{n}$$

각 표본비율 $\widehat{p_1}$, $\widehat{p_2}$는 서로 독립임을 가정하였으므로, 두 표본비율의 차이 $\widehat{p_1} - \widehat{p_2}$의 기댓값과 분산은

$$E(\widehat{p_1} - \widehat{p_2}) = p_1 - p_2$$

$$V(\widehat{p_1} - \widehat{p_2}) = \frac{p_1(1-p_1)}{m} + \frac{p_2(1-p_2)}{n}$$

이지만, 두 모비율 p_1, p_2의 추정값으로 표본비율 $\widehat{p_1}$, $\widehat{p_2}$을 각각 사용하여 $\widehat{p_1} - \widehat{p_2}$

의 분산의 추정값 $\widehat{V}(\widehat{p_1} - \widehat{p_2})$을 아래와 같이 구한다.

$$\widehat{V}(\widehat{p_1} - \widehat{p_2}) = \frac{\widehat{p_1}(1 - \widehat{p_1})}{m} + \frac{\widehat{p_2}(1 - \widehat{p_2})}{n}$$

따라서 대표본 m, n에 대하여 $\widehat{p_1} - \widehat{p_2}$를 표준화한 통계량 Z의 분포는 근사적으로 다음과 같다.

$$Z = \frac{\widehat{p_1} - \widehat{p_2} - (p_1 - p_2)}{\sqrt{\dfrac{\widehat{p_1}(1 - \widehat{p_1})}{m} + \dfrac{\widehat{p_2}(1 - \widehat{p_2})}{n}}} \sim N(0, 1)$$

이를 이용하여 $(p_1 - p_2)$에 관한 $100(1 - \alpha)\%$ 신뢰구간을 구한다.

대표본에서 두 모비율의 차이 $(p_1 - p_2)$에 대한 $100(1 - \alpha)\%$ 근사 신뢰구간

$$\widehat{p_1} - \widehat{p_2} \pm Z_{\alpha/2} \sqrt{\frac{\widehat{p_1}(1 - \widehat{p_1})}{m} + \frac{\widehat{p_2}(1 - \widehat{p_2})}{n}}$$

이제 두 모비율에 관한 검정을 다루기로 한다. 귀무가설 $H_0: p_1 = p_2$는 두 모비율이 서로 동일하다는 의미이므로, 공통 모비율인 p의 합동추정량 $\widehat{p}$를 다음과 같이 구한다.

$$\widehat{p} = \frac{X + Y}{m + n}$$

충분히 큰 m, n에 대하여 귀무가설 $H_0: p_1 = p_2$하에서 $\widehat{p_1} - \widehat{p_2}$는 근사적으로 정규분포를 하며 그 기댓값과 분산의 추정량은 각각 다음과 같다.

$$E(\widehat{p_1} - \widehat{p_2}) = 0$$

$$\widehat{V}(\widehat{p_1} - \widehat{p_2}) = \sqrt{\widehat{p}(1 - \widehat{p})(\frac{1}{m} + \frac{1}{n})}$$

따라서 이를 표준화한 통계량 Z의 분포는 근사적으로

$$Z = \frac{\hat{p_1} - \hat{p_2}}{\sqrt{\hat{p}(1-\hat{p})(\frac{1}{m} + \frac{1}{n})}} \simeq N(0,1)$$

이므로, Z의 값이

$$|Z| \geq Z_{\alpha/2}$$

을 만족하면 유의수준 α에서 $H_0 : p_1 = p_2$를 기각한다.

표본크기가 충분히 큰 m, n에 대한 모비율의 차이 $(p_1 - p_2)$에 대한 검정

가설 $H_0 : p_1 = p_2 \ vs \ H_1 : p_1 \neq p_2$

기각역 $|Z| = \left| \dfrac{\hat{p_1} - \hat{p_2}}{\sqrt{\hat{p}(1-\hat{p})(\frac{1}{m} + \frac{1}{n})}} \right| \geq Z_{\alpha/2}$

(단, p의 합동추정량 $\hat{p} = \dfrac{X+Y}{m+n}$)

예 9.6 한국금연연구소에서는 대학생 흡연율이 한국과 일본에서 차이가 있는지를 알아보기 위하여, 2003년 7월부터 1년간 부산·경남지역 대학생 중 2,700명, 일본 홋카이도 지역 대학생 중 3,000명에 대하여 조사한 결과 다음과 같은 자료를 얻었다.

	표본크기	흡연자 수
한국 대학생	2700	1153
일본 대학생	3000	738
계	5700	1891

부산·경남 지역 대학생의 흡연율을 p_1, 홋카이도 지역 대학생의 흡연율을 p_2라 할 때,

(1) 모비율의 차이 $p_1 - p_2$에 대한 95% 신뢰구간을 구하라.
(2) 두 지역 대학생의 흡연율이 서로 동일하지 않은지를 유의수준 5%에서 검정하라.

[풀이]

(1) 부산·경남 지역 대학생 흡연율의 추정값을 $\hat{p_1}$, 홋카이도 지역 대학생 흡연율의 추정값을 $\hat{p_2}$, 공통의 모비율 p의 합동추정량을 $\hat{p}$이라 하면

$$\hat{p_1} = \frac{X}{m} = \frac{1153}{2700} = 0.427$$

$$\hat{p_2} = \frac{Y}{n} = \frac{738}{3000} = 0.246$$

$$\hat{p} = \frac{X+Y}{m+n} = \frac{1153+738}{2700+3000} = 0.332$$

이므로, 대표본에서 $(p_1 - p_2)$에 대한 95% 신뢰구간을 구하면 다음과 같다.

$$\hat{p_1} - \hat{p_2} \pm Z_{0.025} \sqrt{\frac{\hat{p_1}(1-\hat{p_1})}{m} + \frac{\hat{p_2}(1-\hat{p_2})}{n}}$$

$$= (0.427 - 0.246) \pm 1.96 \sqrt{\frac{0.427(1-0.427)}{2700} + \frac{0.246(1-0.246)}{3000}}$$

$$= 0.181 \pm 0.024$$

$$= (0.157 , 0.205)$$

(2) 두 지역별로 대학생 흡연율이 차이가 있는지를 검정하기 위한 가설은

$$H_0 : p_1 = p_2 \quad vs \quad H_1 : p_1 \neq p_2$$

이므로, 검정통계량 Z를 다음과 같이 구한다.

$$Z = \frac{\hat{p_1} - \hat{p_2}}{\sqrt{\hat{p}(1-\hat{p})(\frac{1}{m} + \frac{1}{n})}} = \frac{0.427 - 0.246}{\sqrt{0.332(1-0.332)(\frac{1}{2700} + \frac{1}{3000})}} = 14.489$$

따라서

$$|Z| = 14.489 \geq Z_{0.025} = 1.96$$

이므로, 유의수준 $\alpha = 0.05$에서 $H_0 : p_1 = p_2$를 기각한다. 즉 두 지역의 흡연율은 서로 다르다고 결론 내린다.

9.4 두 모분산의 비에 관한 추론

두 모집단의 특성치의 변동을 비교하고자 한다. 두 모집단의 모분산비에 관한 추론을 위하여 다음 가정을 필요로 한다.

> **자료의 구조**
>
> 1. $X_1, \cdots, X_m$은 평균 μ_1, 분산 $\sigma_1{}^2$인 정규모집단 1에서의 확률표본이다.
> 2. $Y_1, \cdots, Y_n$은 평균 μ_2, 분산 $\sigma_2{}^2$인 정규모집단 2에서의 확률표본이다.
> 3. 확률표본 $X_1, \cdots, X_m$과 확률표본 $Y_1, \cdots, Y_n$은 서로 독립이다.

모분산에 관한 추론은, 표본분산 s_1^2, s_2^2

$$s_1^2 = \frac{1}{m-1} \sum_{i=1}^{m} (X_i - \overline{X})^2$$

$$s_2^2 = \frac{1}{n-1} \sum_{i=1}^{n} (Y_i - \overline{Y})^2$$

에 근거하여, 다음과 같은 비 F_0는

$$F_0 = \frac{s_1^2/\sigma_1^2}{s_2^2/\sigma_2^2} \sim F(m-1, n-1)$$

임을 이용한다. 따라서 적당한 양수 α에 대하여

$$P\left(F\left(m-1, n-1 : 1-\frac{\alpha}{2}\right) \le F_0 = \frac{s_1^2/\sigma_1^2}{s_2^2/\sigma_2^2} \le F\left(m-1, n-1 : \frac{\alpha}{2}\right)\right) = 1-\alpha$$

이며, 이를 정돈하면

$$P\left(\frac{s_1^2}{s_2^2} \frac{1}{F(m-1, n-1 : \alpha/2)} \le \frac{\sigma_1^2}{\sigma_2^2} \le \frac{s_1^2}{s_2^2} \frac{1}{F(m-1, n-1 : 1-\alpha/2)}\right) = 1-\alpha$$

이므로, 모분산의 비 σ_1^2/σ_2^2에 대한 $100(1-\alpha)$% 신뢰구간은 다음과 같다.

두 정규모집단의 모분산 비 σ_1^2/σ_2^2에 관한 $100(1-\alpha)$% 신뢰구간

$$\left(\frac{s_1^2}{s_2^2} \frac{1}{F(m-1, n-1 : \alpha/2)}, \frac{s_1^2}{s_2^2} \frac{1}{F(m-1, n-1 : 1-\alpha/2)}\right)$$

이제 두 모분산의 비에 관한 검정을 다루기로 한다. 귀무가설 $H_0 : \sigma_1^2/\sigma_2^2 = 1$은 두 모분산이 서로 동일하다는 의미이므로, 귀무가설하에서 검정통계량 F_0의 분포는

$$F_0 = \frac{s_1^2/\sigma_1^2}{s_2^2/\sigma_2^2} = \frac{s_1^2}{s_2^2} \sim F(m-1, n-1)$$

이므로, 대립가설이 단측인 경우 적당한 양수 α에 대하여

$$P\left(F_0 = \frac{s_1^2}{s_2^2} \ge F(m-1, n-1 : \alpha)\right) = 1-\alpha$$

이다. 따라서 유의수준 α에 대한 기각역은 다음과 같다.

$$F_0 \ge F(m-1, n-1 : \alpha)$$

대립가설이 양쪽인 경우

$$P(F_0 \geq F(m-1, n-1 : \frac{\alpha}{2}) \text{ 또는 } F_0 \leq F(m-1, n-1 : 1 - \frac{\alpha}{2})) = 1 - \alpha$$

이므로, 유의수준 α에 대한 기각역은

$$F_0 \geq F(m-1, n-1 : \frac{\alpha}{2}) \text{ 또는 } F_0 \leq F(m-1, n-1 : 1 - \frac{\alpha}{2})$$

이다.

두 정규모집단의 모분산 비에 관한 검정

$$H_0 : \sigma_1^2 / \sigma_2^2$$

1. 검정통계량

$$F_0 = \frac{s_1^2}{s_2^2} \sim F(m-1, n-1)$$

2. 기각역

　단측인 경우 $F_0 \geq F(m-1, n-1 : \alpha)$

　양측인 경우 $F_0 \geq F(m-1, n-1 : \frac{\alpha}{2})$ 또는 $F_0 \leq F(m-1, n-1 : 1 - \frac{\alpha}{2})$

예 9.7　기계 A에서 생산하는 제품과 기계 B에서 생산하는 제품의 변동을 비교해보고자 한다. 기계 A에서 생산하는 제품 중 12개를, 기계 B에서 생산하는 제품 중 10개를 각각 랜덤으로 선택하여 각각의 표본분산을 측정한 결과 다음을 얻었다(두 모집단은 각각 정규분포임을 가정한다).

$$s_A^2 = 2.3^2$$

$$s_B^2 = 1.5^2$$

이때,

(1) 두 모집단의 분산비에 대한 95% 신뢰구간을 구하라.

(2) 기계 A에서 생산하는 제품의 변동 $\sigma_A{}^2$이 기계 B에서 생산하는 제품의 변동 $\sigma_B{}^2$보다 큰지를 유의수준 $\alpha = 0.05$에서 가설검정하라.

[풀이] 기계 A에서 생산하는 제품의 표본크기와 변동은

$$m = 12$$
$$s_A{}^2 = 2.3^2$$

이며, 기계 B에서 생산하는 제품의 표본크기와 변동은 다음과 같다.

$$n = 10$$
$$s_B{}^2 = 1.5^2$$

(1) 따라서 $\dfrac{\sigma_A^2}{\sigma_B^2}$에 관한 95% 신뢰구간을 구하면 다음과 같다.

$$\left(\frac{s_A^2}{s_B^2} \frac{1}{F(m-1, n-1 : \frac{\alpha}{2})} , \frac{s_A^2}{s_B^2} \frac{1}{F(m-1, n-1 : 1-\frac{\alpha}{2})} \right)$$

$$= \left(\frac{2.3^2}{1.5^2} \frac{1}{F(11, 9 : 0.025)} , \frac{2.3^2}{1.5^2} \frac{1}{F(11, 9 : 0.975)} \right)$$

$$= (0.76 , 6.81)$$

(2) 두 모집단의 비가 1보다 큰지를 검정하기 위한 가설은

$$H_0 : \frac{\sigma_A{}^2}{\sigma_B{}^2} = 1 \quad vs \quad H_{1:} \sigma_A{}^2 > \sigma_B{}^2$$

이므로, 검정통계량 F_0를 다음과 같이 구한다.

$$F_0 = \frac{s_A^2}{s_B^2} = \frac{2.3^2}{1.5^2} = 2.35$$

그런데

$$F_0 = 2.35 < F(11, 9 : 0.05) = 3.10$$

이므로, 유의수준 $\alpha = 0.05$에서 $H_0 : \sigma_A{}^2/\sigma_B{}^2 = 1$을 기각하지 못한다. 즉, 두 모분산의 동일함을 기각하지 못한다.　　　　　　　　　　　　　□

9.5　SPSS 실습

(1) 두 모평균 차이에 관한 추론

[실습]　예술인 가구의 남녀별 월수입을 기록한 [표 9.1.1]을 이용하여 다음 질문에 답하라. 남녀별 월수입은 각각 정규분포임을 가정하였을 때, 남녀별 월평균 수입의 차이 $\mu_M - \mu_F$에 대한 95% 신뢰구간을 구하고, 월평균 수입이 남녀별로 동일한지를 가설검정하라(유의수준 α는 0.05이다).

[풀이]　SPSS 데이터 편집기에서 변수 income와 성별을 나타내는 변수 gender를 가진 income.sav를 생성한다. 이때 남성인 경우 gender=1, 여성인 경우 gender=2로 놓는다.

　[그림 9.5.1]의 데이터 편집기 메뉴에서 **분석 → 평균 비교 → 독립표본 T검정**을 클릭하여 [그림 9.5.2]의 '독립표본 T검정' 대화상자를 구한 후, 변수 income를 '검정변수' 항으로 변수 gender를 '집단변수' 항으로 옮긴다. '집단정의' 항을 클릭하여 [그림 9.5.3]의 집단정의 대화상자가 나오면 집단 1에는 '1' 집단 2에는 '2'를 입력한 후 〈계속〉을 누르고, 〈확인〉을 클릭하여 다음과 같은 결과를 얻는다.

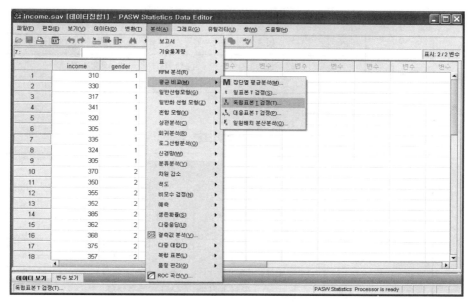

[그림 9.5.1] 독립표본 검정을 위한 명령

[그림 9.5.2] 독립표본 T검정 대화상자

[그림 9.5.3] 집단정의 대화상자

[표 9.5.1]

집단통계량

	gender	N	평균	표준편차	평균의 표준오차
income	1	9	320.78	12.921	4.307
	2	9	363.78	11.660	3.887

[표 9.5.2]

독립표본 검정

		Levene의 등분산 검정		평균의 동일성에 대한 t-검정					차이의 95% 신뢰구간	
		F	유의확률	t	자유도	유의확률 (양쪽)	평균차	차이의 표준오차	하한	상한
Income	등분산이 가정됨	.091	.767	−7.412	16	.000	−43.000	5.801	−55.298	−30.702
	등분산 가정 되지 않음			−7.412	15.834	.000	−43.000	5.801	−55.309	−30.691

‘독립표본 검정’의 결과표에 의하면, Levene의 등분산 검정의 결과에 따라 등분산인 경우와 등분산이 아닌 경우에서 하나를 선택하게 된다. 여기서는 등분산 검정의 유의확률이 .767이므로 ‘등분산이 가정됨’ 난을 고르면 된다. 즉 두 모평균 차이에 대한 95% 신뢰구간은 (−55.298, −30.702)이며, 가설 $H_0 : \mu_M = \mu_F$ vs $\mu_M \neq \mu_F$을 위한 검정통계량 t의 값은 −7.412이고 유의확률이 0.0이므로 H_0를 기각하게 된다.

즉 예술인 가구의 남녀별 월수입은 유의수준 $\alpha = 0.05$로 동일하지 않다고 결론 내린다. □

(2) 대응비교

실습 성인 남녀 각 8명의 정신 훈련 전과 후의 운동 기술 테스트 점수를 기록한 자료 [표 9.2.1]을 이용하여 다음 질문에 답하라.

만약 차이 $D_i = X_i - Y_i$가 대략 정규분포임을 가정할 때

(1) 모평균의 차이 μ_D의 95% 신뢰구간을 구하라.
(2) 정신 훈련 후 점수의 증가가 있는지를 유의수준 $\alpha = 0.05$에서 가설검정하라.

[풀이] SPSS 데이터 편집기에서 변수 훈련 전(x)과 훈련 후(y)를 입력한 SPSS 데이터 세트인 mental.sav를 생성한다. [그림 9.5.4]의 데이터 편집기 메뉴에서 **분석 → 평균 비교 → 대응표본 T검정**을 클릭하여 [그림 9.5.5]의 '대응표본 T검정' 대화상자를 구한 후, 변수 x는 변수1로 변수 y는 변수2로 옮긴다.

〈확인〉을 클릭하면, SPSS 뷰어 창 화면이 새로 생기면서 대응비교의 결과가 산출된다.

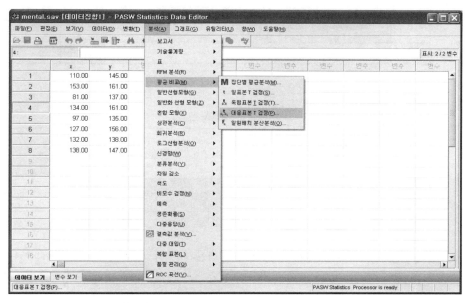

[그림 9.5.4] 대응표본 T검정을 위한 명령

[그림 9.5.5] 대응표본 T검정 대화상자

[표 9.5.3]

대응표본 통계량

		평균	N	표준편차	평균의 표준오차
대응 1	x	121.5000	8	23.70654	8.38153
	y	147.5000	8	10.69045	3.77964

[표 9.5.4]

대응표본 상관계수

		N	상관계수	유의확률
대응 1	x & y	8	.729	.040

[표 9.9.5]

대응표본 검정

		대응차							
					차이의 95% 신뢰구간				
		평균	표준편차	평균의 표준오차	하한	상한	t	자유도	유의확률 (양쪽)
대응1	x−y	−26.000	17.517	6.193	−40.644	−11.355	−4.198	7	.004

대응표본 T검정의 결과에 의하면, 모평균의 차이 μ_D의 95% 신뢰구간은 (−40.64489, −11.35514)이다. 또한 가설 $H_0 : \mu_D = 0$ vs $H_1 : \mu_D < 0$를 검정하기 위한 검정통계량 t의 값은 −4.198이고 양측 유의확률값은 0.004이다. 따라서 단측검정의 p−값은 0.002이므로 귀무가설 H_0를 기각하게 된다.

즉 정신 훈련 후 유의수준 $\alpha = 0.05$에서 점수의 증가가 있음을 결론 내릴 수 있다.

□

1. 신생아 체중에 관한 연구에서 성별에 따른 차이가 있는지에 관심이 있다고 한다. 랜덤으로 선택한 남아 12명과 여아 11명의 체중에 관한 자료가 다음과 같다.(단위: kg, 단, 신생아 체중은 대략 정규분포임을 가정한다.)

자료						
남아	3.1	2.7	3.5	3.3	2.9	3.0
	3.6	3.8	3.2	3.3	2.7	3.1
여아	3.2	2.6	2.7	3.1	3.3	2.8
	2.7	2.9	3.2	3.1	3.0	

모분산 $\sigma_1^2 = \sigma_2^2 = 0.8$로 주어졌을 때, 남아와 여아의 평균 체중 차이에 관한 95% 신뢰구간을 구하고, 남아의 평균 체중이 여아보다 더 무거운지를 유의수준 0.05에서 가설검정하라.

2. 건강한 30대 초반 여성들과 당뇨가 있는 30대 초반 여성들의 확장기 혈압을 잰 자료가 다음과 같다(단, 확장기 혈압은 정규분포임을 가정한다).

자료						
건강한 그룹	77.2	74.5	73.3	71.5	76.4	72.5
	74.9	75.5	75.1	70.3	76.1	74.1
당뇨가 있는 그룹	71.5	74.3	76.2	72.7	73.5	77.2
	70.3	69.7	72.1	70.6	69.5	

건강한 그룹과 당뇨가 있는 그룹의 모분산이 서로 동일하다고 할 때, 두 그룹 간의 평균 확장기 혈압의 차이에 대한 90% 신뢰구간을 구하고, 당뇨가 있을 경우 평균 확장기 혈압이 감소하였는지를 유의수준 5%에서 검정하라.

3. 위의 당뇨에 관한 자료를 이용하여 건강한 그룹과 당뇨가 있는 그룹의 모분산이 서로 동일하지 않다고 가정하였을 때, 두 그룹 간의 평균 확장기 혈압의 차이에 대한 90% 신뢰구간을 구하고, 당뇨가 있을 경우 평균 확장기 혈압이 감소하였는지를 유의수준 5%에서 검정하라.

4. 진성당뇨가 있는 중년 남성 중 49명을, 건강한 중년 남성 중 58명을 랜덤으로 골라 체질량지수(body mass index)를 측정한 결과가 각기 다음과 같다.

	표본크기	평균(kg/m^2)	표준편차
진성당뇨군	49	25	2.7
정상군	58	24	2.5

이때 두 그룹 간의 평균 체질량지수 차이에 관한 95% 신뢰구간을 구하고, 중년 남성에 있어서 체질량지수와 당뇨 간의 어떤 관련성이 있는지를 검정하라.

5. LDL 콜레스테롤(low-density-lipoprotein cholesterol)을 관리하기 위하여, 14명의 남성을 랜덤하게 선택하여 운동 – 식이요법 적용 전과 후의 LDL 콜레스테롤의 감소량을 조사한 결과 다음과 같다(단, LDL 콜레스테롤 감소량은 대략 정규분포이다).

4.61	6.42	5.40	4.54	3.98
3.82	5.01	4.34	3.80	4.56
5.35	3.89	2.25	4.24	

이때 LDL 콜레스테롤 감소량의 99% 신뢰구간을 구하고, 운동 – 식이요법 후 LDL 콜레스테롤 양이 감소하였는지를 유의수준 $\alpha = 0.01$에서 검정하라(단위: mmol/L).

6. [문제 2]의 자료를 이용하여, 두 모분산 σ_1^2와 σ_2^2의 비에 관한 95% 신뢰구간을 구하고, 두 모분산이 서로 동일한지를 유의수준 $\alpha = 0.05$로 가설검정하라.

7. 중년에 흡연하는 경우 늙어 치매로 발전할 확률이 높아지는 것으로 나타났다. 노인 400명을 랜덤으로 뽑아 조사한 결과, 중년에 흡연한 164명 중 121명이, 중년에 흡연하지 않은 236명 중 140명이 치매로 고통 받고 있음이 밝혀졌다.
중년에 흡연한 경우와 그렇지 않았을 경우 치매에 걸릴 확률의 차이에 대한 90% 신뢰구간을 구하고, 두 그룹 간에 치매에 걸릴 확률이 서로 동일한지를 유의수준 0.1에서 가설검정하라.

10장
실험계획법

10.1 일원배치법
10.2 SPSS 실습

지금까지는 두 모평균을 비교하는 문제를 다루었다. 이 장에서는 이를 확장하여 세 개 이상의 모평균을 비교하는 방법을 다루기로 한다. 가령 모집단의 수가 2인 경우 두 표본의 평균의 차이 $\overline{x_1} - \overline{x_2}$를 계산하여 이표본 t-검정을 적용하였지만, 모집단의 수가 예를 들어 5개로 증가한다면 t-검정을 10번이나 수행하여야 한다. 모집단의 수가 증가할수록 작업량이 많이 늘어나는 것도 문제이지만, 보다 근본적인 문제점은 10번의 t-검정 중 적어도 한 개의 검정이 제1종 오류에 속할 확률이 증가한다는 데 있다. 따라서 여러 그룹의 모평균을 한꺼번에 동시에 비교하는 방법이 필요하게 된 다. 이 방법이 바로 분산분석법(analysis of variance, ANOVA)이다.

10.1 일원배치법

▶ 반복수가 같은 일원배치법

일원배치법이란 반응값에 영향을 주는 인자(요인, factor)의 수가 단지 하나인 경우이 다. 인자의 수준수가 k일 때, k개의 독립된 모평균을 비교하고자 각 모집단에서 각 각 크기 n인 표본을 추출하였다고 하자. 그 자료구조는 다음과 같다.

[표 10.1.1] 인자의 수준수가 k인 일원배치법

	인자의 수준				
1	2	·	·		k
y_{11}	y_{21}				y_{k1}
⋮	⋮				⋮
y_{1n}	y_{2n}				y_{kn}
$\overline{y}_1$	$\overline{y}_2$	·	·		$\overline{y}_k$

위의 자료에 대하여 다음과 같은 모형을 가정한다.

$$y_{ij} = \mu_i + \epsilon_{ij} \tag{10.1.1}$$

여기에서 μ_i는 i번째 처리의 평균 반응값을, ϵ_{ij}는 i번째 처리 중 j번째 반복값의 오차항을 의미하며, ϵ_{ij}는 서로 독립이며 정규분포 $N(0\,,\sigma^2)$을 따른다고 가정한다. 자료 전체의 모평균, 즉 전체 평균 μ를

$$\mu = \frac{\sum_{i=1}^{k}\mu_i}{k}$$

로 놓으면 식 (10.1.1)은

$$y_{ij} = (\mu_i - \mu) + \mu + \epsilon_{ij} = \mu + \tau_i + \epsilon_{ij} \tag{10.1.2}$$

이며, 여기에서 $\tau_i = \mu_i - \mu$를 i번째 처리 효과(treatment effect)라 하며, 다음의 제약 조건

$$\sum_{i=1}^{k}\tau_i = 0$$

을 만족한다.

$\overline{y_{i.}}$를 i번째 처리의 관측값들의 평균
$\overline{y}$를 전체 관측값들의 평균이라고 놓으면

$$\overline{y_{i.}} = \frac{\sum_{j=1}^{n}y_{ij}}{n}$$

$$\overline{y} = \frac{\sum_{i}^{k}\sum_{j}^{n}y_{ij}}{n \cdot k}$$

이다.

$y_{ij} - \overline{y}$를 총편차, $y_{ij} - \overline{y_i}$를 표본 내 편차, $\overline{y_i} - \overline{y}$를 표본 간 편차라 할 때, 총편차는

$$y_{ij} - \overline{y} = (y_{ij} - \overline{y_i}) + (\overline{y_i} - \overline{y})$$

로 분해되며, 위의 등식을 제곱하여 $k \cdot n$개의 점에서 더해주면

$$\sum_{i=1}^{k}\sum_{j=1}^{n}(y_{ij}-\overline{y})^2 = \sum_{i=1}^{k}\sum_{j=1}^{n}(y_{ij}-\overline{y}_i)^2 + n\sum_{i=1}^{k}(\overline{y}_i-\overline{y})^2$$

가 된다. 위의 식은

전체제곱합 = 잔차제곱합 + 처리제곱합

	SST	SSE	SStr
자유도	kn-1	k(n-1)	k-1

로 표현되며, 여기에서 SST는 전체제곱합(total sum of squares), SSE는 잔차제곱합 (residual sum of squares) 또한 오차제곱합(error sum of squares) 그리고 SStr은 처리제 곱합(treatment sum of squares)이라 한다.

각 제곱합에 대응하는 자유도(df, degrees of freedom)를 생각해보자. 전체제곱합 SST의 자유도는 변수 y의 표본분산의 분모항인 kn-1이며, 처리제곱합 SStr의 자유도 는 k개의 처리 간의 차이를 나타내는 k-1이며, 나머지 k(n-1)은 잔차제곱합 SSE의 자유도가 된다. 이를 분산분석표로 나타내면 다음과 같다.

[표 10.1.2] 분산분석표

요인	제곱합	자유도	평균제곱	F
처리	SStr	k-1	MStr	MStr/MSE
잔차	SSE	k(n-1)	MSE	
전체	SST	kn-1		

분산분석표의 검정통계량 F는 MStr(k개 처리 간의 평균 변동)과 MSE(k개 처리 내 의 평균 변동)를 비교하는 값이다. 이 값이 1에 가까우면 k개의 모평균이 동일하다는 귀무가설을 기각하지 못한다. 즉 다음 가설을 유의수준 α로 검정하면

$$H_0 : \mu_1 = \mu_2 = \cdots = \mu_k \text{ 또는 } H_0 : \tau_1 = \tau_2 = \cdots = \tau_k = 0$$

① 검정통계량

$$F = \frac{MStr}{MSE}$$

② 기각역

$$F \geq F(k-1, k(n-1) : \alpha)$$

이다.

[예제] 대화 상대의 연령에 따른 경어체 사용 빈도를 조사하기 위하여 일본인 여성 15명을 선택하였다. 이 중 5명은 그들보다 연하의 대화 상대와, 5명은 그들과 동등한 연령의 대화 상대와, 나머지 5명은 그들보다 연상인 대화 상대와의 경어체 사용 문장의 수(100문장 중)를 조사하였다(설명을 위해 자료를 약간 수정함).

[표 10.1.3] 대화 상대

연하(1)	동등(2)	연상(3)
0	57	50
0	13	40
50	50	100
17	50	33
0	50	71

이때 대화 상대에 따른 경어체 사용 문장의 수에 차이가 있는지를 가설검정하라 (유의수준 $\alpha = 0.05$).

[풀이]

$$\overline{y_1} = 13.4, \quad \overline{y_2} = 44, \quad \overline{y_3} = 58.8, \quad \overline{\overline{y}} = 38.73$$

$$s_1^2 = \frac{\sum (y_{1j} - \overline{y_1})^2}{n-1} = 472.8$$

$$s_2^2 = \frac{\sum (y_{2j} - \overline{y_2})^2}{n-1} = 309.5$$

$$s_3^2 = \frac{\sum (y_{3j} - \overline{y_3})^2}{n-1} = 735.7$$

$$SST = \sum_{i=1}^{3} \sum_{j=1}^{5} (y_{ij} - \overline{\overline{y}})^2 = 11432.93$$

$$SStr = \sum_{i=1}^{3} \sum_{j=1}^{5} (\overline{y_{i \cdot}} - \overline{\overline{y}})^2 = 5 \sum_{i=1}^{3} (\overline{y_{i \cdot}} - \overline{\overline{y}})^2 = 5360.93$$

$$SSE = \sum_{i=1}^{3} \sum_{j=1}^{5} (y_{ij} - \overline{y_{i \cdot}})^2 = 6072$$

[표 10.1.4] 분산분석표

요인	제곱합	자유도	평균제곱	F	유의확률
처리	5360.93	2	2680.47	5.30	0.0224
잔차	6072	12	506		
전체	11432.93	14	816.64		

귀무가설 $H_0 : \mu_1 = \mu_2 = \mu_3$를 검정하기 위한 검정통계량 F는

$$F = 5.30 > F(2, 12 : 0.05) = 3.89$$

이므로 귀무가설 $H_0 : \mu_1 = \mu_2 = \mu_3$를 $\alpha = 0.05$에서 기각하며, 대화 상대에 따른 경어체 사용 빈도에 유의한 차이가 있다는 결론을 내린다. □

▶ 다중비교

만약 귀무가설을 기각하게 되면, k개의 모평균이 모두 동일하지는 않다는 의미이므로 어느 모평균과 또 다른 모평균 간의 차이가 유의한지를 분석하는 다중비교(multiple comparison)를 행할 필요가 있다. 예를 들어 3개의 모평균이 동일하다는 귀무가설을 기각하였을 때, 다중비교를 통하여 세 모평균 모두 서로 다를 수 있으며, 또는 한 모평균과 나머지 두 모평균이 다를 수도 있음을 알 수 있겠다.

다중비교 방법으로 Fisher의 최소유의차(least significant difference, LSD), Bonferroni 방법, Scheffé의 방법 그리고 Sidak 방법 등이 있지만 여기에서는 최소유의차 방법만을 다루기로 한다.

▶ 최소유의차 방법

만약 첫 번째 모평균과 두 번째 모평균의 동일성 여부를 가설검정하면

$$H_0 : \mu_1 = \mu_2$$

① 검정통계량

$$\frac{\overline{y_1} - \overline{y_2}}{\sqrt{\dfrac{1}{n}\widehat{\sigma^2} + \dfrac{1}{n}\widehat{\sigma^2}}} = \frac{\overline{y_1} - \overline{y_2}}{\sqrt{\dfrac{2}{n}\widehat{\sigma^2}}}$$

여기에서 $\widehat{\sigma^2}$는 잔차의 평균제곱이다.

② 기각역

$$\left| \frac{\overline{y_1} - \overline{y_2}}{\sqrt{\dfrac{2}{n}\widehat{\sigma^2}}} \right| \geq t\left(k(n-1) : \frac{\alpha}{2}\right)$$

$$\Leftrightarrow$$

$$\left| \overline{y_1} - \overline{y_2} \right| \geq t\left(k(n-1) : \frac{\alpha}{2}\right) \sqrt{\frac{2}{n}\widehat{\sigma^2}} \tag{10.1.3}$$

이다.

따라서 두 모평균의 차이가 유의하려면 최소한 $t\left(k(n-1) : \dfrac{\alpha}{2}\right) \sqrt{\dfrac{2}{n}\widehat{\sigma^2}}$ 보다는 커야하므로, 이 값을 최소유의차 LSD라 부른다. 따라서 LSD를 먼저 계산한 다음, 두 수준 간의 표본평균의 차 $\left| \overline{y_i} - \overline{y_j} \right|$를 구하여 이 값이 LSD보다 크면 두 모평균의 차이가 유의하다는 결론을 내리면 될 것이다.

이 방법은 이표본 t-검정에 근거하지만 모든 경우의 조합에 대한 이표본 t-검정의 유의수준은 α보다 커짐에 유의하여야 한다.

[예제] 경어체 사용 빈도 자료에서 귀무가설 $H_0 : \mu_1 = \mu_2 = \mu_3$를 기각한 바 있다. 이때 3개의 모평균에 대한 다중비교를 하라(단, 유의수준 $\alpha = 0.05$).

$$\overline{y_1} = 13.4, \qquad \overline{y_2} = 44, \qquad \overline{y_3} = 58.8$$

$$|\overline{y_1} - \overline{y_2}| = 30.6, \quad |\overline{y_1} - \overline{y_3}| = 45.4, \quad |\overline{y_2} - \overline{y_3}| = 14.8$$

$$
\begin{aligned}
LSD &= t\left(k(n-1) : \frac{\alpha}{2}\right)\sqrt{\frac{2}{n}\widehat{\sigma^2}} \\
&= t(12 : 0.025)\sqrt{\frac{2}{5}\widehat{\sigma^2}} = (2.179)\sqrt{\frac{2}{5}(506)} \\
&= 31.00
\end{aligned}
$$

따라서 31을 넘는 것은 $|\overline{y_1} - \overline{y_3}|$ 이므로 μ_1과 μ_2, μ_2와 μ_3는 각각 동일하지만 μ_1과 μ_3는 동일하지 않음을 알 수 있다. 이 검정결과를 다음과 같이 그려본다.

모평균: 1   2   3
—————————————
          —————————————

Bonferroni 방법, Scheffé의 방법 그리고 Sidak 방법 모두 동일한 결과를 산출하였다.

▶ 반복수가 다른 일원배치법

앞에서는 k개의 모집단에서 추출한 표본의 크기가 모두 동일한 경우를 다루었다. 그런데 표본의 크기가 동일하지 않은 경우, 즉 인자의 수준수가 k일 때 각 모집단에서 크기 n_i, $i = 1, \ldots, k$인 표본을 추출하였을 때 자료구조는 다음과 같다.

[표 10.1.5] 반복수가 다른 일원배치법

인자의 수준				
1	2	· · ·		k
y_{11}	y_{21}			y_{k1}
$\vdots$	$\vdots$			$\vdots$
y_{1n_1}	$\vdots$			y_{kn_k}
	y_{2n_2}			
$\overline{y_1}$	$\overline{y_2}$	· · ·		$\overline{y_k}$

위의 자료에 대하여 식 (10.1.1)과 동일한 모형을 가정한다. 자료 전체의 모평균 μ를

$$\mu = \frac{\sum_{i=1}^{k} n_i \mu_i}{\sum n_i}$$

로 놓으면 식 (10.1.1)은 식 (10.1.2)와 동일하게 되며, 앞의 제약 조건과는 다른

$$\sum_{i=1}^{k} n_i \tau_i = 0$$

을 만족한다. i번째 모집단에서 추출한 표본크기가 n_i이므로, 총 자료수는 $N = \sum_{i=1}^{k} n_i$ 이다. 전체제곱합은 반복수가 같은 경우와 마찬가지로 다음과 같이 잔차제곱합과 처리제곱합으로 나누어진다.

$$\sum_{i=1}^{k}\sum_{j=1}^{n_i}(y_{ij}-\overline{\overline{y}})^2 = \sum_{i=1}^{k}\sum_{j=1}^{n_i}(y_{ij}-\overline{y_i})^2 + \sum_{i=1}^{k}n_i(y_{i.}-\overline{\overline{y}})^2$$

	전체제곱합	잔차제곱합	처리제곱합
자유도	N-1	N-k	k-1

여기에서 i번째 처리의 관측값들의 평균은 $\overline{y_{i.}} = \dfrac{\sum^{n_i} y_{ij}}{n_i}$ 이고, 전체 관측값들의 평균은 $\overline{y} = \dfrac{\sum_i \sum_j y_{ij}}{N}$ 이다. 이를 분산분석표로 나타내보자.

[표 10.1.6] 분산분석표

요인	제곱합	자유도	평균제곱	F
처리	SStr	k-1	MStr	MStr/MSE
잔차	SSE	N-k	MSE	
전체	SST	N-1		

[예제] A대학교 대학생들이 한 달간 사용하는 용돈(만 원)이 학년 간에 서로 동일한 지를 조사하기 위하여 다음과 같은 자료를 얻었다.

[표 10.1.7] **대학생들의 한 달 용돈**

1학년	2학년	3학년	4학년
15	15	20	21
7	16	15	20
10	12	14	15
5		25	

이때 학년에 따른 한 달 평균 용돈이 차이가 있는지를 유의수준 5%로 가설검정하라.

[풀이]

$$\overline{y_1} = 9.25 \qquad \overline{y_2} = 14.33 \qquad \overline{y_3} = 18.5 \qquad \overline{y_4} = 18.67$$

$$SST = \sum_i \sum_j (y_{ij} - \overline{\overline{y}})^2 = 318.857$$

$$SStr = 125.773$$

$$SSE = 193.083$$

[표 10.1.8] **Analysis of Variance**

Source	ss	df	MS	F	Prob〉F
Between groups	125.77381	3	41.9246032	2.17	0.1546
Within groups	193.083333	10	19.3083333		
Total	318.857143	13	24.5274725		

귀무가설 $H_0 : \mu_1 = \mu_2 = \mu_3 = \mu_4$를 검정하기 위한 검정통계량 F는

$$F = 2.17 < F(3, 10 \; ; \; 0.05) = 3.71$$

이므로 귀무가설 $H_0 : \mu_1 = \mu_2 = \mu_3 = \mu_4$를 $\alpha = 0.05$에서 기각하지 못하며, 대학생들의 한 달 평균 용돈은 학년 간에 서로 동일함을 기각하지 못한다. □

실습 대화 상대의 연령에 따른 경어체 사용 빈도를 조사하기 위하여 한국인 남성 18명을 선택하였다. 이 중 6명은 그들보다 연하의 대화 상대와, 6명은 그들과 동등한 연령의 대화 상대와, 나머지 6명은 그들보다 연상인 대화 상대와의 경어체 사용 문장의 수(100문장 중)를 조사하였다(설명을 위해 자료를 약간 수정함).

대화 상대

연하(1)	동등(2)	연상(3)
17	29	89
33	53	55
0	30	38
0	33	33
0	33	50
0	60	82

이때 대화 상대에 따른 경어체 사용 문장의 수에 차이가 있는 지를 가설검정하라. 또한 Fisher의 최소유의차를 사용하여 세 모평균에 대한 다중비교를 하라(유의수준 $\alpha = 0.05$이다).

풀이 SPSS 데이터 편집기에서 두 변수 대화 상대(clientage)와 사용 문장의 수(sentence)를 가진 자료 honor.sav를 작성한다. 대화 상대의 연령에 따른 경어체 사용 빈도를 조사하기 위하여 [그림 10.2.1]의 데이터 편집기 메뉴에서 **분석 → 평균 비교 → 일원배치분산분석**을 클릭하여 일원배치분산분석 대화상자를 구한 후, [그림 10.2.2]에서와 같이 분석하고자 하는 두 변수 중 변수 sentence는 종속변수로, 변수 clientage는 요인분석으로 각각 옮긴 후, 〈확인〉을 클릭하면 SPSS 뷰어 창 화면이 새로 생기면서 결과가 출력된다.

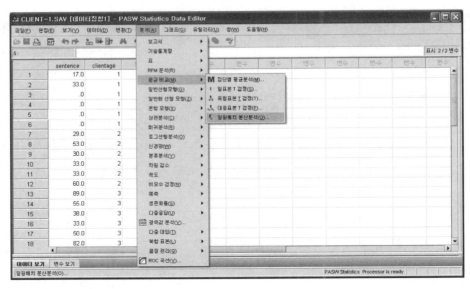

[그림 10.2.1] 일원배치법을 하기 위한 명령

[그림 10.2.2] 일원배치 분산분석 대화상자

변수 sentence에 관한 분산분석표

	제곱합	df	평균 제곱	f	유의확률
집단-간	7524.111	2	3762.056	12.586	.001
집단-내	4483.500	15	298.900		
합계	12007.611	17			

출력결과에 의하면 가설검정을 위한 검정통계량인 $f = 12.586$이고 그 유의확률이

0.001이므로, 세 모평균이 동일하다는 가설 $H_0 : \mu_1 = \mu_2 = \mu_3 \quad vs \quad H_1 : \text{not } H_0$를 유의수준 $\alpha = 0.05$로 기각하게 된다. Fisher의 최소유의차를 사용하기 위하여 [그림 10.2.2]의 일원배치 분산분석 대화상자에서 〈사후분석〉을 선택하면, [그림 10.2.3]의 일원배치 분산분석: 사후분석 – 다중비교 대화상자를 얻는다. [그림 10.2.3]에서 LSD 에 체크한 후, 계속 → 확인을 클릭하면 다음과 같은 다중비교 결과가 출력된다.

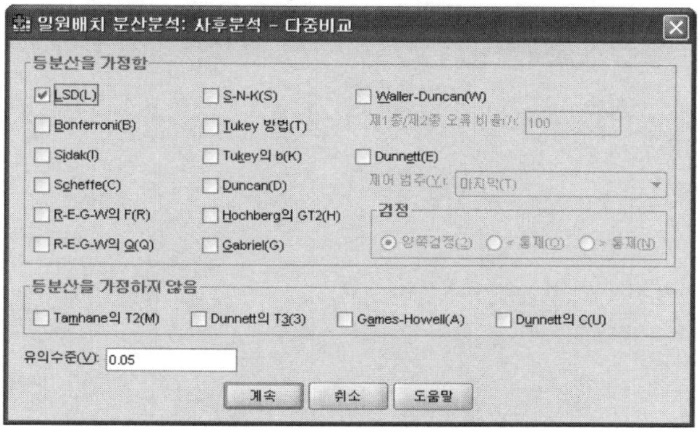

[그림 10.2.3] 사후분석–다중비교 대화상자

사후검정–다중비교(변수 sentence의 LSD 검정)

(I) clientage	(J) clientage	평균차(I–J)	표준오차오류	유의확률	95% 신뢰구간	
					하한값	상한값
1	2	−31.3333[*]	9.9816	.007	−52.609	−10.058
	3	−49.5000[*]	9.9816	.000	−70.775	−28.225
2	1	31.3333[*]	9.9816	.007	10.058	52.609
	3	−18.1667	9.9816	.089	−39.442	3.109
3	1	49.5000[*]	9.9816	.000	28.225	70.775
	2	18.1667	9.9816	.089	−3.109	39.442

* 평균차는 0.05 수준에서 유의합니다.

따라서 처음 모평균 μ_1과 두 번째 모평균 μ_2 그리고 처음 모평균 μ_1과 세 번째 모평균 μ_3는 각각 유의한 차이를 보여 동일하지 않음을 알 수 있다. 그렇지만 μ_2와

μ_3의 유의확률이 0.089이므로 유의수준 $\alpha = 0.05$에서 유의하지 않음을 보여준다. 이를 다음과 같이 그려 볼 수 있다.

모평균   <u> 1 </u>   <u> 2   3 </u>   □

1. 흡연이 남성 호르몬 수준과 연관이 있는지를 조사하고자 한다. 남성들의 연령은 35세~45세까지이고, 네 조건의 그룹 A_1, A_2, A_3, A_4는 각각 다음과 같다.

   $A_1 =$ 담배를 전혀 핀 적이 없는 그룹

   $A_2 =$ 연구 시작하기 적어도 6개월 전에 금연하는 그룹

   $A_3 =$ 하루에 10개피 이하를 피우는 그룹

   $A_4 =$ 하루에 20개피 이상을 피우는 그룹

   각 그룹은 5명씩이고 남성 호르몬 수준의 단위는 $\mu g/dL$라 할 때, 다음의 자료를 얻었다. 분산분석표를 작성하고, 네 조건의 그룹 간에 남성 호르몬의 수준 차이가 있는 지를 유의수준 10%에서 검정하라.

A_1	A_2	A_3	A_4
0.44	0.46	0.42	0.44
0.56	0.51	0.43	0.40
0.96	0.85	0.76	0.34
0.72	0.93	0.82	0.47
0.87	0.76	0.60	0.60

2. 4개의 그룹 A_1, A_2, A_3, A_4가 있다. 다음과 같은 계산값이 주어졌을 때, 분산분석표를 작성하고 4그룹의 평균이 동일한지를 유의수준 $\alpha = 0.05$에서 가설검정하라.

   $A_1 :$ $n_1 = 89$ $A_2 :$ $n_2 = 107$

               $\overline{y_1} = -0.2$ $\overline{y_2} = -0.26$

               $S_1 = 0.18$ $S_2 = 0.13$

$A_3:$ $\qquad n_3 = 63$ $\qquad\qquad\qquad A_4:$ $\qquad n_4 = 54$

$\qquad\qquad \overline{y_3} = -0.13$ $\qquad\qquad\qquad\qquad\qquad \overline{y_4} = -0.24$

$\qquad\qquad S_3 = 0.17$ $\qquad\qquad\qquad\qquad\qquad\quad S_4 = 0.18$

3. 공부 방법에 따라 시험 점수가 다른지를 조사하기 위하여, 세 종류 공부 방법을 대학생에게 적용하였다.

　　방법 1: 오로지 읽기만 하는 그룹
　　방법 2: 읽으면서 밑줄을 긋는 그룹
　　방법 3: 읽으면서 요약하는 그룹

다음과 같은 자료를 얻었을 때, 분산분석표를 얻기 위한 가정을 적고 분산분석표를 작성하라. 3종류의 공부 방법 효과가 동일한지를 가설검정하라(유의수준 $\alpha = 0.05$).

시험 점수

방법 1	방법 2	방법 3
15	15	18
14	14	18
16	25	18
13	10	16
11	12	18
14	14	20

4. 다음은 다섯 종류의 약제를 살포한 후에 조사한 실험구의 식물체당 해충의 수이다.

해충의 수

A	B	C	D	E
11	6	8	14	7
4	4	6	27	4
4	3	4	8	9
5	6	11	18	14

다섯 종류의 약제 살포에 따른 해충의 수가 모두 동일한지를 가설검정하라.

11장
상관과 회귀

여러 변수들 사이의 연관성을 알아내려는 연구들이 도처에 많이 진행되고 있다. 회귀 분석이란 어느 한 변수가 다른 여러 변수들에 의해 얼마나 잘 설명 또는 예측되는 지를 추정하고 분석하는 통계적 방법을 말한다.

예를 들어 산모와 신생아의 체중에 관한 관련성에 관심이 있다고 하자. 이때 표본 은 50명의 산모와 그 신생아의 체중으로 구성된다. 또 다른 예로, 만성병 환자의 병 원 입원 기간을 생각해 볼 수 있다. 그 기간은 환자의 연령, 결혼 상태, 성별 그리고 수입 등에 밀접한 관련이 있을지 모른다.

회귀모형에서는 다른 변수들의 값이 고정되었을 때, 어느 한 변수의 분포를 다루 고 연구한다.

[예제] 40마리의 생쥐를 방사능에 노출시켰을 때 그 생존 기간을 조사하였다.

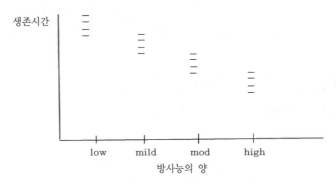

[그림 11.1] 방사능의 양에 대한 생존 시간의 산점도

위의 예에서 어떤 수준의 방사능 양에 대한 생존 시간의 변동을 연구하게 된다. 여기에서 생존 시간을 종속변수(dependent variable) 또는 반응변수(response variable) 라 하고, 생존 시간에 영향을 주는 방사능을 독립변수(independent variable) 또는 설명변수(explanatory variable)라 부른다. 종속변수는 종종 Y로, 독립변수들은 $X_1, X_2, \cdots, X_K$ 로 표기된다.

11.1 단순 선형회귀모형

이 절에서는 종속변수를 예측하기 위한 독립변수의 수가 하나인 단순 선형회귀모형 (simple linear regression model)의 기본 개념에 관하여 다루기로 한다. 일반적으로 종속변수는 연속형이어야 하며, 정규분포를 하여야 함을 가정한다. 단순선형모형은

$$y = \beta_0 + \beta_1 x + \varepsilon \qquad (11.1.1)$$

이며, 여기에서 y는 종속변수를, β_0와 β_1은 회귀계수를, x는 독립변수를 그리고 ε은 평균 0, 분산 σ^2인 정규분포를 따르는 오차항(error term)을 각각 나타난다. β_0, β_1, σ^2은 미지의 모수이다. 독립변수의 수가 단지 하나이기 때문에 '단순'이라고 하며 독립변수의 형태가 일차이므로 선형이라고 표기한다.

자료가 $(x_1 , y_1), \cdots, (x_n , y_n)$일 때 식 (11.1.1)은 다음과 같이 구체적으로 표현된다.

$$y_i = \beta_0 + \beta_1 x_i + \varepsilon_i \qquad i = 1, 2, \cdots, n$$

여기에서 오차항 $\varepsilon_1, \cdots, \varepsilon_n$은 서로 독립이며 각각 $N(0 , \sigma^2)$을 따른다.

[예제] 30명의 수축기 혈압(mmHg) SBP(systolic blood pressure)와 연령 age에 관한 관측값이 아래에 주어졌다.

[표 11.1.1]

개체	Y(SBP)	X(age)	개체	Y(SBP)	X(age)
1	144	39	16	130	48
2	220	47	17	135	45
3	138	45	18	114	17
4	145	47	19	116	20
5	162	65	20	124	19

[표 11.1.1] (계속)

개체	Y(SBP)	X(age)	개체	Y(SBP)	X(age)
6	142	46	21	136	36
7	170	67	22	142	50
8	124	42	23	120	39
9	158	67	24	120	21
10	154	56	25	160	44
11	162	64	26	158	53
12	150	56	27	144	63
13	140	59	28	130	29
14	110	34	29	125	25
15	128	42	30	175	69

30쌍의 관측값 $(x_1 , y_1) = (39 , 144), \cdots, (x_{30} , y_{30}) = (69 , 175)$을 이차원 평면상의 점으로 간주하여 그래프로 나타내보자. 이러한 그래프를 산점도(scatter diagram)라 한다.

[풀이]

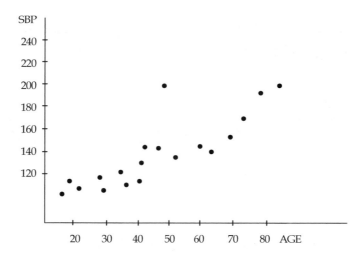

[그림 11.1.1] 수축기 혈압과 연령에 대한 산점도

수축기 혈압과 연령 간에 일종의 관련성이 존재함을 엿볼 수 있다. 이 관련성의 정도를 어떻게 측정할 수 있을까?　　　　　　　　　　　　　　　　　　□

이제, 주어진 자료에 대한 회귀직선을 구하는 방법을 알아보도록 한다. 우리는 자료점들과 회귀직선 간의 수직 거리들의 제곱합을 최소화하는 직선을 찾고자 한다.

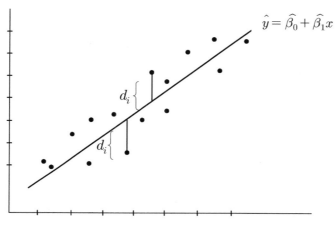

[그림 11.1.2] 자료와 적합된 회귀선

즉, $\sum \epsilon_i^2 = \sum (y_i - \beta_0 - \beta_1 x_i)^2$를 최소로 하는 회귀직선 $\hat{y} = \widehat{\beta_0} + \widehat{\beta_1} x$ 를 구하고자 한다. 여기에서 '∧'는 추정값을 의미한다.

▶ 최소제곱법

정리　단순회귀모형에서 자료점들과 회귀직선 간의 수직 거리들의 제곱합

$$\sum_{i=1}^{n} (y_i - \beta_0 - \beta_1 x_i)^2$$

을 최소로 하는 β_0 와 β_1 의 추정값을 최소제곱추정량(least squares estimator)이라 하며, $\widehat{\beta_0}$, $\widehat{\beta_1}$ 또는 b_0, b_1으로 표기한다. 이때 β_0 와 β_1 의 최소제곱추정량은 다음과 같다.

$$b_1 = \frac{\sum (x_i - \overline{x})(y_i - \overline{y})}{\sum (x_i - \overline{x})^2}$$

$$b_0 = \overline{y} - b\overline{x}$$

증명 오차의 제곱합

$$Q = \sum_{i=1}^{n} (y_i - \beta_0 - \beta_1 x_i)^2$$

을 최소로 하는 β_0와 β_1의 추정값을 구하기 위하여, 위의 식을 β_0와 β_1에 관하여 각각 편미분하여 다음 식을 얻는다.

$$\frac{\partial}{\partial \beta_0} Q = -2 \sum (y_i - \beta_0 - \beta_1 x_i)$$

$$\frac{\partial}{\partial \beta_1} Q = -2 \sum x_i (y_i - \beta_0 - \beta_1 x_i)$$

β_0와 β_1의 추정값을 b_0와 b_1으로 표기하여, 위의 두 식을 0으로 놓아 다음을 얻는다.

$$n b_0 + b_1 \sum x_i = \sum y_i$$

$$b_0 \sum x_i + b_1 \sum x_i^2 = \sum x_i y_i$$

두 식을 풀면

$$b_1 = \frac{S_{xy}}{S_{xx}}, \quad b_0 = \overline{y} - b_1 \overline{x}$$

이며, 여기에서 $S_{xy} = \sum (x_i - \overline{x})(y_i - \overline{y})$, $S_{xx} = \sum (x_i - \overline{x})^2$ 이다.　　□

추정된 또는 예측된(predicted) 회귀직선은

$$\hat{y} = b_0 + b_1 x$$

이다. 여기에서 b_0은 회귀직선의 절편항을, b_1은 기울기를 각각 나타낸다.

예제 $n = 30$의 수축기혈압 자료에서 추정된 회귀직선을 구하라.

[풀이] 종속변수 $Y = $ SBP

독립변수 $X = $ age

계산 결과

$$n = 30, \quad \bar{y} = 142.53, \quad \bar{x} = 45.13$$

$$\sum y_i = 4276 \quad \sum x_i = 1354 \quad \sum x_i y_i = 199576$$
$$\sum x_i^2 = 67894$$

$$b_1 = \frac{\sum x_i y_i - \dfrac{\sum x_i \sum y_i}{n}}{\sum x_i^2 - \dfrac{(\sum x_i)^2}{n}} = \frac{199576 - \dfrac{(1354)(4276)}{30}}{67894 - \dfrac{(1354)^2}{30}}$$

$$= 0.97$$

그리고

$$b_0 = \bar{y} - b_1 \bar{x} = 142.53 - (0.97)(45.13) = 98.71$$

따라서 추정된 회귀선은

$$\hat{y} = 98.71 + 0.97x$$

이며, 아래 그림에 표현하였다.

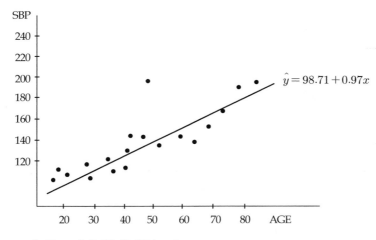

[그림 11.1.3] 추정된 회귀선의 그래프

실제 관측값 y_i와 추정된 회귀선의 값 (추정값 $\hat{y}_i$)의 차이

$$e_i = y_i - \hat{y}_i$$

를 잔차(residual)라 하며, 이들의 값이 작을수록 추정된 회귀선이 관측 결과를 잘 설명한다고 할 수 있다. 잔차와 오차는 서로 다른 값임에 유의하여야 하며, 다음 그림을 통하여 알아보도록 한다.

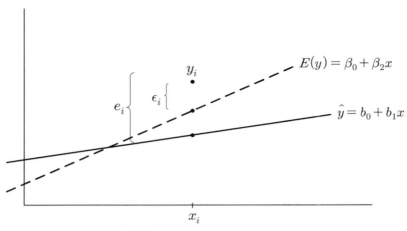

[그림 11.1.4] 잔차와 오차의 그래프

11.2 분산분석

독립변수 x를 사용하지 않는 모형이라면, 종속변수의 예측값으로 관측값의 평균인 $\overline{y}$를 사용할 것이다. 따라서 $\overline{y}$를 예측값으로 사용하는 경우 이에 따른 오차는 $y_1 - \overline{y}, \cdots, y_n - \overline{y}$의 제곱합으로 표현하게 된다.

$y_i - \overline{y}$를 총편차, $y_i - \hat{y}_i$를 회귀선에 의해 설명되지 않는 편차, $\hat{y}_i - \overline{y}$를 회귀선에 의해 설명되는 편차라 할 때, 총편차는

$$y_i - \overline{y} = (y_i - \hat{y}_i) + (\hat{y}_i - \overline{y})$$

로 표현되며, 이를 그래프로 그리면 다음과 같다.

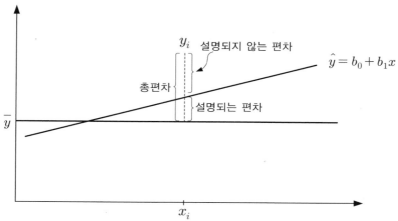

[그림 11.2.1] 총편차의 분해도

위의 등식을 제곱하여, n개의 점에서 모두 더해주면

$$\sum_{i=1}^{n}(y_i - \overline{y})^2 = \sum_{i=1}^{n}(y_i - \widehat{y_i})^2 + \sum_{i=1}^{n}(\widehat{y_i} - \overline{y})^2 + 2\sum_{i=1}^{n}(y_i - \widehat{y_i})(\widehat{y_i} - \overline{y})$$

$$= \sum(y_i - \widehat{y_i})^2 + \sum(\widehat{y_i} - \overline{y})^2$$

가 된다. 위의 식은

전체제곱합 = 잔차제곱합 + 처리제곱합

	SST	SSE	SSR
자유도	n-1	n-2	1

로 표현되며, 여기에서 SST는 전체제곱합(total sum of squares), SSE는 잔차제곱합 (residual sum of squares) 또한 오차제곱합(error sum of squares) 그리고 SSR은 회귀제 곱합(regression sum of squares)을 각각 나타낸다.

각 제곱합에 대응하는 자유도(df, degrees of freedom)를 생각해보자. 전체제곱합의 자유도는 변수 y의 표본분산의 분모항인 n-1이 되며, 회귀제곱합은 기울기를 나타내는 자유도는 1이며, 나머지 $n-2$는 잔차제곱합의 자유도가 된다. 대부분의 통계패키지가 산출하는 분산분석표로 정리하여 본다.

[표 11.2.1] 분산분석표

요인	제곱합	자유도	평균제곱	F
회귀	SSR	1	MSR	MSR/MSE
잔차	SSE	$n-2$	MSE	
전체	SST	$n-1$		

1. 전체제곱합 중 회귀제곱합의 비율을 결정계수(the coefficient of determination)라 정의하며,

$$R^2 = \frac{SSR}{SST}$$

로 표현된다.

2. 평균제곱오차(the mean square error)

$$MSE = \frac{SSE}{n-2}$$

는 오차 ε의 분산 σ^2의 불편추정량이므로 σ^2의 추정값으로 이용한다.

[예제] $n=30$의 수축기 혈압 자료에서 분산분석표를 작성하고, 결정계수와 σ^2의 불편추정량 MSE를 각각 구하라.

[풀이]

[표 11.2.2] 분산분석표

요인	제곱합	자유도	평균제곱	F
회귀	6394.0	1	6394.0	21.3
잔차	8393.4	$n-2=28$	299.8	
전체	14787.5	$n-1=29$		

결정계수 $R^2 = \dfrac{SSR}{SST} = \dfrac{6394.0}{14787.5} = 0.43$

σ^2의 불편추정량 $MSE = 299.8$ □

▶ 회귀계수에 관한 추론

만약 독립변수 x의 어떤 고정된 값에서 종속변수 y가 정규분포를 한다면, 모수 β_0 와 β_1에 대한 신뢰구간을 구하거나 가설검정을 할 수 있게 된다.

정리 회귀직선의 기울기 추정량 b_1이

$$b_1 = \frac{\sum(x_i - \overline{x})(y_i - \overline{y})}{\sum(x_i - \overline{x})^2}$$

일 때, b_1의 기댓값과 분산은

$$b_1 \sim N\left(\beta_1, \frac{\sigma^2}{\sum(x_i - \overline{x})^2}\right)$$

이다.

증명

$$b_1 = \frac{\sum(x_i - \overline{x})(y_i - \overline{y})}{\sum(x_i - \overline{x})^2} = \frac{\sum(x_i - \overline{x})y_i}{\sum(x_i - \overline{x})^2}$$

① $E(b_1) = \dfrac{\sum(x_i - \overline{x})(E(y_i))}{\sum(x_i - \overline{x})^2} = \dfrac{\sum(x_i - \overline{x})(\beta_0 + \beta_1 x_i)}{\sum(x_i - \overline{x})^2}$

$\qquad\quad = \dfrac{\beta_1 \sum(x_i - \overline{x}) \cdot x_i}{\sum(x_i - \overline{x})^2} = \beta_1$

② $V(b_1) = \dfrac{\sum(x_i - \overline{x})^2 V(y_i)}{[\sum(x_i - \overline{x})^2]^2} = \dfrac{\sigma^2}{\sum(x_i - \overline{x})^2}$

□

정리 회귀직선의 절편의 추정값

$$b_0 = \overline{y} - b_1 \overline{x}$$

일 때, b_0의 기댓값과 분산은

$$b_0 \sim N(\beta_0, (\frac{1}{n} + \frac{\overline{x}^2}{\sum(x_i - \overline{x})^2})\sigma^2)$$

이다.

이제 가정한 선형회귀모형의 유의성을 가설

$$H_0 : \beta_1 = 0 \quad vs \quad H_1 : \beta_1 \neq 0$$

를 통하여 검정하여 보자. $H_0 : \beta_1 = 0$라는 조건에서, t의 분포는

$$t = \frac{b_1}{\sqrt{\hat{V}(b_1)}} = \frac{b_1}{\sqrt{\dfrac{MSE}{\sum(x_i - \overline{x})^2}}} \sim t(n-2)$$

가 된다. 그런데 F-검정은 다행스럽게도 양측 t-검정과 동등한 방법으로 다음 식이 성립한다.

$$F(1, v) = t^2(v)$$

즉,

$$F_{0.95}(1, v) = (t_{0.975}(v))^2$$

이다. 그러므로

$$\begin{aligned}
t_0^2 &= \frac{b_1^2}{\dfrac{MSE}{\sum(x_i - \overline{x})^2}} \\
&= \frac{b_1^2 \sum(x_i - \overline{x})^2}{MSE} \\
&= \frac{SSR}{MSE} \\
&= \frac{MSR}{MSE} \sim F(1, n-2)
\end{aligned}$$

가 성립한다. 이를 이용하여, 단순회귀모형 $y_i = \beta_0 + \beta_1 x_i + \varepsilon_i$ 에서 다음 가설을 유의수준 α 에서 검정하면,

$$H_0 : \beta_1 = 0 \quad vs \quad H_1 : \beta_1 \neq 0$$

① 검정통계량

$$F = \frac{MSR}{MSE}$$

② 기각역

$$F \geq F(1, n-2 : \alpha)$$

이다.

예제 $n = 30$의 SBP 자료에서, 가설 $H_0 : \beta_1 = 0 \ \ vs \ \ H_1 : \beta_1 \neq 0$을 검정하기 위한 t값과 F값의 관계는 $t^2 = F$임을 보여라.

풀이

$$t = 4.62 \ , \ F = 21.33$$
$$\therefore \ t^2 = F$$

또한

$$t(28 : 0.975) = 2.05$$
$$F(1.28 : 0.95) = (2.05)^2 = 4.20$$

이므로, 아래의 두 검정은 동등하다.

① $t > t(28 : 0.975)$ 또는 $t < -t(28 : 0.975)$
② $F > F(1 , 28 : 0.95)$

$\square$

상관(correlation)이란 변수와 변수 사이의 연관성을 의미하여, 상관계수(correlation coefficient)는 두 변수 간의 관련성의 정도를 나타내는 값을 일컫는다. 두 확률변수 X, Y의 모상관계수 ρ는

$$\rho = \frac{Cov(X, Y)}{\sqrt{V(X)V(Y)}}$$

로 정의하며, 변수 X와 Y의 직선적인 관계의 정도를 재는 측도이다. 모상관계수 ρ의 추정량인 표본상관계수(sample correlation coefficient) r은 다음과 같다.

$$r = \frac{\widehat{Cov}(X, Y)}{\sqrt{\hat{V}(X)\hat{V}(Y)}} = \frac{\sum_{i=1}^{n}(x_i - \overline{x})(y_i - \overline{y})}{\sqrt{\sum_{i=1}^{n}(x_i - \overline{x})^2 \sum_{i=1}^{n}(y_i - \overline{y})^2}}$$

$$= \frac{\sum x_i y_i - \dfrac{(\sum x_i)(\sum y_i)}{n}}{\sqrt{\left\{\sum x_i^2 - \dfrac{(\sum x_i)^2}{n}\right\}\left\{\sum y_i^2 - \dfrac{(\sum y_i)^2}{n}\right\}}}$$

표본상관계수 r은 -1과 1 사이의 값만 가질 수 있으며, 만약 변수 x와 y 간에 명확한 직선관계 $y = a + bx$ 가 만족한다면, 표본상관계수는 $r = \pm 1$이 된다.

표본상관계수란, 크기 n인 어떤 표본이 주어졌을 때 두 변수의 관련성의 측도이다.

[예제]   여중생의 신장(cm), 체중(kg)과 제자리멀리뛰기(m) 간의 상관관계를 연구하고자, 2000년 11월 강릉시의 모 중학교 1년생 11명을 랜덤하게 뽑아 작성한 자료가 다음에 주어졌다. 이때 세 변수들의 산점도와 표본상관계수를 구하라.

개체번호	신장	체중	제자리멀리뛰기
1	139.5	31.5	1.52
2	144.9	30.7	1.75
3	146.9	40	1.72
4	150.1	37	1.43
5	148.5	41	1.4
6	150.5	39.7	1.84
7	152.0	37.6	1.59
8	153	46.6	1.62
9	153.7	55	1.38
10	157	41.5	1.71
11	157.8	48.5	1.6

[풀이] 체중 대 신장, 제자리멀리뛰기 대 신장의 산점도를 하나의 그림에 다음과 같이 그려 보았다.

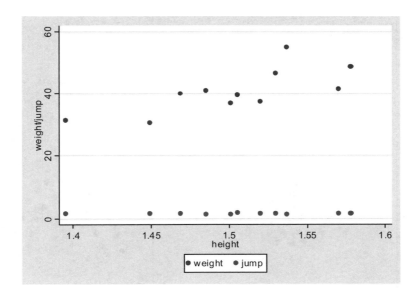

그림에서 신장이 크면 체중도 많이 나가고, 체중이 많이 나가면 신장도 커지는 경향이 있음을 알 수 있다. 한편 신장이 커지더라도 제자리멀리뛰기의 값에는 큰

연관성이 없는 경향을 볼 수 있다. 즉, 신장과 체중 간에는 밀접한 관계가 있는 것으로 보이지만, 신장과 제자리멀리뛰기 간의 관계는 약하다고 볼 수 있다.

체중과 신장의 표본상관계수 r_1은

$$r_1 = 0.7331$$

이고, 제자리 멀리뛰기와 신장의 표본 상관계수 r_2는 다음과 같다.

$$r_2 = 0.0144 \qquad \square$$

산점도의 다양한 형태에 따른 상관계수의 크기를 살펴보면,

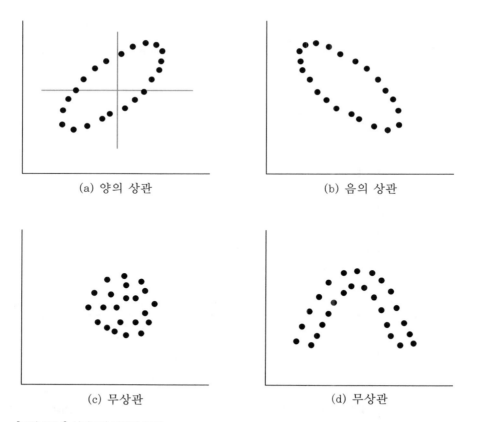

(a) 양의 상관　　　　　　　　(b) 음의 상관

(c) 무상관　　　　　　　　(d) 무상관

[그림 11.3.1] 산점도의 다양한 형태

(a) 대부분의 점들이 제1상한과 제3상한에 위치하므로 $\sum (x_i - \overline{x})(y_i - \overline{y}) > 0$가 된다. 따라서 $r > 0$이며, 이를 양의 상관이 있다고 한다.

(b) 대부분의 점들이 제2상한과 제4상한에 위치하므로 $\sum (x_i - \overline{x})(y_i - \overline{y}) < 0$가 된다. 따라서 $r < 0$이며, 이를 음의 상관이 있다고 한다.

(c) $+$인 점들과 $-$인 점들의 서로 상쇄되므로 $r = 0$이며, 이를 상관관계가 없다고 한다.

(d) 두 변수 간의 관계가 곡선의 형태이지만, $+$인 점들과 $-$인 점들이 서로 상쇄된다. 따라서 $r = 0$이며, 무상관이라고 한다.

표본상관계수 r은 직선의 기울기 크기를 재는 측도가 아님에 유의하여야 한다.

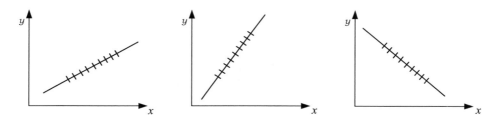

[그림 11.3.2] 표본상관계수 r의 값이 1인 경우

위의 경우 모두 $r^2 = 1$이지만 직선의 기울기는 모두 다름을 알 수 있다. r^2은 직선 근방에 점들이 얼마나 조밀하게 모여 있는지를 재는 측도라 할 수 있다.

모집단 상관계수 $\rho = 0$인지에 관심이 있는 경우가 종종 있다. 즉 두 변수들이 실제적으로 상관관계가 있는지를 검정하고자 한다. 두 변수 X, Y가 이변량 정규분포를 하는 경우, 다음 가설을 유의수준 α에서 검정하면

$$H_0 : \rho = 0 \ \ vs \ \ H_1 : \rho \neq 0$$

① 검정통계량

$$t = \frac{r}{\sqrt{\dfrac{1-r^2}{n-2}}}$$

② 기각역

$$t \geq t(n-2:\frac{\alpha}{2}) \quad \text{또는} \quad t \leq -t((n-2:-\frac{\alpha}{2})$$

이다.

회귀모형에서는 종속변수 y의 기댓값이 독립변수의 함수로 표현된다.

$$E(y) = \beta_0 + \beta_1 x$$

따라서 만약 $\beta_1 = 0$면, y와 x는 독립이 된다. 다음 가설검정

$$H_0 : \beta_1 = 0$$

을 유의수준 α로 검정하면, 검정통계량은

$$t = \frac{b_1}{\sqrt{\hat{V}(b_1)}} = \frac{b_1}{\sqrt{\dfrac{MSE}{\sum(x_i - \overline{x})^2}}}$$

$$= \frac{r}{\sqrt{\dfrac{1-r^2}{n-2}}}$$

가 된다.

[예제] n＝30의 SBP 자료에서 $t = \dfrac{b_1}{\sqrt{\hat{V}(b_1)}}$ 과 $\dfrac{r}{\sqrt{\dfrac{1-r^2}{n-2}}}$ 이 같음을 보여라.

[풀이]

$$① \quad t = \frac{b_1}{\sqrt{\hat{V}(b_1)}} = 4.62$$

$$② \; r = \frac{199576 - \frac{(1354)(4276)}{30}}{\left\{ (67894 - \frac{1354^2}{30})(624260 - \frac{4276^2}{30}) \right\}^{\frac{1}{2}}} = 0.66$$

이므로,

$$\frac{r}{\sqrt{\frac{1-r^2}{n-2}}} = \frac{0.66}{\sqrt{\frac{1-0.66^2}{30-2}}} = 4.62$$

따라서 두 통계향의 값은 통일하다.　　　　　　　　　　　□

어느 모집단에서 추출한 표본상관계수 r이　0이 아닌 어떤 값인지를 가설검정하면

$$H_0 : \rho = \rho_0 \; (\text{단} \; \rho_0 \neq 0)$$

① 검정통계량으로 $t = \dfrac{r}{\sqrt{\dfrac{1-r^2}{n-2}}}$ 를 사용할 수 없다. 왜냐하면 $\rho = 0$일 때는 r의 분포가 대칭이지만, $\rho \neq 0$이면 r은 비대칭인 분포를 하기 때문이다. 그렇지만, 다행스럽게도 r의 적당한 변환을 통하여 근사적인 정규분포를 하게 할 수 있다.

Fisher's Z 변환을 통하여 r의 함수 Z는

$$Z = \frac{1}{2} ln(\frac{1+r}{1-r})$$

이며, 그 기댓값과 분산은

$$E(Z) \cong \frac{1}{2} ln(\frac{1+\rho}{1-\rho})$$

$$V(Z) \cong \frac{1}{n-3}$$

임이 알려져 있다.

② 따라서 기각역은

$$\left| \frac{Z - Z_0}{\sqrt{\dfrac{1}{n-3}}} \right| \geq z_{\frac{\alpha}{2}}$$

이다. 여기에서 $Z = \dfrac{1}{2} ln(\dfrac{1+r}{1-r})$, $Z_0 = \dfrac{1}{2} ln(\dfrac{1+\rho_0}{1-\rho_0})$ 이다.

예제 $n = 30$의 SBP 자료에서 다음을 가설검정하라.

$$H_0 : \rho = 0.85 \quad vs \quad H_1 : \rho \neq 0.85$$

풀이

$$n = 30 , \quad r = 0.66$$
$$Z = \frac{1}{2} ln(\frac{1+r}{1-r}) = \frac{1}{2} ln(\frac{1+0.66}{1-0.66}) = 0.7928$$
$$Z_0 = \frac{1}{2} ln(\frac{1+\rho_0}{1-\rho_0}) = \frac{1}{2} ln(\frac{1+0.85}{1-0.85}) = 1.2561$$

Z' 을 구하면

$$Z' = \frac{Z - Z_0}{\sqrt{\dfrac{1}{n-3}}} = \frac{0.7928 - 1.2561}{\sqrt{\dfrac{1}{30-3}}} = -2.41$$

이므로, $|Z'| > 1.96$ 이다. 그러므로 H_0를 기각한다. □

잔차의 검토

단순회귀모형에서 오차항 ε에 대한 가정은 다음과 같다.

① $E(\varepsilon_1) = 0$

② $V(\varepsilon_1) = \sigma^2$: 등분산성(homoscedasticity)

③ $\varepsilon_1 , \varepsilon_2$ = 독립

④ $\varepsilon_1 \sim Normal$

위의 조건을 다시 표현하면 아래와 같다.

$$\underline{\varepsilon} \sim N(\underline{0}, I\sigma^2)$$

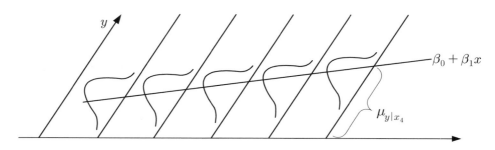

$$\beta_0 + \beta_1 x$$

$$\mu_{y|x_4}$$

[그림 11.3.3] 오차항에 대한 가정의 그래프

등분산성의 가정은

$$V(y \mid x_1) = V(y \mid x_2) = V(y \mid x_3) = V(y \mid x_4)$$

를 의미하므로, $V(y \mid x) = \sigma^2$라고 놓을 수 있다. 위의 가정은 잔차를 통하여 검토할 수 있다. 잔차 e_i의 정의는

$$e_i = y_i - \hat{y_i}$$

이며, e_i의 분포는

$$e_i \sim N(0, \sigma^2(1 - h_{ii})) \qquad i = 1, \cdots, n$$

이다. 여기에서 $h_{ii} = \dfrac{1}{n} + \dfrac{(x_i - \overline{x})^2}{\displaystyle\sum_{i=1}^{n}(x_i - \overline{x})^2}$이며, x_i가 $\overline{x}$에서 멀수록 큰 값을 가진다.

첨자 i에 따른 잔차 e_i의 분산이 다르므로, 잔차를 표준화한 두 종류의 표준화 잔차를 소개한다.

1. 스튜던트화된 잔차(studentized residual)

$$r_i = \frac{e_i}{s\sqrt{1 - h_{ii}}}$$

여기에서 $s^2 = MSE$이며 σ^2의 불편추정량이다.

2. 외적으로 스튜던트화된 잔차(externally studentized residual)

$$r_i^* = \frac{e_i}{s(i)\sqrt{1 - h_{ii}}}$$

여기에서 $s^2(i)$은 i번째 개체를 제외한 $n-1$개의 개체를 이용하여 σ^2을 추정한 값이다. r_i^*는 $t(n-3)$인 분포를 따른다.

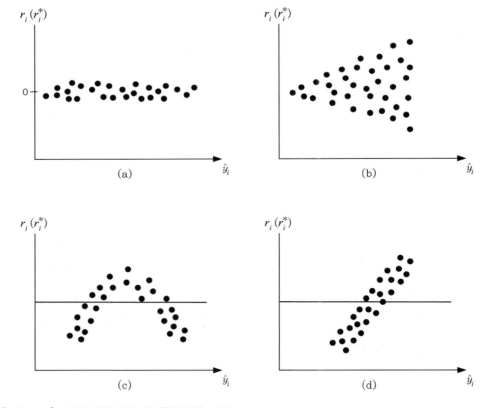

[그림 11.3.4] 스튜던트화된 잔차 대 적합된 값의 그래프

잔차(또는 r_i, r_i^*) 대 적합된 값 $\hat{y_i}$의 그래프를 그려봄으로써 모형의 진단을 할 수 있다. e_i와 y_i가 통상적으로 상관관계가 있기 때문에 x축에 y_i 대신 $\hat{y_i}$를 사용하여야 한다.

(a) 오차에 아무런 문제점이 없음을 알 수 있다. 즉 오차의 등분산성의 가정이 만족 되었다고 할 수 있다.

(b) 오차의 등분산성 가정이 위배되었고, 분산은 종속변수 y가 커짐에 따라 증가함을 볼 수 있다.

(c) 비선형성을 보여주고 있다. 이차항 등이 포함된 곡선회귀가 바람직할 수 있다. 독 립변수 또는 종속변수의 변수변환이 요청된다.

(d) 채택한 독립변수 이외의 다른 독립변수를 고려해야 할 경우이다.

25종류의 미국 담배의 1개피당 무게(weight, g)와 니코틴 함유량(nicotine, mg)에 관한 관측값이 아래에 주어졌다.

상표	weight	nicotine	상표	weight	nicotine
Alpine	0.9853	0.86	MultiFil	1.124	0.78
Benson&H	1.0938	1.06	NewportL	0.8517	0.74
BullDurh	1.165	2.03	Now	0.7851	0.13
CamelLig	0.928	0.67	OldGold	0.9186	1.26
Carlton	0.9462	0.4	PallMall	1.0395	1.08
Chesterf	0.8885	1.04	Raleigh	0.9573	0.96
GoldenLi	1.0267	0.76	SalemUlt	0.9106	0.42
Kent	0.9225	0.95	Tareyton	1.007	1.01
Kool	0.9372	1.12	True	0.9806	0.61
L&M	0.8858	1.02	ViceroyR	0.9693	0.69
LarkLigh	0.9643	1.01	Virginia	0.9496	1.02
Marlboro	0.9316	0.9	WinstonL	1.1184	0.82
Merit	0.9705	0.57			

자료에서 담배 1개피의 무게와 니코틴 함유량의 관계를 SPSS를 이용하여 분석하려고 한다. 다음에 질문에 답하라.

(1) 두 변수 weight와 nicotine의 산점도를 작성하라.

(2) 두 변수의 표본상관계수를 구하고, 가설 $H_0 : \rho = 0$ vs $H_1 : \rho \neq 0$을 유의수준 $\alpha = 0.05$로 검정하라.

(3) 변수 weight를 종속변수로, 변수 nicotine을 독립변수로 하여 단순회귀모형을 가정하여 회귀선을 추정하고, nicotine=1인 경우 무게의 추정값을 구하라.

(4) 분산분석표를 작성하여 선형회귀모형의 유의성 $H_0 : \beta_1 = 0$ vs $H_1 : \beta_1 \neq 0$을 유

의 수준 $\alpha = 0.05$로 검정하고, 결정계수를 구하고 오차항의 분산 σ^2을 추정하라.

(5) 적합된 회귀모형에 대하여 표준화된 잔차를 구하고, 이를 이용하여 단순회귀모형의 가정을 검토하라.

[풀이] SPSS 데이터 편집기에서 cigarette.sav를 작성한다.

(1) 변수 weight와 nicotine의 산점도를 그리기 위하여 [그림 11.4.1]의 데이터 편집기의 메뉴에서 **그래프 → 레거시 대화상자 → 산점도/점도표**를 클릭하여 [그림 11.4.2]를 얻는다.

![CIGARE~1.SAV 데이터 편집기 화면](데이터 편집기)

[그림 11.4.1] 산점도를 그리기 위한 명령

[그림 11.4.2] 산점도/점도표를 위한 화면

[그림 11.4.2]의 단순 산점도를 클릭하여 단순 산점도 대화상자를 구한 후, [그림 11.4.3]에서와 같이 분석하고자 하는 두 변수 중 변수 weight를 Y-축으로 변수 nicotine을 X-축으로 각각 옮긴 후, 〈확인〉을 클릭하면 SPSS 뷰어 창 화면이 새로 생기면서 결과들이 출력된다. [그림 11.4.4]는 그 출력결과에서 산점도만 선택하여 복사한 것이다.

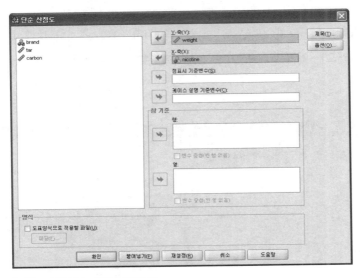

[그림 11.4.3] 단순 산점도 대화상자

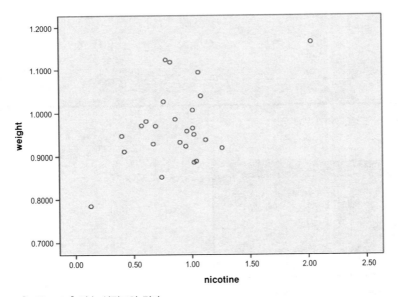

[그림 11.4.4] 단순 산점도의 결과

(2) 상관분석을 하기 위하여 [그림 11.4.5]와 같이 메뉴에서 **분석 → 상관분석 → 이변량 상관계수**를 선택하면 '이변량 상관계수' 대화상자가 나타난다.

이 대화상자에서 우선 분석하려는 두 변수 weight와 nicotine을 변수 창에 옮긴다. 그리고 세 종류의 창에서 'Pearson', '양쪽', '유의한 상관계수 별 표시'를 각각 선택하여 [그림 11.4.6]을 얻은 후, 확인을 클릭하면 다음과 같은 출력결과를 얻는다.

[그림 11.4.5] 상관계수를 구하기 위한 명령

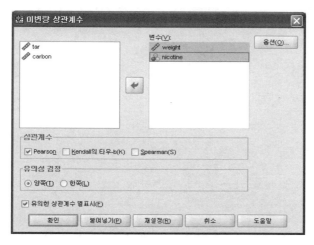

[그림 11.4.6] 이변량 상관계수 대화상자

상관계수

		weight	nicotine
weight	Pearson 상관계수	1	.500*
	유의확률 (양쪽)		.011
	N	25	25
nicotine	Pearson 상관계수	.500*	1
	유의확률 (양쪽)	.011	
	N	25	25

* 상관계수는 0.05수준(양쪽)에서 유의합니다.

출력결과에 의하면, 두 변수의 표본상관계수는 .500, 유의확률은 0.011이므로 가설 $H_0 : \rho = 0$ vs $H_1 : \rho \neq 0$을 유의수준 $\alpha = 0.05$로 기각하게 된다.

(3) 단순 선형회귀모형을 가정한 회귀선을 추정하기 위하여, SPSS의 메뉴에서 **분석 → 회귀분석 → 선형....**을 선택한다. '선도표 회귀모형' 대화상자에서 변수 weight를 종속 변수로, 변수 nicotine을 독립변수 창으로 옮겨 [그림 11.4.7]을 얻는다. 〈확인〉을 클릭 하면 다음과 같은 결과가 출력된다.

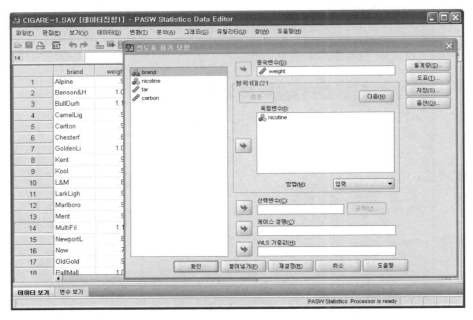

[그림 11.4.7] 회귀모형 대화상자

모형 요약

모형	R	R 제곱	수정된 R 제곱	표준 오차 추정 값의 표준오차
1	$.500^{\alpha}$	0.250	.218	.0775935

a. 예측값: (상수), nicotine

분산분석^{b}

모형		제곱합	자유도	평균 제곱	F	유의확률
1	회귀 모형	.046	1	.046	7.674	$.011^{\alpha}$
	잔차	.138	23	.006		
	합계	.185	24			

a. 예측값: (상수), nicotine
b. 종속변수: weight

계수

모형		비표준화 계수		표준화 계수	t	유의확률
		B	표준오차오류	베타		
1	(상수)	.862	.042		20.436	.000
	nicotine	.124	.045	.500	2.770	.011

a. 종속변수: weight

따라서 추정된 회귀선은 $\widehat{weight} = 0.862 + 0.124\,\text{nicotine}$이며, nicotine＝1일 때 무게의 추정값은 $\widehat{weight} = .986\text{(g)}$이 된다.

(4) 분산분석표를 이용하여 회귀모형의 유의성을 검정할 수 있다. 회귀모형의 유의성을 검정하기 위한 검정통계량 $F = 7.674$이며 유의확률이 0.011이므로, 유의수준 $\alpha = 0.05$로 가정한 모형이 유의함을 알 수 있고, 결정계수 $R^2 = 0.250$이며 오차항의 분산 σ^2의 추정값은 잔차의 평균제곱항 $s^2 = 0.006$이다.

(5) [그림 11.4.7]의 회귀모형 대화상자에서 통계량, 도표, 저장, 옵션 중에서 저장을

선택하면 [그림 11.4.8]과 같은 대화상자가 나타난다. 이 중 잔차 상자 내의 '비표준화'와 '표준화'에 체크하여 〈계속〉을 누른 후, 〈확인〉을 클릭하면 SPSS 뷰어 창에는 잔차통계량이, 데이터 편집기 창에는 새 변수명과 그 값이 [그림 11.4.9]와 같이 나타난다.

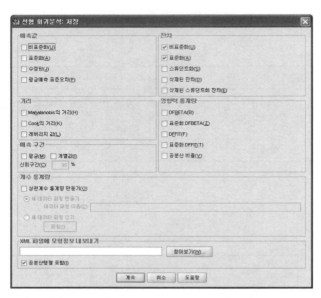

[그림 11.4.8] 선도표 회귀모형 대화상자에서 저장 선택 시 화면

잔차통계량 [a]

	최소값	최대값	평균	표준 오차 편차	N
예측값	.877786	1.113244	.970284	.0438768	25
잔차	−.1022797	.1656624	.0000000	.0759598	25
표준오차 예측값	−2.108	3.258	.000	1.000	25
표준오차 잔차	−1.318	2.135	.000	.979	25

a. 종속변수: weight

	brand	weight	nicotine	tar	carbon	RES_1	ZRE_1	변수	변수
1	Alpine	.9853	.86	14.1	13.6	.01705	.21971		
2	Benson&H	1.0938	1.06	16.0	16.6	.10076	1.29860		
3	BullDurh	1.1650	2.03	29.8	23.5	.05176	.66701		
4	CamelLig	.9280	.67	8.0	10.2	-.01671	-.21530		
5	Carlton	.9462	.40	4.1	5.4	.03495	.45048		
6	Chesterf	.8885	1.04	15.0	15.0	-.10206	-1.31529		
7	GoldenLi	1.0267	.76	8.8	9.0	.07084	.91297		
8	Kent	.9225	.95	12.4	12.3	-.05690	-.73337		
9	Kool	.9372	1.12	16.6	16.3	-.06327	-.81543		
10	L&M	.8858	1.02	14.9	15.4	-.10228	-1.31815		
11	LarkLigh	.9643	1.01	13.7	13.0	-.02254	-.29049		
12	Marlboro	.9316	.90	15.1	14.4	-.04161	-.53624		
13	Merit	.9705	.57	7.8	10.0	.03819	.49214		
14	MultiFil	1.1240	.78	11.4	10.2	.16566	2.13500		
15	NewportL	.8517	.74	9.0	9.5	-.10168	-1.31043		
16	Now	.7851	.13	1.0	1.5	-.09269	-1.19451		
17	OldGold	.9186	1.26	17.0	18.5	-.09922	-1.27874		
18	PallMall	1.0395	1.08	12.8	12.6	.04398	.56686		
19	Raleigh	.9573	.96	15.8	17.5	-.02334	-.30085		
20	SalemUlt	.9106	.42	4.5	4.9	-.00312	-.04027		
21	Tareyton	1.0070	1.01	14.5	15.9	.02016	.25981		
22	True	.9806	.61	7.3	8.5	.04333	.55843		

[그림 11.4.9] 선도표 회귀모형 대화상자에서 저장을 선택한 후의 데이터 편집기

새 변수에서 'RES'는 잔차를 'ZRE'는 표준화된 잔차를 각각 나타낸다. 케이스 번호와 표준화 잔차 ZRE_1의 산점도를 그리면 [그림 11.4.10]과 같다.

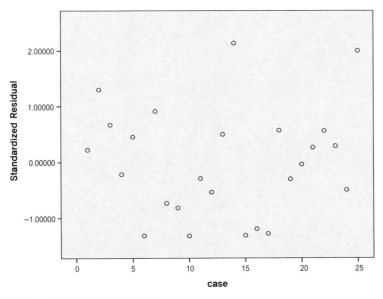

[그림 11.4.10] 표준화 잔차의 산점도

14번째 자료가 ±2의 범위를 벗어나서 이상점일 가능성이 있지만 표준화된 잔차들이 어떤 특이한 현상을 보이지 않으므로 선형회귀모형의 가정에 큰 문제점이 보이지 않는다고 말할 수 있겠다.

1. 실험실에서 8마리의 동물에 대해 어떤 약의 투약량(x)과 체중의 증가(y)를 측정하였다.

x	1	2	3	4	5	6	7	8
y(단위: g)	10	12	18	25	36	87	66	91

(1) 이 자료의 산점도를 그려라.

(2) 단순 선형회귀모형을 가정하여 기울기(β_1)와 절편항(β_0)의 최소제곱추정량을 구하고, 추정된 회귀선을 적어라.

(3) 분산분석표를 작성하고 회귀선의 유의성을 검정하라(유의수준 $\alpha = 0.05$).

2. 특별한 종류의 영양 결핍증이 있는 6세부터 12세 어린이들의 체중 y(pound)와 신장 x (inch)의 자료가 주어졌다.

x	64	71	53	67	55	58	77	57	56	51	76	68
y	57	59	49	62	51	50	55	48	42	42	61	57

(1) 독립변수 x와 종속변수 y사이에 관련성이 있는지를 조사하기 위하여 산점도를 작성하라.

(2) 단순회귀모형을 가정하여 추정된 회귀계수를 구하고 신장의 값이 70(inch)일 경우 체중의 값을 예측하라. 또한 산점도의 그래프에 추정된 회귀선을 동시에 그려라.

(3) 체중 y와 신장 x 사이에 관계가 있는지를 검정하라.(가설을 세우고 유의수준을 설정하라.)

(4) 결정계수를 구하고, 오차항의 분산 σ^2을 추정하라.

3. 통계청에서는 출생, 수명 등에 관한 <인구동태 통계조사>를 실시한다. 다음은 이 조사에서 얻은 자료의 일부이다. 단순 선형회귀모형을 가정하였을 때 다음 물음에 답하라.

연도	1999	2000	2001	2002	2003	2004	2005	2006	2007
기대수명(년)	75.6	76.0	76.5	77.0	77.4	78.0	78.6	79.2	79.6

(1) 산점도를 작성하고, 표본상관계수를 구하라.

(2) 연도와 기대수명 사이에 양의 상관이 있는가를 유의수준 5%에서 검정하라.

(3) 추정된 회귀직선을 구하고, 회귀직선의 유의성 검정을 하라.(유의수준 $\alpha = 0.01$).

(4) 회귀계수 β_1에 대하여 다음 가설을 유의수준 $\alpha = 0.01$에서 검정하라.

$$H_0 : \beta_1 = 0 \qquad vs \qquad H_1 : \beta_1 \neq 0$$

(5) 잔차를 구하여 그 산점도를 작성하고 단순 선형회귀모형의 가정을 검토하라.

4. 다음은 통계청에서 실시한 2005년 초등학교 여자 어린이 체격 검사 현황 중 일부이다. 변수 신장과 체중은 각 학년에서의 평균 신장과 평균 체중의 추정값이다.

학년	신장(cm)	체중(kg)
1	119.3	21.9
2	124.1	24.8
3	130.1	28.4
4	136.2	32.2
5	142.6	35.6
6	150.3	41.6

체중을 독립 변수로, 신장을 종속변수로 하여 단순 선형회귀모형을 가정할 때 다음 질문에 답하라.

(1) 회귀계수 β_1의 95% 신뢰구간을 구하라.

(2) 회귀계수 β_1에 대하여 다음 가설을 유의수준 $\alpha = 0.05$에서 검정하라.

$$H_0 : \beta_1 = 0 \quad vs \quad H_1 : \beta_1 > 0$$

(3) 체중이 41.6kg일 때 평균 신장의 95% 신뢰구간을 구하라.

(4) 적합된 회귀모형에 대하여 표준화된 잔차를 구하고, 이를 이용하여 단순회귀모형의
    타당성을 검토하라.

12장
범주형 자료의 분석

범주형 자료란 기본적으로 명목척도로 측정된 데이터를 가리킨다. 그러나 순서형 자료에서 순서성을 무시하거나 또는 구간형 자료를 계급화함으로써 범주형 데이터로 변환시킬 수 있다. 따라서 범주형 데이터에 대한 분석 방법은 실제로는 모든 유형의 데이터 분석에 유용하다. 범주형 데이터는 흔히 도수분포표(frequency {distribution} table)로 제시된다.

[약속] 어떤 용어에서 { }로 둘러싼 부분은 생략할 수 있다는 표시이다.

12.1 다항분포와 피어슨 카이제곱통계량

(1) 다항분포

다항분포는 이항분포에서 이항실험을 다항실험(multinomial experiment)으로 확장한 것이다. 한 다항실험은 다음과 같은 성질들을 가지는 통계적 실험이다.

① 이 실험은 n번의 독립된 시행들로 구성된다.
② 각 시행은 k개의 가능한 결과들(범주들(categories))을 가지며, j번째 범주에 속할 확률은 p_j로 일정하다. 이때 $p_j \geqq 0$, $j = 1, 2, \ldots, k$이고 $\sum_{j=1}^{k} p_j = 1$이다.

다항실험에서 j번째 범주가 발생한 횟수를 랜덤변수 X_j라 하자. 이때 각 범주가 발생한 횟수들의 벡터 $\boldsymbol{X} = (X_1, X_2, \cdots, X_k)$의 확률분포를 다항분포(multinomial distribution)라 부르고 $\boldsymbol{X} \sim M(n; p_1, p_2, \ldots, p_k)$로 나타낸다. 다항분포의 확률함수는 다음과 같다.

$$P(X_1 = x_1, X_2 = x_2, \cdots, X_k = x_k) \equiv p(x_1, x_2, \cdots x_k)$$

$$= \begin{cases} \dfrac{n!}{x_1! \, x_2! \cdots x_k!} p_1^{x_1} p_2^{x_2} \cdots p_k^{x_k}, & \sum_{j=1}^{k} x_j = n \\ 0 & o.w \end{cases} \tag{12.1.1}$$

[그림 12.1.1]은 $k = 3$인 다항분포 즉 삼항분포(trinomial distribution) $M(10;0.5,0.1,0.4)$의 확률함수를 나타내고 있다.

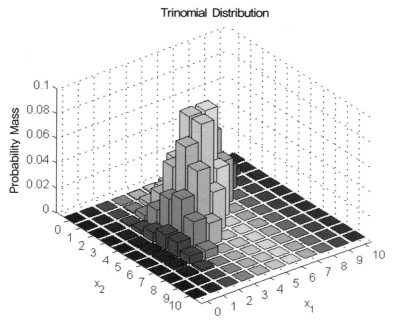

[그림 12.1.1] 삼항분포 $MN(10;0.5,0.1,0.4)$의 확률분포

다항분포는 다음과 같은 특성을 가진다.

① 범주 j의 발생빈도 X_j는 이항분포 $B(n, p_j)$를 따른다. 따라서 X_j의 기댓값과 분산은 각각 다음과 같다.

- 기댓값 $E[X_j] = np_j$
- 분산 $V[X_j] = np_j(1 - p_j)$

② X_i와 X_j의 공분산과 상관계수는 각각 다음과 같이 주어진다$(i \neq j)$.

- 공분산 $Cov[X_i, X_j] = -np_i p_j$
- 공분산 $Corr[X_i, X_j] = \sqrt{\dfrac{p_i p_j}{(1 - p_i)(1 - p_j)}}$

증명 $Cov[X_i, X_j] = -np_ip_j \, (i \neq j)$

지시함수 $I_i(m)$를 다음과 같이 정의하자.

$$I_i(m) = \begin{cases} 1, & m\text{번째 시행이 결과 } i\text{를 낳는다} \\ 0 & o.w \end{cases}$$

그러면 결과 i가 나타날 횟수 X_i는 다음과 같이 표현할 수 있다.

$$X_i = \sum_{k=1}^{n} I_i(m)$$

이로부터

$$Cov[X_i, X_j] = Cov\left[\sum_{m=1}^{n} I_i(m), \sum_{l=1}^{n} I_j(l)\right]$$

$$= \sum_{m=1}^{n} \sum_{l=1}^{n} Cov[I_i(m), I_j(l)]$$

$$= \sum_{m=1}^{n} Cov[I_i(m), I_j(m)]$$

$$= \sum_{k=1}^{n} (-p_ip_j) = -np_ip_j \qquad \square$$

주어진 n에 대해 모든 공분산들이 음수가 되는데, 이는 다항 랜덤벡터에서 한 성분이 커지면 다른 한 성분이 작아지는 현상에 기인한다.

한편, 다항분포에서 $n=1$일 때를 특히 범주분포(categorical distribution)라 부르고 $CAT(p_1, p_2, \ldots, p_k)$로 나타낸다. 이는 이항분포와 베르누이 분포의 관계와 유사하다. 다항표집(multinomial sampling)이란 다항실험에 의한 표집을 가리키는 용어이다.

예 12.1.1   카드 한 벌로부터 랜덤하게 카드 한 장을 뽑은 후 다시 이를 넣는 과정을 다섯 번 반복한다. 스페이드 1장, 하트 1장, 다이아몬드 1장 그리고 클럽 2장이 나올 확률을 구하라.

예 12.1.2 항아리에 10개의 공깃돌들이 들어 있다. 이 가운데 2개는 붉은색이고, 3개는 녹색이며, 5개는 푸른색이다. 이 항아리에서 복원으로 4개의 공깃돌들을 선택하려고 한다. 2개의 녹색 공깃돌과 2개의 푸른색 공깃돌들이 선택될 확률을 구하라.

(2) 카이제곱통계량

칼 피어슨(Karl Pearson, 1900)은 범주형 자료가 특정 분포로부터의 랜덤표본인지를 평가할 수 있는 측도로 다음과 같은 카이제곱통계량을 제안하였고, 이 통계량은 지금까지 널리 사용되고 있다.

$$\chi^2 = \sum_{j=1}^{k} \frac{(\text{관측빈도}_j - \text{기대빈도}_j)^2}{\text{기대빈도}_j} \tag{12.1.2}$$

이 통계량이 제안된 배경을 다음과 같이 정리해 본다.

① j번째 범주의 확률을 p_j라 하면, j번째 범주의 관측빈도 O_j는 $B(n, p_j)$를 따르게 된다. ($j = 1, 2, \cdots, k$)

② 총빈도 n이 크다면 O_j는 근사적으로 평균이 $E_j = np_j$인 포아송분포 $P(E_j)$를 따른다.

③ E_j가 크다면 O_j는 근사적으로 정규분포 $N(E_j, E_j)$를 따른다.(6장의 중심극한정리 참조 바람.)

④ 따라서 표준화된 잔차 $Z_j = (O_j - E_j)/\sqrt{E_j}$는 근사적으로 표준정규분포를 따르게 된다.

⑤ 피어슨 카이제곱통계량은 표준화된 잔차 Z_j들의 제곱합임을 알 수 있다.

$$\chi^2 = \sum_{j=1}^{k} \frac{(O_j - E_j)^2}{E_j} = \sum_{j=1}^{k} \frac{(O_j - np_j)^2}{np_j} \tag{12.1.3}$$

이 카이제곱통계량은 관측빈도들과 기대빈도들 간의 거리의 측도이다. χ^2 값이 크면 데이터가 특정 범주분포로부터의 랜덤표본이 아니라는 것을 시사한다. 피어슨은 $(O_1, O_2, \cdots, O_k)$이 특정 다항분포 $M(n; p_1, p_2, \ldots, p_k)$을 따를 때 이 χ^2 통계량이 근사적으로 자유도가 $k-1$인 카이제곱분포 $\chi^2(k-1)$를 따름을 보였다.

$$\chi^2 = \sum_{j=1}^{k} \frac{(O_j - np_i)^2}{np_j} \mathbin{\dot{\sim}} \chi^2(k-1) \tag{12.1.4}$$

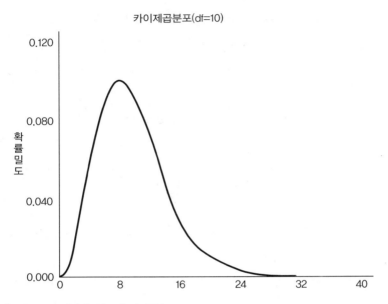

[그림 12.1.2] 카이제곱분포의 밀도곡선

이 통계량은 모든 범주의 기대빈도가 5 이상일 때 카이제곱분포에 잘 근사한다. 피어슨 카이제곱통계량을 이용하여 적합도 검정, 동일성 검정, 독립성 검정 등을 실시할 수 있다. [그림 12.1.3]은 주사위를 60번 던지는 실험으로부터 계산된 카이제곱통계량들의 분포가 자유도가 5인 카이제곱분포에 근사하는 것을 보여준다([예 12.2.1] 참조).

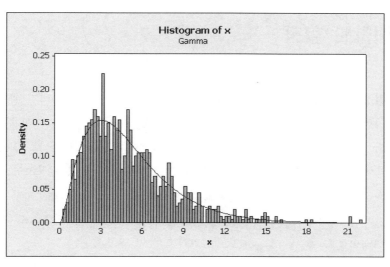

[그림 12.1.3] 카이제곱통계량의 분포와 $\chi^2_{(5)}$ 밀도곡선

[참고] 피어슨 카이제곱통계량의 대안으로 다음과 같은 통계량들을 사용할 수 있는데, 이들은 피어슨 카이제곱통계량과 동일한 자유도를 가지는 카이제곱분포에 근사한다.

① 가능도비통계량(likelihood−ratio test statistic) 또는 이탈통계량(deviance statistic) G^2

$$G^2 = 2\log\frac{O_j}{E_j}$$

② 2배제곱근잔차 통계량(double−root residual statistic) D^2

$$D^2 = \begin{cases} \sqrt{4O_j+2} - \sqrt{4E_j+1} \; , \; E_j > 0 \\ 1 - \sqrt{4E_j+1} \; , \; E_j = 0 \end{cases}$$

[참고] 범주들의 기대빈도들이 모두 5 이상이라면 피어슨 카이제곱통계량 χ^2과 가능도비통계량 G^2는 모두 카이제곱분포에 상당히 잘 근사한다. 그리고 20% 이하의 범주들에서 기대빈도들이 5 이하(그러나 1 이상)인 경우에도 이들의 카이제곱 근사는 양호하다. 그러나 20% 이상의 범주들에서 기대빈도들이 5 이하이거나 기대빈도가 1보다 작은 범주들이 있는 경우에는 이 통계량들의 카이제곱분포 근사는 빈약하게 된다. 이에 대한 조치로 다음과 같은 두 방향을 생각해 볼 수 있다.

① 기준에 미치지 못하는 범주들을 통합한다.
② 통계량의 정확한 분포를 구한다.

12.2 적합도 검정

적합도 검정(goodness of fit, GOF)이란 한 특정한 통계적 모형이 주어진 관측들에 적합한지를 검정하는 것이다. 여기서는 적합도 검정들 가운데 피어슨 카이제곱 적합도 검정을 다룬다. k개의 값을 가질 수 있는 범주형 변수 Y를 고려하자. Y로부터 크기가 n인 랜덤표본을 뽑아서 [표 12.2.1]과 같이 범주별로 빈도를 구하였다. 피어슨 카이제곱 적합도 검정은 Y의 관측빈도 $O_j (j = 1, 2, \cdots, k)$들이 범주확률 $p_j = p_{0j}$ $(j = 1, 2, \cdots, k)$들을 가지는 범주분포로부터의 랜덤표본인지를 검정하는 것이다. 범주 j의 기대빈도는 $E_j = n p_{j0}$이다.

[표 12.2.1] 적합도 검정을 위한 데이터 구조

범주 j	1	2	$\cdots$	k	합
관측빈도	O_1	O_2	$\cdots$	O_k	n
범주확률	p_{10}	p_{20}	$\cdots$	p_{k0}	1
기대빈도	E_1	E_2	$\cdots$	E_k	n

피어슨 카이제곱 적합도 검정은 다음과 같은 가설에 대한 유의성 검정이다.

$$H_0 : (p_1, p_2, \cdots, p_k) = (p_{10}, p_{20}, \cdots, p_{k0})$$

$$H_1 : H_0 \text{가 참이 아니다.}$$

이를 위한 검정통계량은 식 (12.1.3)의 피어슨 카이제곱통계량이다.

피어슨 카이제곱 적합도 검정은 크기가 n으로 고정된 다항표집(multinomial sampling) 데이터에 대해 적용됨에 유의하라.

예 12.2.1 한 도박가가 납을 넣은 주사위를 사용한다고 의심을 받고 있다. 그는 그런 혐의를 부인하며 최근 60번의 주사위 데이터를 제시하였다. 이를 토대로 이 도박가가 사용하는 주사위에 문제가 있는지를 5% 유의수준에서 판단하라.

3 4 4 6 5 4 3 1 2 1 / 5 3 6 4 4 2 4 3 4 3 / 4 4 3 2 3 2 1 3 2 6
1 3 3 5 4 4 5 3 3 2 / 1 4 1 5 3 1 3 1 4 5 / 2 3 1 4 4 4 2 4 6 3

풀이 이 문제에서 다음과 같은 가설을 검정하고자한다.

$$H_0: p_j = 1/6, \ j = 1, 2, \cdots, 6 \quad \text{vs} \quad H_1: H_0\text{가 참이 아니다.}$$

이 주사위 데이터를 다음의 도수분포표로 정리할 수 있다.

[표 12.2.2] 주사위 눈금 데이터

주사위 눈금 i	1	2	3	4	5	6	합
관측빈도	9	8	16	17	6	4	60
범주확률	1/6	1/6	1/6	1/6	1/6	1/6	1
기대빈도	10	10	10	10	10	10	60

피어슨 카이제곱통계량의 값은 다음과 같다.

$$\chi_0^2 = \frac{(9-10)^2}{10} + \frac{(8-10)^2}{10} + \frac{(16-10)^2}{10} + \frac{(17-10)^2}{10} + \frac{(6-10)^2}{10} + \frac{(4-6)^2}{10} = 14.2$$

이 주사위의 확률들이 모형확률들과 다르지 않다면, 이 카이제곱통계량의 값은 그다지 크지 않을 것이다. 앞 절에서 살펴보았듯이 이 카이제곱통계량은 근사적으로 자유도가 5인 카이제곱 분포를 따른다. 따라서 p-값 $= P\{\chi^2(5) \geq 14.2\} = 0.014382$ 이다. 이로부터 주사위가 균일하다는 귀무가설하에서 제시된 데이터 이상으로 귀무가설을 기각하는 표본이 관측될 가능성이 1.4382%라고 할 수 있으며, 이는 5% 유의수준에서 귀무가설을 기각하게 된다. □

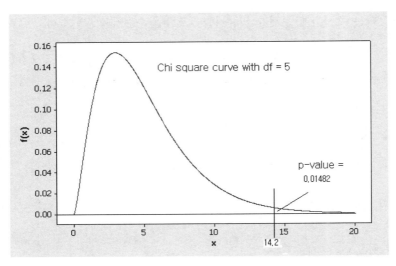

[그림 12.2.1] [예 12.2.1]의 p-값

피어슨 적합도 검정을 자유도와 관련하여 다음과 같이 두 가지로 나눈다.

① 귀무가설에 의해 범주확률들이 특정되는 경우(또는 귀무가설에 도달하기 위해 모수를 추정할 필요가 없는 경우)
② 귀무가설에 의해 범주확률들이 특정되지 않는 경우(또는 귀무가설에 도달하기 위해 모수를 추정해야 하는 경우)

① 귀무가설에 의해 범주확률들이 특정되는 경우

위의 주사위 예에서는 귀무가설이 범주확률들을 특정하고 있다. 따라서 귀무가설하에서 범주 j의 기대빈도 E_j를 다음과 같이 구할 수 있다.

$$E_j = n p_0, \ j = 1, 2, \cdots, k.$$

이로부터 적합성 검정을 위한 카이제곱통계량 값은 다음과 같다.

$$\chi_0^2 = \sum_{j=1}^{k} \frac{(O_j - E_j)^2}{E_j}$$

비교하려는 범주분포가 귀무가설에 의해 명시되므로 카이제곱통계량의 자유도는 $k-1$

이다. 따라서 자유도가 $k-1$인 카이제곱분포와 비교하여 적합성 검정을 할 수 있다.

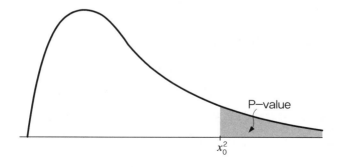

[예 12.2.2] 아래 표의 처음 두 열은 멘델이 유전법칙(독립의 법칙)을 발견하는 데 사용한 완두콩 교배실험 데이터이다. 이 데이터가 9:3:3:1의 유전법칙에 어긋난다고 볼 수 있는지를 5% 유의수준에서 검정하라.([표 2.1.1]을 참조하라.)

[표 12.2.3] 멘델의 완두콩 교배실험 데이터

완두콩 종류	관측빈도	범주확률	기대빈도
매끄럽고 노란색	315	9/16	312.75
쭈글쭈글하고 노란색	101	3/16	104.25
매끄럽고 녹색	108	3/16	104.25
쭈글쭈글하고 녹색	32	1/16	34.75
합	556	1	556

[풀이] 다음과 같은 가설을 검정하고자 한다.

$$H_0 : (p_1, p_2, \cdots, p_k) = (9/16, \ 3/16, \ 3/16, \ 1/16)$$

$$H_1 : H_0가 \ 참이 \ 아니다.$$

귀무가설에 의한 범주확률과 이를 토대로 계산한 기대빈도가 [표 12.2.3]의 마지막 두 열에 제시되어 있다. 이로부터 피어슨 카이제곱통계량 값은 $\chi^2 = 0.470024$이고 자유도는 4−1=3이므로, p-값 $= P\{\chi^2(3) \geq 0.470024\} = 0.925426$. 따라서 5% 유의수준에서 이 교배실험 데이터가 9:3:3:1의 유전법칙을 따른다는 귀무가설을 기각할 수 없다.[실제로 Fisher(1936)는 멘델의 데이터가 너무 좋아서 조작을 의심할 정도였다.]　　　　　　　　　　　　　　　　　　　　　　　　　　　　　　　□

② 귀무가설에 의해 범주확률들이 확정되지 않는 경우

이 경우에는 관측빈도들과 비교하려고 하는 범주확률들이 귀무가설에 의해 주어지지 않았으므로 범주확률들을 추정하여야 한다. 범주분포를 구하기 위해 추정해야 할 모수의 수가 d개라면 카이제곱통계량의 자유도는 $k-1-d$이다. 일단 범주확률들이 $\hat{p}_{j0}$로 추정되었다면, 귀무가설하에서 범주 j의 기대빈도 E_j에 대한 추정값을 다음과 같이 구할 수 있다.

$$\hat{E}_j = n\hat{p}_{j0}, \ j = 1, 2, \cdots, k.$$

따라서 적합성 검정을 위한 카이제곱통계량 값은

$$\chi^2 = \sum_{j=1}^{k} \frac{(O_i - \hat{E}_j)^2}{\hat{E}_j}$$

이고, 자유도가 $k-1-d$인 카이제곱분포와 비교하여 적합성 검정을 할 수 있다.

[예 12.2.3] 아래 표의 처음 두 열은 Bortkiewicz(1898)가 프러시아의 10개 군단에서 20년간 말차기(horsekick)에 의해 죽은 기마병 수를 정리한 도수분포표이다. 이 데이터가 포아송분포로부터 나왔다고 볼 수 있는지를 5% 유의수준에서 검정하라.

[표 12.2.4] 말차기에 의해 죽은 기마병 수 자료

죽은 기마병 수(x_j)	관측빈도(O_j)	범주확률($\hat{p}_j$)	기대빈도($\hat{E}_j$)
0	109	0.543551	108.670
1	65	0.331444	66.289
2	22	0.101090	20.218
3	3	0.020555	4.111
4	1	0.003560	0.712
합	200	1	200

풀이

$$H_0: \text{이 데이터는 포아송분포로부터의 랜덤표본이다.}$$
$$H_1: H_0 \text{가 참이 아니다.}$$

그런데 귀무가설에 포아송분포의 모수인 평균 μ이 명시되어 있지 않다. 이 문제를 해결하는 한 가지 방법은 데이터로부터 모수를 추정하여 사용하는 것이다. 이 데이터로부터 평균을 다음과 같이 추정한다.

$$\hat{\mu} = \bar{x} = \sum_{j=0}^{4} \frac{O_j}{200} x_j = 0.61$$

이로부터 검정하려는 가설은 다음과 같다.

$$H_0: \text{이 데이터는 } P(0.61) \text{로부터의 랜덤표본이다.}$$
$$H_1: H_0 \text{가 참이 아니다.}$$

새로운 귀무가설에 의해 추정한 계급확률 $\hat{p_i}$과 기대빈도 $\hat{E_j}$가 [표 12.2.4]의 마지막 두 열에 있다. 이로부터 피어슨 카이제곱통계량 값은 $\chi^2 = 0.599929$이고 자유도는 5−1−1=3이므로, p−값 $= P\{\chi^2(3) \geq 0.599929\} = 0.896449$이다. 따라서 5% 유의수준에서 이 기마병 데이터가 포아송분포로부터 나왔다는 귀무가설을 기각할 수 없다. 즉 이 기마병 데이터가 포아송분포로부터 나왔다고 간주함은 합리적이다. □

예 12.2.4 다음 표의 처음 세 열은 사람의 뇌 무게(brain weight)를 측정하여 도수분포표로 정리한 자료이다. 이 데이터가 정규분포에서 나왔다고 할 수 있는지를 유의수준 $\alpha = 0.05$로 검정하라(표의 둘째 열에서 'a~<b'는 a 이상 b 미만을 뜻함).

[표 12.2.5] 뇌 무게 데이터

i	뇌 무게(단위: g)	빈도(O_i)	계급중간값(m_i)	계급확률($\hat{p_i}$)	기대빈도(E_i)
1	1100 미만	0	–	0.0026	1.0816
2	1100 ~ <1150	1	1125	0.0073	3.0368
3	1150 ~ <1200	10	1175	0.0208	8.6528
4	1200 ~ <1250	21	1225	0.0501	20.8416
5	1250 ~ <1300	44	1275	0.0928	38.6048
6	1300 ~ <1350	53	1325	0.1456	60.5696
7	1350 ~ <1400	86	1375	0.1808	75.2128
8	1400 ~ <1450	72	1425	0.1772	73.7152
9	1450 ~ <1500	60	1475	0.1466	60.9856
10	1500 ~ <1550	28	1525	0.0954	39.6864
11	1550 ~ <1600	25	1575	0.0494	20.5504
12	1600 ~ <1650	12	1625	0.0215	8.9440
13	1650 ~ <1700	3	1675	0.0073	3.0368
14	1700 ~ <1750	1	1725	0.0020	0.8320
15	1750 이상	0	–	0.0006	0.2496
	합계	416		1	416

풀이

H_0: 이 데이터는 정규분포로부터의 랜덤표본이다.

H_1: H_0가 참이 아니다.

그런데 귀무가설에 정규분포의 모수들인 평균 μ과 표준편차 σ가 명시되어 있지 않다. 이 문제를 해결하는 한 방법은 데이터로부터 모수들을 추정하는 것이다. 데이터로부터 평균과 표준편차를 각각 다음과 같이 추정한다.

$$\hat{\mu} = \overline{x} = \sum_{j=1}^{15} \frac{O_j}{416} m_j = 1400.4807,$$

$$\hat{\sigma} = s = \sqrt{\sum_{j=1}^{15} \frac{O_j}{415}\left(m_j - \overline{x}\right)^2} = 107.30420.$$

이로부터 검정하려는 가설은 다음과 같다.

$$H_0: \text{이 데이터는 } N(\hat{\mu}, \hat{\sigma}^2) \text{로부터의 랜덤표본이다.}$$

$$H_1: H_0 \text{가 참이 아니다.}$$

새로운 귀무가설에 의해 추정한 계급확률 $\hat{p}_j$과 기대빈도 $\hat{E}_j$가 [표 12.2.5]의 마지막 두 열에 있다. 이로부터 피어슨 카이제곱통계량 값은 $\chi^2 = 11.6945$이고 자유도는 15-1-2=12이므로, p-값 $= P\{\chi^2(12) \geqq 11.6945\} = 0.470516$이다. 따라서 5% 유의수준에서 이 뇌 무게 데이터가 정규분포로부터 나왔다는 귀무가설을 기각할 수 없다. 즉 이 뇌 무게 데이터가 정규분포로부터 나왔다고 간주함은 합리적이다. □

12.3 동일성 검정

피어슨 카이제곱통계량은 하부 모집단들의 범주분포의 동일성(homogeneity, 동질성)을 검정하는 데도 사용할 수 있다. 적합도 검정은 한 모집단의 범주분포를 다루는 반면에, 동일성 검정은 여러 개 모집단들의 범주분포들을 다룬다.

c개의 수준을 가진 범주형 변수 Y를 고려하자. 우리는 r개의 하부 모집단들에 걸쳐서 이 범주분포가 동일한지 여부를 검정하고자 한다. 각 하부 모집단 i에 대해($i = 1, 2, \cdots, r$), 주어진 크기 n_{i+}인 표본을 뽑아서 빈도분포를 기록한다. 이 결과가 [표 12.3.1]에 제시된 교차표(cross tabulation or tab)이다. 동일성 검정이란 각 행의 관측빈도 n_{ij}들($j = 1, 2, \cdots, c$)이 모두 동일한 범주확률 $p_{ij} = p_{0j}$들을 가지는 범주분포로부터의 랜덤표본인지를 검정하는 것이다.

동일성 검정은 다음 가설에 대한 검정이다.

$$H_0: (p_{i1}, p_{i2}, \ldots, p_{ic}) = (p_{01}, p_{02}, \ldots, p_{0c}), \ i = 1, 2, \ldots, r$$

$$H_1: H_0 \text{가 참이 아니다.}$$

[표 12.3.1]에서와 같이 행(또는 열)의 합계가 고정된 표집법을 곱다항표집(product

multinomial sampling)이라고 부른다.

[표 12.3.1] 동일성 검증을 위한 교차표 구조

모집단 \ 범주	1	2	$\cdots$		c	표본크기
하부 모집단 1	n_{11}	n_{12}	$\cdots$		n_{1c}	n_{1+}
하부 모집단 2	n_{21}	n_{22}	$\cdots$		n_{2c}	n_{2+}
$\vdots$	$\vdots$					$\vdots$
하부 모집단 r	n_{r1}	n_{rc}			n_{rc}	n_{r+}
합계	n_{+1}	n_{+2}	$\cdots$		n_{+c}	n

동일성 검정을 위한 통계량에 대해 살펴보자. 동일성 검정 문제를 r개 하부 모집단들에 대한 동시 적합성 검정(simultaneous GOF test) 문제라고 생각할 수 있다. 그러면 동일성 검정을 위한 카이제곱통계량은 각 하부 모집단별 카이제곱통계량의 합이 될 것이다.

$$\chi^2 = \sum_{i=1}^{r}\left(\sum_{j=1}^{c}\frac{(n_{ij}-E_{ij})^2}{E_{ij}}\right) \tag{12.3.1}$$

이제 전체 카이제곱통계량의 자유도를 따져보자. 만일 귀무가설하에서 비교하려고 하는 공통확률분포 $(p_{01}, p_{02}, \ldots, p_{0c})$가 알려져 있다면, 이 카이제곱통계량의 자유도는 각 하부 모집단별 카이제곱통계량의 자유도 $(c-1)$들의 합 $r(c-1)$이 될 것이다. 그러나 이 확률들을 알지 못하므로 데이터로부터 c개의 확률들 중 $(c-1)$개의 확률값들을 추정해야만 공통확률분포를 구할 수 있다. 따라서 카이제곱통계량의 자유도 df는 다음과 같다.

$$\text{df} = r(c-1)-(c-1) = (r-1)(c-1) \tag{12.3.2}$$

귀무가설하에서 공통확률분포 $(p_{01}, p_{02}, \ldots, p_{0c})$를 다음과 같이 추정할 수 있다.

$$\hat{p}_{0j} = n_{+j}/n, \ j = 1, 2, \ldots, c. \tag{12.3.3}$$

이제 동일성을 검정하려고 하는 가설은 다음과 같다.

$$H_0 : \ (p_{i1}, p_{i2}, \ldots, p_{ic}) = (\hat{p}_{01}, \hat{p}_{02}, \ldots, \hat{p}_{0c}), \ i = 1, 2, \ldots, r$$

$$H_1 : \ H_0 가 \ 참이 \ 아니다.$$

따라서 귀무가설하에서 기대빈도 E_{ij}에 대한 추정값은 다음과 같다.

$$\hat{E}_{ij} = n_{i+}\hat{p}_{0j} = n_{i+}n_{+j}/n, \ i = 1, 2, \ldots, r, \ j = 1, 2, \ldots, c \qquad (12.3.4)$$

이로부터 동일성 검정을 위한 카이제곱통계량 값은

$$\chi^2 = \sum_{i=1}^{r}\sum_{j=1}^{c}\left(\frac{(n_{ij} - \hat{E}_{ij})^2}{\hat{E}_{ij}}\right) \qquad (12.3.5)$$

이므로, 자유도가 $(r-1)(c-1)$인 카이제곱분포와 비교하여 동일성 검정을 할 수 있다.

예 12.3.1 여성 모집단과 남성 모집단의 TV 시청 패턴에 차이가 있는지를 알아보기 위하여 남녀 각각 250명씩을 랜덤하게 뽑아서 그들이 선호하는 프로그램들을 조사하였다. [표 12.3.2]는 이 조사 결과를 교차표로 정리한 것이다. 성별에 따라 선호하는 프로그램이 다르다고 할 수 있는지를 유의수준 5%에서 검정하라.

[표 12.3.2] 성별로 선호하는 TV 프로그램에 대한 교차표([ ]안은 기대빈도임)

성별(i) \ 프로그램(j)	드라마	연예	뉴스	계
남성	90 [100]	40 [45]	120 [105]	250
여성	110 [100]	50 [45]	90 [105]	250
계	200	90	210	500

풀이 다음과 같은 가설을 검정하려고 한다.

$$H_0 : \ (p_{i1}, p_{i2}, p_{i3}) = (p_{01}, p_{02}, p_{03}), \ i = 1, 2$$

$$H_1 : \ H_0 가 \ 참이 \ 아니다.$$

귀무가설하에서 공통확률분포 (p_{01}, p_{02}, p_{03})는 $(200/500, \; 90/500. \; 210/500) = (0.4, 0.18, 0.42)$로 추정된다. 따라서 귀무가설하에서 기대빈도를 다음과 같이 추정한다.

$$\hat{E}_{11} = (250)(200)/500 = 100, \;\; \hat{E}_{12} = (250)(90)/500 = 45, \;\; \hat{E}_{13} = (250)(210)/500 = 105$$

$$\hat{E}_{21} = \hat{E}_{11}, \;\; \hat{E}_{22} = \hat{E}_{12}, \;\; \hat{E}_{23} = \hat{E}_{13}$$

이로부터 귀무가설하에서 카이제곱통계량의 값은 다음과 같다.

$$\chi_0^2 = \frac{(90-100)^2}{100} + \frac{(40-45)^2}{45} + \frac{(120-105)^2}{105} + \frac{(110-100)^2}{100} + \frac{(50-45)^2}{45} + \frac{(90-105)^2}{105}$$

$$= 7.3968$$

귀무가설하에서 이 카이제곱통계량은 자유도가 df $= (2-1)(3-1) = 2$인 카이제곱분포를 따르므로 p-값은 다음과 같이 주어진다.

$$p\text{-값} = P\{\chi^2(2) \geq 7.3968\} = 0.024763.$$

p-값이 유의수준 5%보다 작으므로 성별로 선호 TV 프로그램이 동일하다는 귀무가설을 기각할 수 있다. □

12.4 독립성 검정

피어슨 카이제곱통계량을 이용하여 두 범주형 변수 간의 독립성(independence)을 검정할 수 있다. 각각 c개와 r개의 값을 가질 수 있는 두 범주형 변수 X와 Y를 고려하자. 만일 X와 Y가 독립이라면 [정의]에 의해 두 변수의 결합확률 $p_{X,Y}(i,j) = p_{ij}$는 두 주변확률 $p_X(i) = p_{i+}$와 $p_Y(j) = p_{+j}$의 곱으로 표현된다.

모든 $i = 1, 2, \ldots, r$와 $j = 1, 2, \ldots, c$에 대해,

$$p_{ij} = p_{i+} p_{+j} \tag{12.4.1}$$

따라서 독립성 검정은 다음과 같은 가설에 대한 검정이다.

$$H_0: \ p_{ij} = p_{i+} p_{+j}, \ i = 1, 2 \dots, r, \ j = 1, 2 \dots, c$$
$$H_1: \ H_0\text{가 참이 아니다.}$$

이 가설로부터 독립성 검정 문제를 rc개 범주들에 대한 적합성—관측빈도 n_{ij}들이 범주확률 p_{ij}들을 가지는 범주분포로부터의 랜덤표본인지에 대한 적합성—검증문제로 간주할 수 있다. 따라서 독립성 검정을 위한 카이제곱검정통계량은 다음과 같다.

$$\chi^2 = \sum_{i=1}^{r} \sum_{j=1}^{c} \frac{(n_{ij} - E_{ij})^2}{E_{ij}} \tag{12.4.2}$$

만일 p_{ij}들이 알려져 있다면, 즉 행변수 X와 열변수 Y의 주변확률분포들이 알려져 있다면, 전체 카이제곱통계량의 자유도는 $rc-1$이다. 그러나 그렇지 않으므로 데이터로부터 X의 주변분포 $(p_{1+}, p_{2+}, \dots, p_{r+})$와 Y의 주변분포 $(p_{+1}, p_{+2}, \dots, p_{+c})$를 추정해야만 귀무가설하에서 결합확률분포가 확정된다. X의 주변분포를 위해 $(r-1)$개의 확률값들을 추정해야 하고 Y의 주변분포를 위해 $(c-1)$개의 확률값들을 추정해야 한다. 따라서 카이제곱통계량의 자유도는 다음과 같다.

$$\text{df} = (rc-1) - (r-1) - (c-1) = (r-1)(c-1) \tag{12.4.3}$$

이 자유도의 값은 동질성 검정과 동일하다.

행변수의 주변분포 $(p_{1+}, p_{2+}, \dots, p_{r+})$와 열변수의 주변분포 $(p_{+1}, p_{+2}, \dots, p_{+c})$를 다음과 같이 추정한다.

$$\hat{p}_{i+} = n_{i+}/n, \ i = 1, 2, \dots, r \tag{12.4.4}$$

$$\hat{p}_{+j} = n_{+j}/n, \ j = 1, 2, \dots, c \tag{12.4.5}$$

이로부터 귀무가설하에서의 결합확률들 p_{ij}를 다음과 같이 추정할 수 있다.

$$\hat{p}_{ij} = \hat{p}_{i+} \hat{p}_{+j} = n_{i+} n_{+j}/n^2, i = 1, 2 \dots, r, \ j = 1, 2, \dots, c \tag{12.4.6}$$

또한 귀무가설하에서 기대빈도 E_{ij}에 대한 추정값은

$$\widehat{E}_{ij} = n\,\hat{p}_{ij} = n\,\hat{p}_{i+}\,\hat{p}_{+j} = n_{i+}\,n_{+j}/n, \; i = 1, 2, \ldots, r, \; j = 1, 2, \ldots, c$$

(12.4.7)

이므로, 동일성 검정에서의 기대빈도의 추정값과 같음을 알 수 있다. 따라서 독립성 검정을 위한 카이제곱통계량값은

$$\chi^2 = \sum_{i=1}^{r}\sum_{j=1}^{c} \frac{(n_{ij} - \widehat{E}_{ij})^2}{\widehat{E}_{ij}}$$

(12.4.8)

가 되며, 자유도가 $(r-1)(c-1)$인 카이제곱분포와 비교하여 독립성 검정을 실시한다.

[표 12.4.1]과 같이 총합계가 고정된 표집법을 다항표집(multinomial sampling)이라고 하며, 그 교차표를 특별히 분할표(contingency table)라고 부른다.

독립성 검정을 위한 절차(카이제곱통계량과 자유도)는 동일성 검정을 위한 절차와 동일하다. 다른 것은 가설과 표집법뿐이다.

[표 12.4.1] 독립성 검정을 위한 교차표(분할표)

열변수, Y 행변수, X	1	2	$\cdots$		c	합계
1	n_{11}	n_{12}	$\cdots$		n_{1c}	n_{1+}
2	n_{21}	n_{22}	$\cdots$		n_{2c}	n_{2+}
$\vdots$	$\vdots$					$\vdots$
r	n_{r1}	n_{rc}			n_{rc}	n_{r+}
합계	n_{+1}	n_{+2}	$\cdots$		n_{+c}	n

예 12.4.1 듣는 손(오른손잡이, 왼손잡이, 양손잡이)과 성별 간에 연관성이 있는지 알아보기 위하여 25세~34세 사이에 속하는 2,237명을 랜덤하게 뽑아서 아래 분할표로 정리하였다. 듣는 손과 성별 간에 연관성이 있는가?

[표 12.4.2] 성별과 듣는 손 간의 분할표([ ]안은 기대빈도임)

듣는 손(j) 성별(i)	오른손잡이	왼손잡이	양손잡이	계
남성	934[955.8641]	113[97.7805]	20[13.3554]	1,067
여성	1,070[1048.136]	92[107.2195]	8[14.6446]	1,170
계	2,004	205	28	2,237

풀이 다음의 가설을 검정하려고 한다.

$$H_0 : \ p_{ij} = p_{i.} \, p_{.j}, \ 2 = 1, 2 \ldots, r, \ j = 1, 2 \ldots, 3$$
$$H_1 : \ H_0 가 \ 참이 \ 아니다.$$

귀무가설하에서 결합확률 p_{ij}들은 식 (12.4.6)에 의해 [표 12.4.3]과 같이 추정된다.

[표 12.4.3] 성별과 듣는 손의 추정된 결합분포

듣는 손(j) 성별(i)	오른손잡이	왼손잡이	양손잡이	계
남성	0.429497	0.043711	0.00597	
여성	0.468545	0.04793	0.006547	
계				1.000000

이 표로부터 또는 식 (12.4.7)로부터 귀무가설하에서 기대빈도 E_{ij}에 대한 추정값은 [표 12.4.2]의 [ ]과 같이 주어진다. 따라서 귀무가설하에서 카이제곱통계량의 값은

$$\chi_0^2 = \frac{(934 - 955.8641)^2}{955.8641} + \cdots + \frac{(8 - 14.6446)^2}{14.6446} = 7.3968$$

이며 자유도가 df = (2-1)(3-1) = 2인 카이제곱분포를 따르므로 p-값은 다음과 같다.

$$p\text{-값} = P\{\chi^2(2) \geq 11.8061\} = 0.00273$$

p-값이 유의수준 5%보다 작으므로 성별과 듣는 손 간에 연관성이 없다는 귀무가설을 기각할 수 있다. □

12.5 SPSS 실습

실습 1 완두콩 교배 실험 자료인 [표 12.2.3]을 이용하여 이 자료가 9:3:3:1의 유전법칙에 어긋난다고 할 수 있는지를 유의수준 $\alpha = 0.05$에서 검정하라.

풀이

(1) SPSS 데이터 편집기에서 변수 pea와 변수 weight에 값을 [그림 12.5.1]처럼 넣는다.

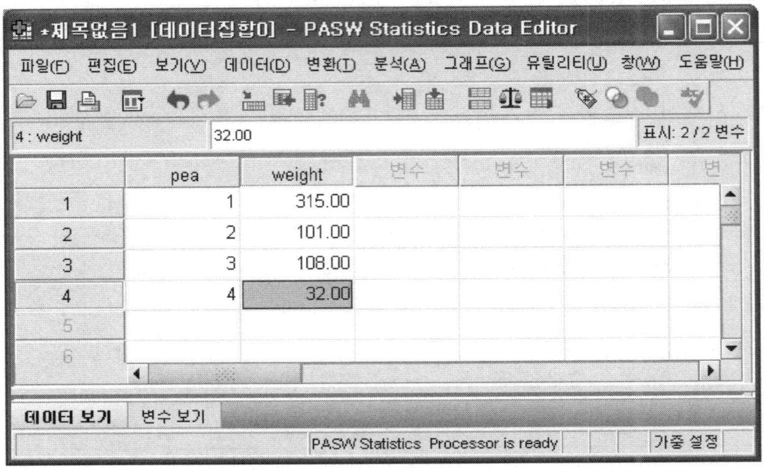

[그림 12.5.1] 적합도 검정을 위한 자료 입력

(2) 데이터 편집기 메뉴에서 **데이터 → 가중 케이스**를 클릭하여, [그림 12.5.2]의 '가중 케이스' 대화상자를 구한 후 '가중 케이스 지정'에 표기한 후 변수 weight를 '빈도변수'항에 옮긴 다음 **〈확인〉**을 클릭한다.

[그림 12.5.2] 가중 케이스 지정을 위한 가중 케이스 대화상자

(3) 데이터 편집기 메뉴에서 [그림 12.5.3]처럼 **분석 → 비모수검정 → 카이제곱검정**을 선택하여 '카이제곱검정' 대화상자를 구한다.

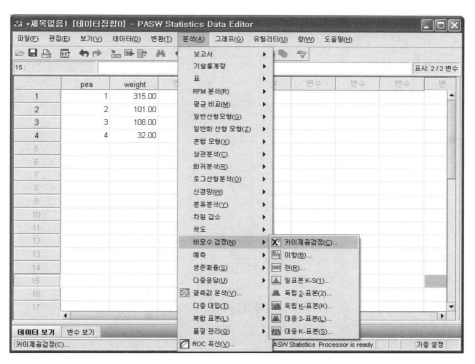

[그림 12.5.3] 카이제곱검정을 하기 위한 명령

(4) [그림 12.5.4]의 '카이제곱검정' 대화상자에서 변수 pea를 '검정변수' 항으로 옮기고, '기댓값'의 '값'에 체크한 후 기대빈도인 312.75, 104.25, 104.25, 34.75를 차례로 입력한 후 **〈확인〉**을 클릭하면, SPSS 뷰어 창이 열리면서 결과가 출력된다.

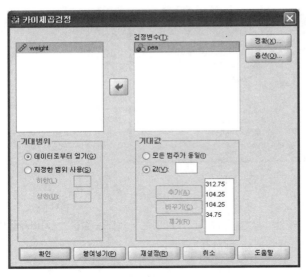

[그림 12.5.4] 카이제곱검정 대화상자

■ 빈도분석

[표 12.5.1]
pea

	관측수	기대빈도	잔차
1	315	312.8	2.3
2	101	104.3	−3.3
3	108	104.3	3.8
4	32	34.8	−2.8
합계	556		

■ 카이제곱검정

[표 12.5.2]
검정통계량

	pea
카이제곱	$.470^{\alpha}$
자유도	3
근사 유의확률	.925

a. 0셀 (.0%)은 5보다 작은 기대빈도를 가집니다.
   최소 셀 기대빈도는 34.8입니다.

출력결과에 따르면 피어슨 카이제곱통계량은 $\chi_0^2 = 0.470$이고 $p-$값이 .925이므로, 실험 자료가 9:3:3:1의 유전법칙을 따른다는 귀무가설을 기각하지 못한다.

[실습 2] 듣는 손과 성별 간의 자료인 [표 12.4.2]를 이용하여, 듣는 손과 성별 간에 독립성이 있는지를 유의수준 $\alpha = 0.01$에서 검정하라.

[풀이]

(1) SPSS 데이터 편집기에서 변수 gender, 변수 hand와 변수 weight의 값들을 [그림 12.5.5]처럼 넣는다.

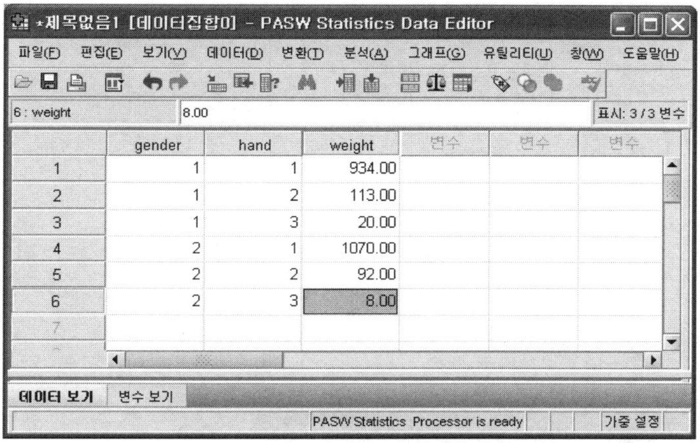

[그림 12.5.5] 독립성 검정을 위한 자료 입력

(2) 데이터 편집기 메뉴에서 **데이터 → 가중 케이스**를 클릭하여, [실습 1]의 (2)와 같이 수 weight를 '빈도변수'항에 옮긴 다음 〈**확인**〉을 클릭한다.

(3) 데이터 편집기 메뉴에서 [그림 12.5.6]에서처럼 **분석 → 기술통계량 → 교차분석**을 선택하여 '교차분석' 대화상자를 구한다.

[그림 12.5.6] 독립성 검정을 하기 위한 명령

(4) [그림 12.5.7]의 '교차분석' 대화상자에서 변수 gender를 '행'으로, 변수 hand를 '열' 항으로 옮긴 후 '통계량'을 눌러 [그림 12.5.8]의 '교차분석:통계량' 대화상자를 구한 후, '카이제곱'에 체크한다.

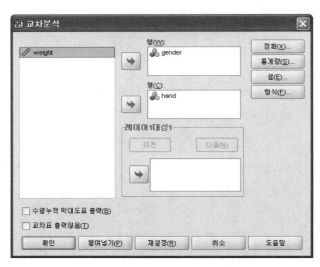

[그림 12.5.7] 교차분석 대화상자

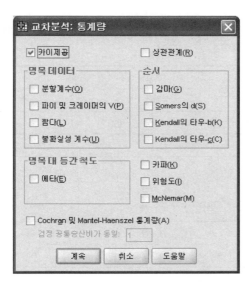

[그림 12.5.8] 교차분석: 통계량 대화상자

(5) 〈계속〉을 클릭한 후, [그림 12.5.7]의 '교차분석' 대화상자에서 셀을 눌러 [그림 12.5.9]의 '교차분석:셀 출력' 대화상자를 구한다. 이 대화상자의 '기대빈도' 항에 체크한 후 〈계속〉을 클릭하면 교차분석 결과가 산출된다.

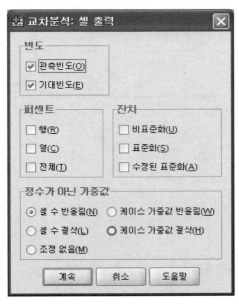

[그림 12.5.9] 교차분석: 셀 출력 대화상자

■ 교차분석

[표 12.5.3] **케이스 처리 요약**

	케이스					
	유효		결측		전체	
	N	퍼센트	N	퍼센트	N	퍼센트
gender*hand	2237	100.0%	0	.0%	2237	100.0%

[표 12.5.4] **gender*hand 교차표**

			hand			전체
			1	2	3	
gender	1	빈도	934	113	20	1067
		기대빈도	955.9	97.8	13.4	1067.0
	2	빈도	1070	92	8	1170
		기대빈도	1048.1	107.2	14.6	1170.0
전체		빈도	2004	205	28	2237
		기대빈도	2004.0	205.0	28.0	2237.0

[표 12.5.5] **카이제곱검정**

	값	자유도	점근 유의확률 (양측검정)
Pearson 카이제곱	11.806^{α}	2	.003
우도비	11.961	2	.003
선형 대 선형결합	11.364	1	.001
유효 케이스 수	2237		

a. 0셀 (.0%)은 5보다 작은 기대빈도를 가지는 셀입니다.
   최소 기대빈도는 13.36입니다.

출력결과에 의하면 피어슨 카이제곱통계량 $\chi_0^2 = 11.806$이고 그 p-값이 0.003이므로, 듣는 손과 성별 간에는 강한 연관성이 있음을 알 수 있다. □

1. 아래의 표는 멘델이 유전법칙(분리의 법칙)을 확립하는 데 사용하였던 완두콩에 대한 7가지 교배실험 데이터이다.

완두콩의 교배실험 데이터

	우성표현형	열성표현형
씨앗의 형태	5,474	1,850
배젖의 색깔	6,022	2,001
씨앗껍질의 색깔	705	224
콩깍지 형태	882	299
콩깍지 색깔	428	152
꽃의 위치	651	20
줄기 길이	787	277
합계	14,949	5,010

이 데이터(각각으로 또 전체적으로)가 3:1의 표현형비((1:2:1의 유전자형비)로부터 벗어나고 있는지를 5% 유의수준으로 검정하라.

2. 어떤 해에 배심원단의 연령별 구성비가 전체 인구의 연령별 구성비와 차이가 있는지를 알아보기 위하여 도수분포표로 정리한 결과가 아래와 같다. 66명의 배심원들이 전체 인구로부터 랜덤하게 선정되었다고 할 수 있는지를 5% 유의수준으로 검정하라.

연령별 배심원수

연령대	배심원수	인구 구성비(%)	기대빈도
21 ~ < 40	5	42	
41 ~ < 50	9	23	
51 ~ < 60	19	16	
61 이상	33	19	
합	66	100	66

3. 어린이들의 독서 패턴이 성별로 차이가 있는지를 알아보기 위하여 남자 어린이 100명과 여자 어린이 200명을 각각 랜덤하게 뽑았다. 이 아이들이 즐겨보는 책들을 성별로 정리하여 아래 교차표를 얻었다. 성별에 따라 선호하는 책이 다르다고 할 수 있는지를 유의수준 5%에서 검정하라.

성별로 선호하는 TV 프로그램에 대한 교차표

성별 \ 프로그램	만화	과학책	위인전	계
남자 어린이	50	30	20	100
여자 어린이	50	80	70	200
계	100	80	90	300

4. 한중일 세 나라의 혈액형 분포에 차이가 있는지 알아보기 위하여 각 나라별로 1,000명씩 랜덤하게 선정하여 그들의 혈액형을 조사하여 정리한 결과가 아래 교차표이다. 한중일 삼국의 혈액형 분포가 다르다고 할 수 있는지를 5% 유의수준으로 검정하라.

[아래] 한중일 삼국의 혈액형에 대한 교차표

나라 \ 혈액형	A형	B형	O형	AB형	합계
한국	115	334	284	267	1,000
중국	57	262	424	257	1,000
일본	105	386	287	222	1,000

5. 거주지별로 아기식품 광고 효과에 차이가 있는지 알아보기 위하여 도시, 근교, 시골에서 각각 68, 36, 49 가구를 랜덤하게 선정하여 조사한 결과를 아래의 교차표로 정리하였다. 거주지별로 아기식품 광고 효과에 차이가 있다고 할 수 있는지를 5% 유의수준으로 검정하라.

거주지별 식품 광고 효과에 대한 교차표

응답 \ 거주지	도시	근교	시골
긍정적	30	19	21
부정적	38	17	28
표본크기	68	36	49

6. 성별과 결혼 상태가 연관성이 있는지 알아보기 위하여 랜덤하게 25세~54세에 속하는 103명을 뽑아서 분할표로 정리한 결과가 아래와 같다. 성별과 결혼 상태가 연관성이 있다고 할 수 있는지를 5% 유의수준으로 검정하라.

결혼 상태 \ 성별	남	여
결혼한 적이 없음	21	9
결혼	20	39
홀로 됨(사별, 이혼, 별거)	7	7

7. 고용 상태가 결혼 상태와 연관되어 있는지 알아보기 위하여 25세~44세에 속하는 981명을 랜덤하게 뽑아서 분할표로 정리한 결과가 아래와 같다. 고용 상태와 결혼 상태가 연관성이 있다고 할 수 있는지를 5% 유의수준으로 검정하라.

결혼 상태 \ 고용 상태	고용	실업	비노동 인구
결혼한 적이 없다	638	27	35
결혼	133	8	12
홀로 됨(사별, 이혼, 별거)	102	6	20

8. 다음은 1991년 사회 총조사에서 980명에 대해 그들의 성별과 지지정당을 조사한 결과이다. 성별과 지지정당 간에 독립적이라 할 수 있는지를 5% 유의수준으로 검정하라.

성별 \ 지지당	민주당	무소속	공화당	계
여성	279	73	225	577
남성	165	47	191	403
계	444	120	416	980

9. [예 3.1.1]의 [표 3.1.1]에 제시된 인종별 사형제도에 대한 의견 데이터를 고려하자. 인종과 사형제도에 대한 의견 간에 연관성이 있다고 할 수 있는지를 5% 유의수준으로 검정하라.

10. 3.2.3절에 제시된 [표 3.2.2]를 고려하자. 전공별로 성별 합격률에 차이가 있다고 할 수 있는지를 5% 유의수준으로 검정하라.

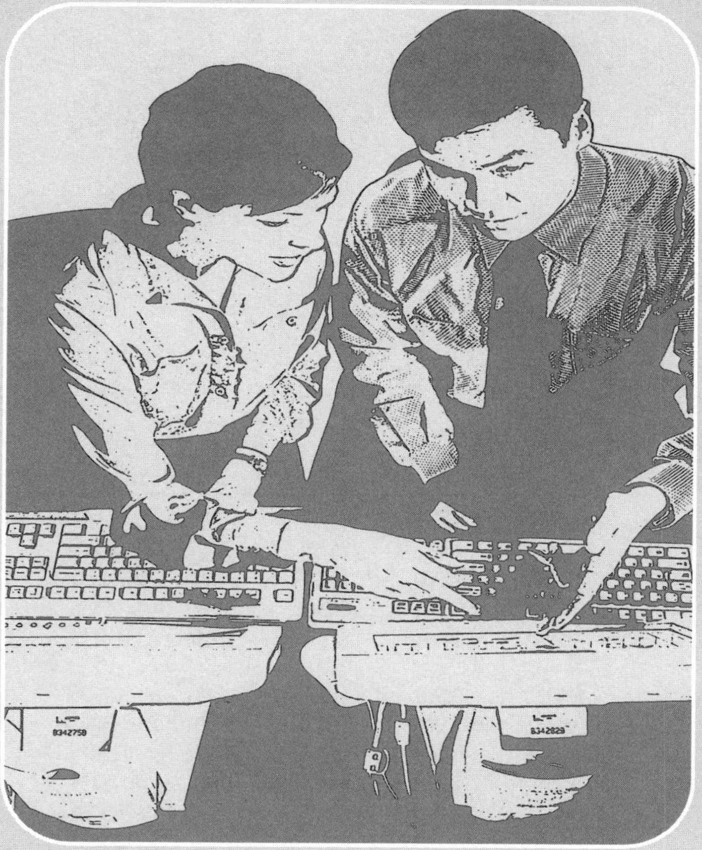

부록

- 난수표
- 이항분포표
- 표준정규분포표
- t 분포표
- χ^2 분포표
- F 분포표

난수표

10480	15011	01536	02011	81647	91646	69179	14194	62590
22368	46573	25595	85393	30995	89198	27982	53402	93965
24130	48360	22527	97265	76393	64809	15179	24830	49340
42167	93093	06243	61680	07856	46376	39440	53537	71341
37570	39975	81837	16656	06121	91782	60468	81305	49684
77921	06907	11008	42751	27756	53498	18602	70659	90655
99562	72905	56420	69994	98872	31016	71194	18738	44013
96301	91977	05463	07972	18876	20922	94595	56869	69014
89579	14342	63661	10281	17453	18103	57740	84378	25331
85475	36857	53342	53988	53060	59533	38867	62300	08158
28918	96578	88231	33276	70997	79936	56865	05859	90106
63553	40961	48235	03427	49626	69445	18663	72695	52180
09429	93969	52636	92737	88974	33488	36320	17617	30015
10365	61129	87529	85689	48237	52267	67689	93394	01511
07119	97336	71048	08178	77233	13916	47564	81056	97735
51085	12765	51821	51259	77452	16308	60756	92144	49442
02368	21382	52404	60268	89368	19885	55322	44819	01188
01011	54092	33362	94904	31273	04146	18594	29852	71585
52162	53916	46369	58586	23216	14513	83149	98136	23495
07056	97628	33787	09998	42698	06691	76988	13602	51851
48663	91245	85828	14346	09172	30168	90229	04734	59193
54164	58492	22421	74103	47070	25306	76468	26384	58151
32639	32363	05597	24200	13363	38005	94342	28728	35806
29334	27001	87637	87308	58731	00256	45834	15398	46557
02488	33062	28834	07351	19731	92420	60952	61280	50001
81525	72295	04839	96423	24878	82651	66566	14778	76797
29676	20591	68086	26432	46901	20849	89768	81536	86645
00742	57392	39064	66432	84673	40027	32832	61362	98947
05366	04213	25669	26422	44407	44048	37937	63904	45766
91921	26418	64117	94305	26766	25940	39972	22209	71500

00582	04711	82917	77341	42206	35126	74087	99547	81817
00725	69884	62797	56170	86324	88072	76222	36086	84637
69011	65795	95876	55293	18988	27354	26575	08625	40801
25976	57948	29888	88604	67917	48708	18912	82271	65424
09763	83473	73577	12908	30883	18137	28290	35797	05998
91567	42595	27958	30134	04024	86385	29880	99730	55536
17955	56349	90999	49127	20044	59931	06115	20542	18059
46503	18584	18845	49618	02304	51038	20655	58727	28168
92157	89634	94824	78171	84610	82834	09922	25417	44137
14577	62765	35605	81263	39667	47358	56873	56307	61607
98427	07523	33362	64270	01638	92477	66969	98420	04880
34914	63976	88720	82765	34476	17032	87589	40836	32427
70060	28277	39475	46473	23219	53416	94970	25832	69975
53976	54914	06990	67245	68350	82948	11398	42878	80287
76072	29515	40980	07391	58745	25774	22987	80059	39911
90725	52210	83974	29992	65831	38857	50490	83765	55657
64364	67412	33339	31926	14883	24413	59744	92351	97473
08962	00358	31662	25388	61642	34072	81249	35648	56891
95012	68379	93526	70765	10592	24542	76463	54328	02349
15664	10493	20492	38391	91132	21999	59516	81652	27195

이항분포표

$$P(X = x) = n\,C_x\pi^x\,(1 - \pi)^{n-x}$$

		π									
n	x	0.05	0.10	0.15	0.20	0.25	0.30	0.35	0.40	0.45	0.50
1	0	0.9500	0.9000	0.8500	0.8000	0.7500	0.7000	0.6500	0.6000	0.5500	0.5000
	1	0.0500	0.1000	0.1500	0.2000	0.2500	0.3000	0.3500	0.4000	0.4500	0.5000
2	0	0.9025	0.8100	0.7225	0.6400	0.5625	0.4900	0.4225	0.3600	0.3025	0.2500
	1	0.0950	0.1800	0.2550	0.3200	0.3750	0.4200	0.4550	0.4800	0.4950	0.5000
	2	0.0025	0.0100	0.0225	0.0400	0.0625	0.0900	0.1225	0.1600	0.2025	0.2500
3	0	0.8574	0.7290	0.6141	0.5120	0.4219	0.3430	0.2746	0.2160	0.1664	0.1250
	1	0.1354	0.2430	0.3251	0.3840	0.4219	0.4410	0.4436	0.4320	0.4084	0.3750
	2	0.0071	0.0270	0.0574	0.0960	0.1406	0.1890	0.2389	0.2880	0.3341	0.3750
	3	0.0001	0.0010	0.0034	0.0080	0.0156	0.0270	0.0429	0.0640	0.0911	0.1250
4	0	0.8145	0.6561	0.5220	0.4096	0.3164	0.2401	0.1785	0.1296	0.0915	0.0625
	1	0.1715	0.2916	0.3685	0.4096	0.4219	0.4116	0.3845	0.3456	0.2995	0.2500
	2	0.0135	0.0486	0.0975	0.1536	0.2109	0.2646	0.3105	0.3456	0.3675	0.3750
	3	0.0005	0.0036	0.0115	0.0256	0.0469	0.0756	0.1115	0.1536	0.2005	0.2500
	4	0.0000	0.0001	0.0005	0.0016	0.0039	0.0081	0.0150	0.0256	0.0410	0.0625
5	0	0.7738	0.5905	0.4437	0.3277	0.2373	0.1681	0.1160	0.0778	0.0503	0.0312
	1	0.2036	0.3280	0.3915	0.4096	0.3955	0.3602	0.3124	0.2592	0.2059	0.1562
	2	0.0214	0.0729	0.1382	0.2048	0.2637	0.3087	0.3364	0.3456	0.3369	0.3125
	3	0.0011	0.0081	0.0244	0.0512	0.0879	0.1323	0.1811	0.2304	0.2757	0.3125
	4	0.0000	0.0004	0.0022	0.0064	0.0146	0.0284	0.0488	0.0768	0.1128	0.1562
	5	0.0000	0.0000	0.0001	0.0003	0.0010	0.0024	0.0053	0.102	0.0185	0.0132
6	0	0.7351	0.5314	0.3771	0.2621	0.1780	0.1176	0.0754	0.0467	0.0277	0.0156
	1	0.2321	0.3543	0.3993	0.3932	0.3560	0.3025	0.2437	0.1866	0.1359	0.0938
	2	0.0305	0.0984	0.1762	0.2458	0.2966	0.3241	0.3280	0.3110	0.2780	0.2344
	3	0.0021	0.0146	0.0415	0.0819	0.1318	0.1852	0.2355	0.2765	0.3032	0.3125
	4	0.0001	0.0012	0.0055	0.0154	0.0330	0.0595	0.0951	0.1382	0.1861	0.2344
	5	0.0000	0.0001	0.0004	0.0015	0.0044	0.0102	0.0205	0.0369	0.0609	0.0938
	6	0.0000	0.0000	0.000	0.0001	0.0002	0.0007	0.0018	0.0041	0.0083	0.0156
7	0	0.6983	0.4783	0.3206	0.2097	0.1335	0.0824	0.0490	0.0280	0.0152	0.0078
	1	0.2573	0.3720	0.3960	0.3670	0.3115	0.2471	0.1848	0.1306	0.0872	0.0547
	2	0.0406	0.1240	0.2097	0.2753	0.3115	0.3177	0.2985	0.2613	0.2140	0.1641
	3	0.0036	0.0230	0.0617	0.1147	0.1730	0.2269	0.2679	0.2903	0.2918	0.2734
	4	0.0002	0.0026	0.0109	0.0287	0.0577	0.0972	0.1442	0.1935	0.2388	0.2734

n	x										
	5	0.0000	0.0002	0.0012	0.0043	0.0115	0.0250	0.0466	0.0774	0.1172	0.1641
	6	0.0000	0.0000	0.0001	0.0004	0.0013	0.0036	0.0084	0.0172	0.0320	0.0547
	7	0.0000	0.0000	0.000	0.000	0.0001	0.0002	0.0006	0.0016	0.0037	0.0078
8	0	0.6634	0.4305	0.2725	0.1678	0.1001	0.0576	0.0319	0.0168	0.0084	0.0039
	1	0.2279	0.3826	0.3847	0.3355	0.2670	0.1977	0.1373	0.0896	0.0548	0.0312
	2	0.0515	0.1488	0.2376	0.2936	0.3155	0.2965	0.2587	0.2090	0.1569	0.1094
	3	0.0054	0.0331	0.0839	0.1468	0.2076	0.2541	0.2786	0.2787	0.2568	0.2188
	4	0.0004	0.0046	0.0185	0.0459	0.0865	0.1361	0.1875	0.2322	0.2627	0.2734
	5	0.0000	0.0004	0.0026	0.0092	0.0231	0.0467	0.0808	0.1239	0.1719	0.2188
	6	0.0000	0.0000	0.0002	0.0011	0.0038	0.0100	0.0217	0.0413	0.0703	0.1094
	7	0.0000	0.0000	0.0000	0.0001	0.0004	0.0012	0.0033	0.0079	0.0164	0.0312
	8	0.0000	0.0000	0.0000	0.0000	0.0000	0.0001	0.0002	0.0007	0.0017	0.0039
9	0	0.6302	0.3874	0.2316	0.1342	0.0751	0.0404	0.0207	0.0101	0.0046	0.0020
	1	0.2985	0.3874	0.3679	0.3020	0.2253	0.1556	0.1004	0.0605	0.0339	0.0176
	2	0.0629	0.1722	0.2597	0.3020	0.3003	0.2668	0.2162	0.1612	0.1110	0.0703
	3	0.0077	0.0446	0.1069	0.1762	0.2336	0.2668	0.2716	0.2508	0.2119	0.1641
	4	0.0006	0.0074	0.0283	0.0661	0.1168	0.1715	0.2194	0.2508	0.2600	0.2461
	5	0.0000	0.0008	0.0050	0.0165	0.0389	0.0735	0.1181	0.1672	0.2128	0.2461
	6	0.0000	0.0001	0.0006	0.0028	0.0087	0.0210	0.0424	0.0743	0.1160	0.1641
	7	0.0000	0.0000	0.0000	0.0003	0.0012	0.0039	0.0098	0.0212	0.0407	0.0703
	8	0.0000	0.0000	0.0000	0.0000	0.0001	0.0004	0.0013	0.0035	0.0083	0.0176
	9	0.0000	0.0000	0.0000	0.0000	0.0000	0.0000	0.0001	0.0003	0.0008	0.0020
10	0	0.5987	0.3487	0.1969	0.1074	0.0563	0.0282	0.0135	0.0060	0.0025	0.0010
	1	0.3151	0.3874	0.3474	0.2684	0.1877	0.1211	0.0725	0.0403	0.0207	0.0098
	2	0.0746	0.1937	0.2759	0.3020	0.2816	0.2335	0.1757	0.1209	0.0763	0.0439
	3	0.0105	0.0574	0.1298	0.2013	0.2503	0.2668	0.2522	0.2150	0.1665	0.1172
	4	0.0010	0.0112	0.0401	0.0881	0.1460	0.2001	0.2377	0.2508	0.2384	0.2051
	5	0.0001	0.0015	0.0085	0.0264	0.0584	0.1029	0.1536	0.2007	0.2340	0.2461
	6	0.0000	0.0001	0.0012	0.0055	0.0162	0.0368	0.0689	0.1115	0.1596	0.2051
	7	0.0000	0.0000	0.0001	0.0008	0.0031	0.0090	0.0212	0.0425	0.0746	0.1172
	8	0.0000	0.0000	0.0000	0.0001	0.0004	0.0014	0.0043	0.0106	0.0229	0.0439
	9	0.0000	0.0000	0.0000	0.0000	0.0000	0.0001	0.0005	0.0016	0.0042	0.0098
	10	0.0000	0.0000	0.0000	0.0000	0.0000	0.0000	0.0000	0.0001	0.0003	0.0010
11	0	0.5688	0.3138	0.1673	0.0859	0.0422	0.0198	0.0088	0.0036	0.0014	0.0005
	1	0.3293	0.3835	0.3248	0.2362	0.1549	0.0932	0.0518	0.0266	0.0125	0.0054
	2	0.0867	0.2131	0.2866	0.2953	0.2581	0.1988	0.1395	0.0887	0.0513	0.0269
	3	0.0137	0.0710	0.1517	0.2215	0.2581	0.2568	0.2254	0.1774	0.1259	0.0806
	4	0.0014	0.0158	0.0536	0.1107	0.1721	0.2201	0.2428	0.2365	0.2060	0.1611
	5	0.0001	0.0025	0.0132	0.0388	0.0803	0.1321	0.1830	0.2207	0.2360	0.2256
	6	0.0000	0.0003	0.0023	0.0097	0.0268	0.0566	0.0985	0.1471	0.1931	0.2256

	7	0.0000	0.0000	0.0003	0.0017	0.0064	0.0173	0.0379	0.0701	0.1128	0.1611
	8	0.0000	0.0000	0.0000	0.0002	0.0011	0.0037	0.0102	0.0234	0.0462	0.0806
	9	0.0000	0.0000	0.0000	0.0000	0.0001	0.0005	0.0018	0.0052	0.0126	0.0269
	10	0.0000	0.0000	0.0000	0.0000	0.0000	0.0000	0.0002	0.0007	0.0021	0.0054
	11	0.0000	0.0000	0.0000	0.0000	0.0000	0.0000	0.0000	0.0000	0.0002	0.0005
12	0	0.5404	0.2824	0.1422	0.0687	0.0317	0.0138	0.0057	0.0022	0.0008	0.0002
	1	0.3413	0.3766	0.3012	0.2062	0.1267	0.0712	0.0368	0.014	0.0075	0.0029
	2	0.0988	0.2301	0.2924	0.2835	0.2323	0.1678	0.1088	0.0639	0.0339	0.0161
	3	0.0173	0.0852	0.1720	0.2362	0.2581	0.2397	0.1954	0.1419	0.0923	0.0537
	4	0.0021	0.0213	0.0683	0.1329	0.1936	0.2311	0.2367	0.2128	0.1700	0.1208
	5	0.0002	0.0038	0.0193	0.0532	0.1032	0.1585	0.2039	0.2270	0.2225	0.1934
	6	0.0000	0.0005	0.0040	0.0155	0.0401	0.0792	0.1281	0.1766	0.2124	0.2256
	7	0.0000	0.0000	0.0006	0.0033	0.0115	0.0291	0.0591	0.1009	0.1489	0.1934
	8	0.0000	0.0000	0.0001	0.0005	0.0024	0.0078	0.0199	0.0420	0.0762	0.1208
	9	0.0000	0.0000	0.0000	0.0001	0.0004	0.0015	0.0048	0.0125	0.0277	0.2537
	10	0.0000	0.0000	0.0000	0.0000	0.0000	0.0000	0.0002	0.0025	0.0068	0.0161
	11	0.0000	0.0000	0.0000	0.0000	0.0000	0.0000	0.0001	0.0003	0.0010	0.0029
	12	0.0000	0.0000	0.0000	0.0000	0.0000	0.0000	0.0000	0.0000	0.0001	0.0002
13	0	0.5133	0.2542	0.1209	0.0550	0.023	0.0097	0.0037	0.0013	0.0004	0.0001
	1	0.3512	0.3672	0.2774	0.1787	0.1029	0.0540	0.0259	0.0113	0.0045	0.0016
	2	0.1109	0.2448	0.2937	0.2680	0.2059	0.1388	0.0836	0.0453	0.0220	0.0095
	3	0.0214	0.0997	0.1900	0.2457	0.2517	0.2181	0.1651	0.1107	0.0660	0.0349
	4	0.0028	0.0277	0.0838	0.1535	0.2097	0.2337	0.2222	0.1845	0.1350	0.0873
	5	0.0003	0.0055	0.0266	0.0691	0.1258	0.1803	0.2154	0.2214	0.1989	0.1571
	6	0.0000	0.0008	0.0063	0.0230	0.0559	0.1030	0.1546	0.1968	0.2169	0.2095
	7	0.0000	0.0001	0.0011	0.0058	0.0186	0.0442	0.0833	0.1312	0.1775	0.2095
	8	0.0000	0.0000	0.0001	0.0011	0.0047	0.0142	0.0336	0.0656	0.1089	0.1571
	9	0.0000	0.0000	0.0000	0.0001	0.0009	0.0034	0.0101	0.0243	0.0495	0.0873
	10	0.0000	0.0000	0.0000	0.0000	0.0001	0.0006	0.0022	0.0065	0.0162	0.0349
	11	0.0000	0.0000	0.0000	0.0000	0.0000	0.0001	0.0003	0.0012	0.0036	0.0095
	12	0.0000	0.0000	0.0000	0.0000	0.0000	0.0000	0.0000	0.0001	0.0005	0.0016
	13	0.0000	0.0000	0.0000	0.0000	0.0000	0.0000	0.0000	0.0000	0.0000	0.0001
14	0	0.4877	0.2288	0.1028	0.0440	0.0178	0.0068	0.0024	0.0008	0.0002	0.0001
	1	0.3593	0.3559	0.2539	0.1539	0.0832	0.0407	0.0181	0.0073	0.0027	0.0009
	2	0.1229	0.2570	0.2912	0.2501	0.1802	0.1134	0.0634	0.0317	0.0141	0.0056
	3	0.0259	0.1142	0.2056	0.2501	0.2402	0.1943	0.136	0.0845	0.0462	0.0222
	4	0.0037	0.0349	0.0998	0.1720	0.2202	0.2290	0.2022	0.1549	0.1040	0.0611
	5	0.0004	0.0078	0.0352	0.0860	0.1468	0.1963	0.2178	0.2066	0.1701	0.1222
	6	0.0000	0.0013	0.0093	0.0322	0.0734	0.1262	0.1759	0.2066	0.2088	0.1833
	7	0.0000	0.0002	0.0019	0.0092	0.0280	0.0618	0.1082	0.1574	0.1952	0.2095

	8	0.0000	0.0000	0.0003	0.0020	0.0082	0.0232	0.0510	0.0918	0.1398	0.1833
	9	0.0000	0.0000	0.0000	0.0003	0.0018	0.0066	0.0183	0.0408	0.0762	0.1222
	10	0.0000	0.0000	0.0000	0.0000	0.0003	0.0014	0.0049	0.0136	0.0312	0.0611
	11	0.0000	0.0000	0.0000	0.0000	0.0000	0.0002	0.0010	0.0033	0.0093	0.0222
	12	0.0000	0.0000	0.0000	0.0000	0.0000	0.0000	0.0001	0.0005	0.0019	0.0056
	13	0.0000	0.0000	0.0000	0.0000	0.0000	0.0000	0.0000	0.0001	0.0002	0.0009
	14	0.0000	0.0000	0.0000	0.0000	0.0000	0.0000	0.0000	0.0000	0.0000	0.0001
15	0	0.4633	0.2059	0.0874	0.0352	0.0134	0.0047	0.0016	0.0005	0.0001	0.0000
	1	0.3658	0.3432	0.2312	0.1319	0.0668	0.0305	0.0126	0.0047	0.0016	0.0005
	2	0.1348	0.2669	0.2856	0.2309	0.1559	0.0916	0.0476	0.0219	0.0090	0.0032
	3	0.0307	0.1285	0.2184	0.2501	0.2252	0.1700	0.1110	0.0634	0.0318	0.0139
	4	0.0049	0.0428	0.1156	0.1876	0.2252	0.2186	0.1792	0.1268	0.0780	0.0417
	5	0.0006	0.0105	0.0449	0.1032	0.1651	0.2061	0.2123	0.1859	0.1404	0.0916
	6	0.0000	0.0019	0.0132	0.0430	0.0917	0.1472	0.1906	0.2066	0.1914	0.1527
	7	0.0000	0.0003	0.0030	0.0138	0.0393	0.0811	0.1319	0.1771	0.2013	0.1964
	8	0.0000	0.0000	0.0005	0.0035	0.0131	0.0348	0.0710	0.1181	0.1647	0.1964
	9	0.0000	0.0000	0.0001	0.0007	0.0034	0.0116	0.0298	0.0612	0.1048	0.1527
	10	0.0000	0.0000	0.0000	0.0001	0.0007	0.0030	0.0096	0.0245	0.0515	0.0916
	11	0.0000	0.0000	0.0000	0.0000	0.0001	0.0006	0.0024	0.0074	0.0191	0.0417
	12	0.0000	0.0000	0.0000	0.0000	0.0000	0.0001	0.0004	0.0016	0.0052	0.0139
	13	0.0000	0.0000	0.0000	0.0000	0.0000	0.0000	0.0001	0.0003	0.0010	0.0032
	14	0.0000	0.0000	0.0000	0.0000	0.0000	0.0000	0.0000	0.0000	0.0001	0.0005
	15	0.0000	0.0000	0.0000	0.0000	0.0000	0.0000	0.0000	0.0000	0.0000	0.0000
16	0	0.4401	0.1853	0.7043	0.0281	0.0100	0.0033	0.0010	0.0003	0.0001	0.0000
	1	0.3706	0.3294	0.2097	0.1126	0.0535	0.0228	0.0087	0.0030	0.0009	0.0002
	2	0.1463	0.2745	0.2775	0.2111	0.1336	0.0732	0.0353	0.0150	0.0056	0.0018
	3	0.0359	0.1423	0.2285	0.2463	0.2079	0.1465	0.0888	0.0468	0.0215	0.0005
	4	0.0061	0.0514	0.1311	0.2001	0.2252	0.2040	0.1553	0.1014	0.0572	0.0278
	5	0.0008	0.0137	0.0555	0.1201	0.1802	0.2099	0.2008	0.1623	0.1123	0.0667
	6	0.0001	0.0028	0.0180	0.0550	0.1101	0.1649	0.1982	0.1983	0.1684	0.1222
	7	0.0000	0.0004	0.0045	0.0197	0.0524	0.1010	0.1524	0.1889	0.1969	0.1746
	8	0.0000	0.0001	0.0009	0.0055	0.0197	0.0487	0.0923	0.1417	0.1812	0.1964
	9	0.0000	0.0000	0.0001	0.0012	0.0058	0.0185	0.0442	0.0840	0.1318	0.1746
	10	0.0000	0.0000	0.0000	0.0002	0.0014	0.0056	0.0167	0.0392	0.0755	0.1222
	11	0.0000	0.0000	0.0000	0.0000	0.0002	0.0013	0.0049	0.0142	0.0337	0.0667
	12	0.0000	0.0000	0.0000	0.0000	0.0000	0.0002	0.0011	0.0040	0.0115	0.027
	13	0.0000	0.0000	0.0000	0.0000	0.0000	0.0000	0.0002	0.0008	0.0029	0.0085
	14	0.0000	0.0000	0.0000	0.0000	0.0000	0.0000	0.0000	0.0001	0.0005	0.0018
	15	0.0000	0.0000	0.0000	0.0000	0.0000	0.0000	0.0000	0.0000	0.0001	0.0002
	16	0.0000	0.0000	0.0000	0.0000	0.0000	0.0000	0.0000	0.0000	0.0000	0.0000
17	0	0.4181	0.1668	0.0631	0.0225	0.0075	0.0023	0.0007	0.0002	0.0000	0.0000
	1	0.3741	0.3150	0.1893	0.0957	0.0426	0.0169	0.0060	0.0019	0.0005	0.0001
	2	0.1575	0.2800	0.2673	0.1914	0.1136	0.0581	0.0260	0.0102	0.0035	0.0010
	3	0.0415	0.1556	0.2359	0.2393	0.1893	0.1245	0.0701	0.0341	0.0144	0.0052
	4	0.0076	0.0605	0.1457	0.2093	0.2209	0.1868	0.1320	0.0796	0.0411	0.0182
	5	0.0010	0.0175	0.0668	0.1361	0.1914	0.2081	0.1849	0.1379	0.0875	0.0472
	6	0.0001	0.0039	0.0236	0.0680	0.1276	0.1784	0.1991	0.1839	0.1432	0.0944

7	0.0000	0.0007	0.0065	0.0267	0.0668	0.1201	0.1685	0.1927	0.1841	0.1484
8	0.0000	0.0001	0.0014	0.0084	0.0279	0.0644	0.1134	0.1006	0.1883	0.1855
9	0.0000	0.0000	0.0003	0.0021	0.0093	0.0276	0.0611	0.1070	0.1540	0.4855
10	0.0000	0.0000	0.0000	0.0004	0.0025	0.0095	0.0263	0.0571	0.1008	0.1484
11	0.0000	0.0000	0.0000	0.0001	0.0005	0.0026	0.0090	0.0242	0.0525	0.0944
12	0.0000	0.0000	0.0000	0.0000	0.0001	0.0006	0.0024	0.0081	0.0215	0.0472
13	0.0000	0.0000	0.0000	0.0000	0.0000	0.0001	0.0005	0.0021	0.0068	0.0182
14	0.0000	0.0000	0.0000	0.0000	0.0000	0.0000	0.0001	0.0004	0.0016	0.0052
15	0.0000	0.0000	0.0000	0.0000	0.0000	0.0000	0.0000	0.0001	0.0003	0.0010
16	0.0000	0.0000	0.0000	0.0000	0.0000	0.0000	0.0000	0.0000	0.0000	0.0001
17	0.0000	0.0000	0.0000	0.0000	0.0000	0.0000	0.0000	0.0000	0.0000	0.0000
18 0	0.3972	0.1501	0.0536	0.0180	0.0056	0.0016	0.0004	0.0001	0.0000	0.0000
1	0.3763	0.3002	0.1704	0.0811	0.0338	0.0126	0.0042	0.0012	0.0003	0.0001
2	0.1683	0.2835	0.2556	0.1723	0.0958	0.0458	0.0190	0.0069	0.0022	0.0006
3	0.0473	0.1680	0.2406	0.2297	0.1704	0.1046	0.0547	0.0246	0.0095	0.0031
4	0.0093	0.0700	0.1592	0.2153	0.2130	0.1681	0.1104	0.0614	0.0291	0.0117
5	0.0014	0.0218	0.0787	0.1507	0.1988	0.2017	0.1664	0.1146	0.0666	0.0327
6	0.0002	0.0052	0.0301	0.0816	0.1436	0.173	0.1941	0.1655	0.1181	0.0708
7	0.0000	0.0010	0.0091	0.0350	0.0820	0.1376	0.1792	0.1892	0.1657	0.1214
8	0.0000	0.0002	0.0022	0.0120	0.0376	0.0811	0.1327	0.1734	0.1864	0.1669
9	0.0000	0.0000	0.0004	0.0033	0.0139	0.0386	0.0794	0.1284	0.1694	0.1855
10	0.0000	0.0000	0.0001	0.0008	0.0042	0.0149	0.0385	0.0771	0.1248	0.1669
11	0.0000	0.0000	0.0000	0.0001	0.0010	0.0046	0.0151	0.0374	0.0742	0.1214
12	0.0000	0.0000	0.0000	0.0000	0.0002	0.0012	0.0047	0.0145	0.0354	0.0708
13	0.0000	0.0000	0.0000	0.0000	0.0000	0.0002	0.0012	0.0045	0.0134	0.0327
14	0.0000	0.0000	0.0000	0.0000	0.0000	0.0000	0.0002	0.0011	0.0039	0.0117
15	0.0000	0.0000	0.0000	0.0000	0.0000	0.0000	0.0000	0.0002	0.0009	0.0031
16	0.0000	0.0000	0.0000	0.0000	0.0000	0.0000	0.0000	0.0000	0.0001	0.0006
17	0.0000	0.0000	0.0000	0.0000	0.0000	0.0000	0.0000	0.0000	0.0000	0.0001
18	0.0000	0.0000	0.0000	0.0000	0.0000	0.0000	0.0000	0.0000	0.0000	0.0000
19 0	0.3774	0.1351	0.0456	0.0144	0.0042	0.0011	0.0003	0.0001	0.0000	0.0000
1	0.3774	0.2852	0.1529	0.0685	0.0268	0.0093	0.0029	0.0008	0.0002	0.0000
2	0.1787	0.2852	0.2428	0.1540	0.0803	0.0358	0.0138	0.0046	0.0013	0.0003
3	0.0533	0.1796	0.2428	0.2182	0.1517	0.0869	0.0422	0.0175	0.0062	0.0018
4	0.0112	0.0798	0.1714	0.2182	0.2023	0.1491	0.0909	0.0467	0.0203	0.0074
5	0.0018	0.0266	0.0907	0.1636	0.2023	0.1916	0.1468	0.0933	0.0497	0.0222
6	0.0002	0.0069	0.0374	0.0955	0.1574	0.1916	0.1844	0.1451	0.0949	0.0518
7	0.0000	0.0014	0.0122	0.0443	0.0974	0.1525	0.1844	0.1797	0.1443	0.0961
8	0.0000	0.0002	0.0032	0.0166	0.0487	0.0981	0.1489	0.1797	0.1771	0.1762
9	0.0000	0.0000	0.0007	0.0051	0.0198	0.0514	0.0980	0.1464	0.1771	0.1762
10	0.0000	0.0000	0.0001	0.0013	0.0066	0.0220	0.0528	0.0976	0.1449	0.1762
11	0.0000	0.0000	0.0000	0.0003	0.0018	0.0077	0.0233	0.0532	0.0970	0.1442
12	0.0000	0.0000	0.0000	0.0000	0.0004	0.0022	0.0083	0.0237	0.0529	0.0961
13	0.0000	0.0000	0.0000	0.0000	0.0001	0.0005	0.0024	0.0085	0.0233	0.0518
14	0.0000	0.0000	0.0000	0.0000	0.0000	0.0001	0.0006	0.0024	0.0082	0.0222
15	0.0000	0.0000	0.0000	0.0000	0.0000	0.0000	0.0001	0.0005	0.0022	0.0074
16	0.0000	0.0000	0.0000	0.0000	0.0000	0.0000	0.0000	0.0001	0.0005	0.0018
17	0.0000	0.0000	0.0000	0.0000	0.0000	0.0000	0.0000	0.0000	0.0001	0.0003

	18	0.0000	0.0000	0.0000	0.0000	0.0000	0.0000	0.0000	0.0000	0.0000	0.0000
	19	0.0000	0.0000	0.0000	0.0000	0.0000	0.0000	0.0000	0.0000	0.0000	0.0000
20	0	0.3585	0.1216	0.0388	0.0115	0.0032	0.0008	0.0002	0.0000	0.0000	0.0000
	1	0.3774	0.2702	0.1368	0.0576	0.0211	0.0068	0.0020	0.0005	0.0001	0.0000
	2	0.1887	0.2852	0.2293	0.1369	0.0669	0.0278	0.0100	0.0031	0.0008	0.0002
	3	0.0596	0.1901	0.2428	0.2054	0.1339	0.0716	0.0323	0.0123	0.0040	0.0011
	4	0.0133	0.0898	0.1821	0.2182	0.1897	0.1304	0.0738	0.0350	0.0139	0.0046
	5	0.0022	0.0319	0.1028	0.1746	0.2023	0.1789	0.1272	0.0746	0.0365	0.0148
	6	0.0003	0.0089	0.0454	0.1091	0.1686	0.1916	0.1712	0.1244	0.0746	0.0370
	7	0.0000	0.0020	0.0160	0.0545	0.1124	0.1643	0.1844	0.1659	0.1221	0.0739
	8	0.0000	0.0004	0.0046	0.0222	0.0609	0.1144	0.1614	0.1797	0.1623	0.1201
	9	0.0000	0.0001	0.0011	0.0074	0.0271	0.0654	0.1158	0.1597	0.1771	0.1602
	10	0.0000	0.0000	0.0002	0.0020	0.0099	0.0308	0.0686	0.1171	0.1593	0.1762
	11	0.0000	0.0000	0.0000	0.0005	0.0030	0.0120	0.0336	0.0710	0.1185	0.1602
	12	0.0000	0.0000	0.0000	0.0001	0.0008	0.0039	0.0136	0.0355	0.0727	0.1201
	13	0.0000	0.0000	0.0000	0.0000	0.0002	0.0010	0.0045	0.0146	0.0366	0.0739
	14	0.0000	0.0000	0.0000	0.0000	0.0000	0.0002	0.0012	0.0049	0.0150	0.0370
	15	0.0000	0.0000	0.0000	0.0000	0.0000	0.0000	0.0003	0.0013	0.0049	0.0148
	16	0.0000	0.0000	0.0000	0.0000	0.0000	0.0000	0.0000	0.0003	0.0013	0.0046
	17	0.0000	0.0000	0.0000	0.0000	0.0000	0.0000	0.0000	0.0000	0.0002	0.0011
	18	0.0000	0.0000	0.0000	0.0000	0.0000	0.0000	0.0000	0.0000	0.0000	0.0002
	19	0.0000	0.0000	0.0000	0.0000	0.0000	0.0000	0.0000	0.0000	0.0000	0.0000
	20	0.0000	0.0000	0.0000	0.0000	0.0000	0.0000	0.0000	0.0000	0.0000	0.0000

표준정규분포표

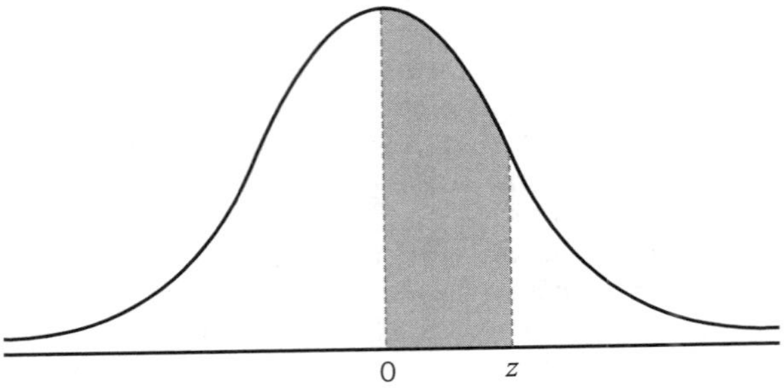

이 표는 $Z = 0$에서 Z값까지의 면적을 나타낸다. 예를 들어 $Z = 1.25$일 때 $0 \sim 1.25$ 사이의 면적은 0.395이다.

Z	.00	.01	.02	.03	.04	.05	.06	.07	08	.09
0.0	.0000	.0040	.0080	.012	.0160	.0199	.0239	.0279	.0319	.0359
0.1	.0398	.0438	0.478	0.517	.0557	.0596	.0636	.0675	.0714	.0753
0.2	.0793	.0832	.0871	.0910	.0948	.0987	.1026	.1064	.1103	.1141
0.3	.1179	.1217	.1255	.1293	.1331	.1368	.1406	.1443	.1480	.1517
0.4	.1554	.1591	.1628	.1664	.1700	.1736	.1772	.1808	.1844	.1879
0.5	.1915	.1950	.1985	.2019	.2054	.2088	.2123	.2157	.2190	.2224
0.6	.2257	.2291	.2324	.2357	.2389	.2422	.2454	.2486	.2517	.2549
0.7	.2580	.2611	.2642	.2673	.2704	.2734	.2764	.2794	.2823	.2852
0.8	.2881	.2910	.2939	.2967	.2995	.3023	.3051	.3078	.3106	.3133
0.9	.3159	.3186	.3212	.3238	.3264	.3289	.3315	.3340	.3365	.3389
1.0	.3413	.3438	.3461	.3485	.3508	.3531	.3554	.3577	.3599	.3621
1.1	.3643	.3665	.3686	.3708	.3279	.3749	.3770	.3790	.3810	.3830
1.2	.3849	.3869	.3888	.3907	.3925	.3944	.3962	.3980	.3997	.4015
1.3	.4032	.4049	.4066	.4082	.4099	.4115	.4131	.4147	.4162	.4177
1.4	.4192	.4207	.4222	.4236	.4251	.4265	.4279	.4292	.4306	.4319
1.5	.4332	.4345	.4357	.4370	.7382	.4394	.4406	.4418	.4429	.4441
1.6	.4452	.4463	.4474	.4484	.4495	.4505	.4515	.4525	.4535	.4545
1.7	.4554	.4564	.4573	.4582	.4591	.4599	.4608	.4616	.4625	.4633
1.8	.4641	.4649	.4656	.4664	.4671	.4678	.4686	.4693	.4699	.4706
1.9	.4713	.4719	.4726	.4732	.4738	.4744	.4750	.4756	.4761	.4767
2.0	.4772	.4778	.4783	.4788	.4793	.4798	.4803	.4808	.4812	.4817
2.1	.4821	.4826	.4830	.4834	.4838	.4842	.4846	.4850	.4856	.4857
2.2	.4861	.4864	.4868	.4871	.4875	.4878	.4881	.4884	.4887	.4890
2.3	.4893	.4896	.4898	.4901	.4904	.4906	.4909	.4911	.4913	.4916
2.4	.4918	.4920	.4922	.4925	.4927	.4929	.4931	.4932	.4934	.4936
2.5	.4938	.4940	.4941	.4943	.4945	.4946	.4948	.4949	.4951	.4952
2.6	.4953	.4955	.4956	.4957	.4959	.4960	.4961	.4962	.4963	.4964
2.7	.4965	.4966	.4967	.4968	.4969	.4970	.4971	.4972	.4973	.4974
2.8	.4974	.4975	.4976	.4977	.4977	.4978	.4979	.4979	.4980	.4981
2.9	.4981	.4982	.4982	.4983	.4984	.4984	.4985	.4985	.4986	.4986
3.0	.4987	.4987	.4987	.4988	.4988	.4989	.4989	.4989	.4990	.4990
4.0	.4997									

t 분포표

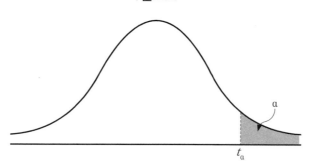

d.f.	$t_{.25}$	$t_{.100}$	$t_{.050}$	$t_{.025}$	$t_{.010}$	$t_{.005}$
1	1.000	3.078	6.314	12.706	31.821	63.657
2	0.816	1.886	2.920	4.303	6.965	9.925
3	0.745	1.638	2.353	3.182	4.541	5.841
4	0.741	1.533	2.132	2.776	3.747	4.604
5	0.727	1.476	2.015	2.571	3.365	4.032
6	0.718	1.440	1.943	2.447	3.143	3.707
7	0.711	1.415	1.895	2.365	2.998	3.499
8	0.706	1.397	1.860	2.306	2.896	3.355
9	0.703	1.383	1.833	2.262	2.821	3.250
10	0.700	1.372	1.812	2.228	2.876	3.169
11	0.697	1.363	1.796	2.201	2.718	3.106
12	0.695	1.356	1.782	2.179	2.681	3.055
13	0.694	1.350	1.771	2.160	2.650	3.012
14	0.692	1.345	1.761	2.145	2.624	2.977
15	0.691	1.341	1.753	2.131	2.602	2.947
16	0.690	1.337	1.746	2.120	2.583	2.921
17	0.689	1.333	1.740	2.110	2.567	2.898
18	0.688	1.330	1.734	2.101	2.552	2.878
19	0.688	1.328	1.729	2.093	2.539	2.861
20	0.687	1.325	1.725	2.086	2.528	2.845
21	0.686	1.323	1.721	2.080	2.518	2.831
22	0.686	1.321	1.717	2.074	2.508	2.819
23	0.685	1.319	1.714	2.069	2.500	2.807
24	0.685	1.318	1.711	2.064	2.492	2.797
25	0.684	1.316	1.708	2.060	2.485	2.787
26	0.684	1.315	1.706	2.056	2.479	2.779
27	0684	1.314	1.703	2.052	2.473	2.771
28	0.683	1.313	1.701	2.048	2.467	2.763
29	0.683	1.311	1.699	2.045	2.464	2.756
30	0.683	1.310	1.697	2.042	2.457	2.750
40	0.681	1.303	1.684	2.021	2.423	2.704
60	0.697	1.296	1.671	2.000	2.390	2.660
120	0.677	1.289	1.658	1.980	2.358	2.617
∞	0.674	1.282	1.645	1.960	2.326	2.576

d.f.	$t_{0.0025}$	$t_{0.001}$	$t_{0.0005}$	$t_{0.00025}$	$t_{0.0001}$	$t_{0.00005}$	$t_{0.000025}$	$t_{0.00001}$
1	127.321	318.309	636.919	1,273.239	3,183.099	6,366.198	12,732.395	31,380.989
2	14.089	22.327	31.598	44.705	70.700	99.950	141.416	223.603
3	7.453	10.214	12.924	16.326	22.204	28.000	35.298	47.928
4	5.598	7.173	8.610	10.306	13.034	15.544	18.522	23.332
5	4.773	5.893	6.869	7.976	9.678	11.178	12.893	15.547
6	4.317	5.208	5.959	6.788	8.025	9.082	10.261	12.032
7	4.029	4.785	5.408	6.082	7.063	7.885	8.782	10.103
8	3.833	4.501	5.041	5.618	6.442	7.120	7.851	8.907
9	3.690	4.297	4.781	5.291	6.010	6.594	7.215	8.102
10	3.581	4.144	4.587	5.049	5.694	6.211	6.757	7.527
11	3.497	4.025	4.437	4.863	5.453	5.921	6.412	7.098
12	3.428	3.930	4.318	4.716	5.263	5.694	6.143	6.756
13	3.372	3.852	4.221	4.597	5.111	5.513	5.928	6.501
14	3.326	3.787	4.140	4.499	4.985	5.363	5.753	6.287
15	3.286	3.733	4.073	4.417	4.880	5.239	5.607	6.109
16	3.252	3.686	4.015	4.346	4.791	5.134	5.484	5.960
17	3.223	3.646	3.965	4.286	4.714	5.044	5.379	5.832
18	3.197	3.610	3.922	4.233	4.648	4.966	5.288	5.722
19	3.174	3.579	3.883	4.187	4.590	4.897	5.209	5.627
20	3.153	3.552	3.850	4.146	4.539	4.837	5.139	5.543
21	3.135	3.527	3.819	4.110	4.493	4.784	5.077	5.469
22	3.119	3.505	3.792	4.077	4.452	4.736	5.022	5.402
23	3.104	3.485	3.768	4.048	4.415	4.693	4.992	5.343
24	3.090	3.467	3.745	4.021	4.382	4.654	4.927	5.290
25	3.078	3.450	3.725	3.997	4.352	4.619	4.887	5.241
26	3.067	3.435	3.707	3.974	4.324	4.587	4.850	5.197
27	3.057	3.421	3.690	3.954	4.299	4.558	4.816	5.157
28	3.047	3.408	3.674	3.935	4.275	4.530	4.784	5.120
29	3.038	3.396	3.659	3.918	4.254	4.506	4.756	5.086
30	3.030	3.385	3.646	3.902	4.234	4.482	4.729	5.054
40	2.971	3.307	3.551	3.788	4.094	4.321	4.544	4.835
60	2.915	3.232	3.460	3.681	3.962	4.169	4.370	4.631
100	2.871	3.174	3.390	3.598	3.862	4.053	4.240	4.478
∞	2.807	3.090	3.291	3.481	3.719	3.891	4.056	4.265

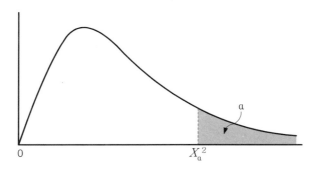

χ^2 분포표

d.f.	$X_{0.990}$	$X_{0.975}$	$X_{0.950}$	$X_{0.900}$	$X_{0.500}$	$X_{0.100}$	$X_{0.050}$	$X_{0.025}$	$X_{0.010}$	$X_{0.005}$
1	0.0002	0.0001	0.004	0.02	0.45	2.71	3.84	5.02	6.63	7.88
2	0.02	0.05	0.10	0.21	1.39	4.61	5.99	7.38	9.21	10.60
3	0.11	0.22	0.35	0.58	2.37	6.25	7.81	9.35	11.34	12.84
4	0.30	0.48	0.71	1.06	3.36	7.78	9.49	11.14	13.28	14.86
5	0.55	0.83	1.15	1.61	4.35	9.24	11.07	12.83	15.09	16.75
6	0.87	1.24	1.64	2.20	5.35	10.64	12.59	14.45	16.81	18.55
7	1.24	1.69	2.17	2.83	6.35	12.02	14.07	16.01	18.48	20.28
8	1.65	2.18	2.73	3.49	7.34	13.36	15.51	17.53	20.09	21.95
9	2.09	2.70	3.33	4.17	8.34	14.68	16.92	19.02	21.67	23.59
10	2.56	3.25	3.94	4.87	9.34	15.99	18.31	20.48	23.21	25.19
11	3.05	3.82	4.57	5.58	10.34	17.28	19.68	21.92	24.72	26.76
12	3.57	4.40	5.23	6.30	11.34	18.55	21.03	23.34	26.22	28.30
13	4.11	5.01	5.89	7.04	12.34	19.81	22.36	24.74	27.69	29.82
14	4.66	5.63	6.57	7.79	13.34	21.06	23.68	26.12	29.14	31.32
15	5.23	6.26	7.26	8.55	14.34	22.31	25.00	27.49	30.58	32.80
16	5.81	6.91	7.96	9.31	15.34	23.54	26.30	28.85	32.00	34.27
17	6.41	7.56	8.67	10.09	16.34	24.77	27.59	30.19	33.41	35.72
18	7.01	8.23	9.39	10.86	17.34	25.99	28.87	31.53	34.81	37.16
19	7.63	8.91	10.12	11.65	18.34	27.20	30.14	32.85	36.19	38.58
20	8.26	9.59	10.85	12.44	19.34	28.41	31.14	34.17	37.57	40.00
21	8.90	10.28	11.59	13.24	20.34	29.62	32.67	35.48	38.93	41.40
22	9.54	10.98	12.34	14.04	21.34	30.81	33.92	36.78	40.29	42.80
23	10.20	11.69	13.09	14.85	22.34	32.01	35.17	38.08	41.64	44.18
24	10.86	12.40	13.85	15.66	23.34	33.20	36.74	39.36	42.98	45.56
25	11.52	13.12	14.61	16.47	24.34	34.38	37.92	40.65	44.31	46.93
26	12.20	13.84	15.38	17.29	25.34	35.56	38.89	41.92	45.64	48.29
27	12.83	14.57	16.15	18.11	26.34	36.74	40.11	43.19	46.96	49.64
28	13.56	15.31	16.93	18.94	27.34	37.92	41.34	44.46	48.28	50.99
29	14.26	16.05	17.71	19.77	28.34	39.09	42.56	45.72	49.59	52.34
30	14.95	16.79	18.49	20.60	29.34	40.26	43.77	46.98	50.89	53.67
40	22.16	24.43	26.51	29.05	39.34	51.81	55.76	59.34	63.69	66.77
50	29.71	32.36	34.76	37.69	49.33	63.17	67.50	71.42	76.15	79.49
60	37.48	40.48	43.19	46.46	59.33	74.40	79.08	83.30	88.38	91.95
70	45.44	48.76	51.74	55.33	69.33	85.53	90.53	95.02	100.43	104.21
80	53.54	57.15	60.39	64.28	79.33	96.58	101.88	106.63	112.33	116.32
90	61.75	65.65	69.13	73.29	89.33	107.57	113.15	118.14	124.12	128.30
100	70.06	74.22	77.93	82.36	99.33	118.50	124.34	129.56	135.81	140.17

F 분포표

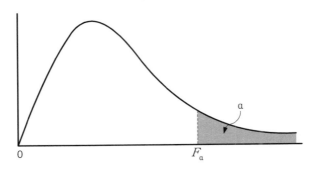

$$\alpha = 0.01$$

d.f.	1	2	3	4	5	6	7	8	9
1	4052.0	4999.0	5403.0	5625.0	5764.0	5859.0	5928.0	5982.0	5022.0
2	98.50	99.00	99.17	99.25	99.30	99.33	99.36	99.37	99.39
3	34.12	30.82	29.46	28.71	28.24	27.91	27.67	27.49	27.34
4	21.20	18.00	16.69	15.98	15.52	15.21	14.98	14.80	14.66
5	16.26	13.27	12.06	11.39	10.97	10.67	10.46	10.29	10.16
6	13.74	10.92	9.78	9.15	8.75	8.47	8.26	8.10	7.98
7	12.25	9.55	8.45	7.85	7.46	7.19	6.99	6.84	6.72
8	11.26	8.65	7.59	7.01	6.63	6.37	6.18	6.03	5.91
9	10.56	8.02	6.99	6.42	6.06	5.80	5.61	5.47	5.35
10	10.04	7.56	6.55	5.99	5.64	5.39	5.20	5.06	4.94
11	9.65	7.21	6.22	5.67	5.32	5.07	4.89	4.74	4.63
12	9.33	6.93	5.95	5.41	5.06	4.82	4.64	4.50	4.39
13	9.07	6.70	5.74	5.21	4.86	4.62	4.44	4.30	4.19
14	8.86	6.51	5.56	5.04	4.69	4.46	4.28	4.14	4.03
15	8.68	6.36	5.42	4.89	4.56	4.32	4.14	4.00	3.89
16	8.53	6.23	5.29	4.77	4.44	4.20	4.03	3.89	3.78
17	8.40	6.11	5.18	4.67	4.34	4.10	3.93	3.79	3.68
18	8.29	6.01	5.09	4.58	4.25	4.01	3.84	3.71	3.60
19	8.18	5.93	5.01	4.50	4.17	3.94	3.77	3.63	3.52
20	8.10	5.85	4.94	4.43	4.10	3.87	3.70	3.56	3.46
21	8.02	5.78	4.87	4.37	4.04	3.81	3.64	3.51	3.40
22	7.95	5.72	4.82	4.31	3.99	3.76	3.59	3.45	3.35
23	7.88	5.66	4.76	4.26	3.94	3.71	3.54	3.41	3.30
24	7.82	5.61	4.72	4.22	3.90	3.67	3.50	3.36	3.26
25	7.77	5.57	4.68	4.18	3.85	3.63	3.46	3.32	3.22
26	7.72	5.53	4.64	4.14	3.82	3.59	3.42	3.29	3.18
27	7.68	5.49	4.60	4.11	3.78	3.56	3.39	3.26	3.15
28	7.64	5.45	4.57	4.07	3.75	3.53	3.36	3.23	3.12
29	7.60	5.42	4.54	4.04	3.73	3.50	3.33	3.20	3.09
30	7.56	5.39	4.51	4.02	3.70	3.47	3.30	3.17	3.07
40	7.31	5.18	4.31	3.83	3.51	3.29	3.12	2.99	2.89
60	7.08	4.98	4.13	3.65	3.34	3.12	2.95	2.82	2.72
120	6.85	4.79	3.95	3.48	3.17	2.96	2.79	2.66	2.56
∞	6.63	4.61	3.78	3.32	3.02	2.80	2.64	2.51	2.41

$$\alpha = 0.01$$

d.f.	10	15	20	24	30	40	60	120	∞
1	6056.0	6157.0	6209.0	6235.0	6261.0	6387.0	6313.0	6339.0	6366.0
2	99.40	99.43	99.45	99.46	99.47	99.47	99.48	99.49	99.50
3	27.23	26.87	26.69	26.60	26.50	26.41	26.32	26.22	26.12
4	14.55	14.20	14.02	13.93	13.84	13.74	13.65	13.56	13.46
5	10.05	9.72	9.55	9.47	9.38	9.29	9.20	9.11	9.02
6	7.87	7.56	7.40	7.31	7.23	7.14	7.06	6.97	6.88
7	6.62	6.31	6.16	6.07	5.99	5.91	5.82	5.74	5.65
8	5.81	5.52	5.36	5.28	5.20	5.12	5.03	4.95	4.86
9	5.26	4.96	4.81	4.73	4.65	4.57	4.48	4.40	4.31
10	4.85	4.56	4.41	4.33	4.25	4.17	4.08	4.00	3.91
11	4.54	4.25	4.10	4.02	3.94	3.86	3.78	3.69	3.60
12	4.30	4.01	3.86	3.78	3.70	3.62	3.54	3.45	3.36
13	4.10	3.82	3.66	3.59	3.51	3.43	3.34	3.25	3.17
14	3.94	3.66	3.51	3.43	3.35	3.27	3.18	3.09	3.00
15	3.80	3.52	3.37	3.29	3.21	3.13	3.05	2.96	2.87
16	3.69	3.41	3.26	3.18	3.10	3.02	2.93	2.84	2.75
17	3.59	3.23	3.16	3.08	3.00	2.92	2.83	2.75	2.65
18	3.51	3.23	3.08	3.00	2.92	2.84	2.75	2.66	2.57
19	3.43	3.15	3.00	2.92	2.84	2.76	2.67	2.58	2.49
20	3.37	3.09	2.94	2.86	2.78	2.69	2.61	2.52	2.42
21	3.31	3.03	2.88	2.80	2.72	2.64	2.55	2.46	2.36
22	3.26	2.98	2.83	2.75	2.67	2.58	2.50	2.40	2.31
23	3.21	2.93	2.78	2.70	2.62	2.54	2.45	2.35	2.26
24	3.17	2.89	2.74	2.66	2.58	2.49	2.40	2.31	2.21
25	3.13	2.85	2.70	2.62	2.54	2.45	2.36	2.27	2.17
26	3.09	2.81	2.66	2.58	2.50	2.42	2.33	2.23	2.13
27	3.06	2.78	2.63	2.55	2.47	2.38	2.29	2.20	2.10
28	3.03	2.75	2.60	2.52	2.44	2.35	2.26	2.17	2.06
29	3.00	2.73	2.57	2.49	2.41	2.33	2.23	2.14	2.03
30	2.98	2.70	2.55	2.47	2.39	2.30	2.21	2.11	2.01
40	2.80	2.52	2.37	2.29	2.20	2.11	2.02	1.92	1.80
60	2.63	2.35	2.20	2.12	2.03	1.94	1.84	1.73	1.60
120	2.47	2.19	2.03	1.95	1.86	1.76	1.66	1.53	1.38
∞	2.32	2.04	1.88	1.79	1.70	1.59	1.47	1.32	1.00

$$\alpha = 0.05$$

d.f.	1	2	3	4	5	6	7	8	9
1	161.45	199.50	215.71	224.58	230.16	233.99	236.77	238.88	240.54
2	18.51	19.00	19.16	19.25	19.30	19.33	19.35	19.37	19.38
3	10.13	9.55	9.28	9.12	9.01	8.94	8.89	8.85	8.81
4	7.71	6.94	6.59	6.39	6.26	6.16	6.09	6.04	6.00
5	6.61	5.79	5.41	5.19	5.05	4.95	4.88	4.82	4.77
6	5.99	5.14	4.76	4.53	4.39	4.28	4.21	4.15	4.10
7	5.59	4.74	4.35	4.12	3.97	3.87	3.79	3.73	3.68
8	5.32	4.46	4.07	3.84	3.69	3.58	3.50	3.44	3.39
9	5.12	4.26	3.86	3.63	3.48	3.37	3.29	3.23	3.18
10	4.96	4.10	3.71	3.48	3.33	3.22	3.14	3.07	3.02
11	4.84	3.98	3.59	3.36	3.20	3.09	3.01	2.95	2.90
12	4.75	3.89	3.49	3.26	3.11	3.00	2.91	2.85	2.80
13	4.67	3.81	3.41	3.18	3.03	2.92	2.83	2.77	2.71
14	4.60	3.74	3.34	3.11	2.96	2.85	2.76	2.70	2.65
15	4.54	3.68	3.29	3.06	2.90	2.79	2.71	2.64	2.59
16	4.49	3.63	3.24	3.01	2.85	2.74	2.66	2.59	2.54
17	4.45	3.59	3.20	2.96	2.81	2.70	2.61	2.55	2.49
18	4.41	3.52	3.16	2.93	2.77	2.66	2.58	2.51	2.46
19	4.38	3.52	3.13	2.90	2.74	2.63	2.54	2.48	2.42
20	4.35	3.49	3.10	2.87	2.71	2.60	2.51	2.45	2.39
21	4.32	3.47	3.07	2.84	2.68	2.57	2.49	2.42	2.37
22	4.30	3.44	3.05	2.82	2.66	2.55	2.46	2.40	2.34
23	4.28	3.42	3.03	2.80	2.64	2.53	2.44	2.37	2.32
24	4.26	3.40	3.01	2.78	2.62	2.51	2.42	2.36	2.30
25	4.24	3.39	2.99	2.76	2.60	2.49	2.40	2.34	2.28
26	4.23	3.37	2.98	2.74	2.59	2.47	2.39	2.32	2.27
27	4.21	3.35	2.96	2.73	2.57	2.46	2.37	2.31	2.25
28	4.20	3.34	2.95	2.71	2.56	2.45	2.36	2.29	2.24
29	4.18	3.33	2.93	2.70	2.55	2.43	2.35	2.28	2.22
30	4.17	3.32	2.92	2.69	2.53	2.42	2.33	2.27	2.21
40	4.08	3.23	2.84	2.61	2.45	2.34	2.25	2.18	2.12
60	4.00	3.15	2.76	2.53	2.37	2.25	2.17	2.10	2.04
120	3.92	3.07	2.68	2.45	2.29	2.17	2.09	2.02	1.96
∞	3.84	3.00	2.60	2.37	2.21	2.10	2.01	1.94	1.88

$$\alpha = 0.05$$

d.f.	10	15	20	24	30	40	60	120	∞
1	241.88	245.95	248.01	249.05	250.09	251.14	252.20	253.25	254.32
2	19.40	19.43	19.45	19.45	19.46	19.47	19.48	19.49	19.50
3	8.76	8.70	8.66	8.64	8.62	8.59	8.57	8.55	8.53
4	5.96	5.86	5.80	5.77	5.75	5.72	5.69	5.66	5.63
5	4.74	4.62	4.56	4.53	4.50	4.46	4.43	4.40	4.36
6	4.06	3.94	3.87	3.84	3.81	3.77	3.74	3.70	3.67
7	3.64	3.51	3.44	3.41	3.38	3.34	3.30	3.27	3.23
8	3.35	3.22	3.15	3.12	3.08	3.04	3.01	2.97	2.93
9	3.14	3.01	2.94	2.90	2.86	2.83	2.79	2.75	2.71
10	2.98	2.84	2.77	2.74	2.70	2.66	2.62	2.58	2.54
11	2.85	2.72	2.65	2.61	2.57	2.53	2.49	2.45	2.40
12	2.75	2.62	2.54	2.51	2.47	2.43	2.38	2.34	2.30
13	2.67	2.53	2.46	2.42	2.38	2.34	2.30	2.25	2.21
14	2.60	2.46	2.39	2.35	2.31	2.27	2.22	2.18	2.13
15	2.54	2.40	2.33	2.29	2.25	2.20	2.16	2.11	2.07
16	2.49	2.35	2.28	2.24	2.19	2.15	2.11	2.06	2.01
17	2.45	2.31	2.23	2.19	2.15	2.10	2.06	2.01	1.96
18	2.41	2.27	2.19	2.15	2.11	2.06	2.02	1.97	1.92
19	2.38	2.23	2.16	2.11	2.07	2.03	1.98	1.93	1.88
20	2.35	2.20	2.12	2.08	2.04	1.99	1.95	1.90	1.84
21	2.32	2.18	2.10	2.05	2.01	1.96	1.92	1.87	1.81
22	2.30	2.15	2.07	2.03	1.98	1.94	1.89	1.84	1.78
23	2.27	2.13	2.05	2.00	1.96	1.91	1.86	1.81	1.76
24	2.25	2.11	2.03	1.98	1.94	1.89	1.84	1.79	1.73
25	2.24	2.09	2.01	1.96	1.92	1.87	1.82	1.77	1.71
26	2.22	2.07	1.99	1.95	1.90	1.85	1.80	1.75	1.69
27	2.20	2.06	1.97	1.93	1.88	1.84	1.79	1.73	1.67
28	2.19	2.04	1.96	1.91	1.87	1.82	1.77	1.71	1.65
29	2.18	2.03	1.94	1.90	1.85	1.81	1.75	1.70	1.64
30	2.16	2.01	1.93	1.89	1.84	1.79	1.74	1.68	1.62
40	2.08	1.92	1.84	1.79	1.74	1.69	1.64	1.58	1.51
60	1.99	1.84	1.75	1.70	1.65	1.59	1.53	1.47	1.39
120	1.91	1.75	1.66	1.61	1.55	1.50	1.43	1.35	1.25
∞	1.83	1.67	1.57	1.52	1.46	1.39	1.31	1.22	1.00

$\alpha = 0.10$

d.f.	1	2	3	4	5	6	7	8	9
1	39.86	49.50	53.59	55.83	57.24	58.20	58.91	59.44	59.86
2	8.53	9.00	9.16	9.24	9.26	9.33	9.35	9.37	9.38
3	5.54	5.46	5.39	5.34	5.31	5.28	5.27	5.25	5.24
4	4.54	5.32	4.19	4.11	4.05	4.01	3.98	3.95	3.94
5	4.06	3.78	3.62	3.52	3.45	3.40	3.37	3.34	3.32
6	3.78	3.46	3.29	3.18	3.11	3.05	3.01	2.98	2.96
7	3.59	3.26	3.07	2.96	2.88	2.83	2.78	2.75	2.72
8	3.46	3.11	2.92	2.81	2.73	2.67	2.62	2.59	2.56
9	3.36	3.01	2.81	2.69	2.61	2.55	2.51	2.47	2.44
10	3.28	2.92	2.73	2.61	2.52	2.46	2.41	2.38	2.35
11	3.23	2.86	2.66	2.54	2.45	2.39	2.34	2.30	2.27
12	3.13	2.81	2.61	2.48	2.39	2.33	2.28	2.24	2.21
13	3.14	2.76	2.56	2.43	2.35	2.28	2.23	2.20	2.16
14	3.10	2.73	2.52	2.39	2.31	2.24	2.19	2.15	2.12
15	3.07	2.70	2.49	2.36	2.27	2.21	2.16	2.12	2.09
16	3.05	2.67	2.46	2.33	2.24	2.18	2.13	2.09	2.06
17	3.03	2.64	2.44	2.31	2.22	2.15	2.10	2.06	2.03
18	3.01	2.62	2.42	2.29	2.20	2.13	2.08	2.04	2.00
19	2.99	2.61	2.40	2.27	2.18	2.11	2.06	2.02	1.98
20	2.97	2.59	2.38	2.25	2.16	2.09	2.04	2.00	1.96
21	2.96	2.57	2.36	2.23	2.14	2.08	2.02	1.98	1.95
22	2.95	2.56	2.35	2.22	2.13	2.06	2.01	1.97	1.93
23	2.94	2.55	2.34	2.21	2.11	2.05	1.99	1.95	1.92
24	2.93	2.54	2.33	2.19	2.10	2.04	1.98	1.94	1.91
25	2.92	2.53	2.32	2.18	2.09	2.02	1.97	1.93	1.89
26	2.91	2.52	2.31	2.17	2.08	2.01	1.96	1.92	1.88
27	2.90	2.51	2.30	2.17	2.07	2.00	1.95	1.91	1.87
28	2.89	2.50	2.29	2.16	2.06	2.00	1.94	1.90	1.87
29	2.89	2.50	2.28	2.15	2.06	1.99	1.93	1.89	1.86
30	2.88	2.49	2.28	2.14	2.05	1.98	1.93	1.88	1.85
40	2.84	2.44	2.23	2.09	2.00	1.93	1.87	1.83	1.79
60	2.79	2.39	2.18	2.04	1.95	1.87	1.82	1.77	1.74
120	2.75	2.35	2.13	1.99	1.90	1.82	1.77	1.72	1.68
∞	2.71	2.30	2.08	1.94	1.85	1.77	1.72	1.67	1.63

$$\alpha = 0.10$$

d.f.	10	12	15	20	24	30	40	60	120	∞
1	60.20	60.71	61.22	61.74	62.00	62.26	62.53	62.79	63.06	63.83
2	9.39	9.41	9.42	9.44	9.45	9.46	9.47	9.47	9.48	9.49
3	5.23	5.22	5.20	5.18	5.18	5.17	5.16	5.15	5.14	5.13
4	3.92	3.90	3.87	3.84	3.83	3.82	3.80	3.79	3.78	3.76
5	3.30	3.27	3.24	3.21	3.19	3.17	3.16	3.14	3.12	3.10
6	2.94	2.90	2.87	2.84	2.82	2.80	2.78	2.70	2.74	2.72
7	2.70	2.67	2.63	2.59	2.58	2.56	2.54	2.51	2.49	2.47
8	2.54	2.50	2.46	2.42	2.40	2.38	2.36	2.34	2.32	2.29
9	2.42	2.38	2.34	2.30	2.28	2.25	2.23	2.21	2.18	2.16
10	2.32	2.28	2.24	2.20	2.18	2.16	2.13	2.11	2.08	2.06
11	2.25	2.21	2.17	2.12	2.10	2.08	2.05	2.03	2.00	1.97
12	2.19	2.15	2.10	2.06	2.04	2.01	1.99	1.96	1.93	1.90
13	2.14	2.10	2.05	2.01	1.98	1.96	1.93	1.90	1.88	1.85
14	2.10	2.05	2.01	1.96	1.94	1.91	1.89	1.86	1.83	1.80
15	2.06	2.02	1.97	1.92	1.90	1.87	1.85	1.82	1.79	1.76
16	2.03	1.99	1.94	1.89	1.87	1.84	1.81	1.78	1.75	1.72
17	2.00	1.96	1.91	1.86	1.84	1.81	1.78	1.75	1.72	1.69
18	1.98	1.93	1.89	1.84	1.81	1.78	1.75	1.72	1.69	1.66
19	1.96	1.91	1.86	1.81	1.79	1.76	1.73	1.70	1.67	1.63
20	1.94	1.89	1.84	1.79	1.77	1.74	1.71	1.68	1.64	1.61
21	1.92	1.88	1.83	1.78	1.75	1.72	1.69	1.66	1.62	1.59
22	1.90	1.86	1.81	1.76	1.73	1.70	1.67	1.64	1.60	1.57
23	1.89	1.84	1.80	1.74	1.72	1.69	1.66	1.62	1.59	1.55
24	1.88	1.83	1.78	1.73	1.70	1.67	1.64	1.61	1.57	1.53
25	1.87	1.82	1.77	1.72	1.69	1.66	1.63	1.59	1.56	1.52
26	1.86	1.81	1.76	1.71	1.68	1.65	1.61	1.58	1.54	1.50
27	1.85	1.80	1.75	1.70	1.67	1.64	1.60	1.57	1.53	1.49
28	1.84	1.79	1.74	1.69	1.66	1.63	1.59	1.56	1.52	1.48
29	1.83	1.78	1.73	1.68	1.65	1.62	1.58	1.55	1.51	1.47
30	1.82	1.77	1.72	1.67	1.64	1.61	1.57	1.54	1.50	1.49
40	1.76	1.71	1.66	1.61	1.57	1.54	1.51	1.47	1.42	1.38
60	1.71	1.66	1.60	1.54	1.51	1.48	1.44	1.40	1.35	1.29
120	1.65	1.60	1.54	1.48	1.45	1.41	1.37	1.32	1.26	1.19
∞	1.60	1.55	1.49	1.42	1.38	1.34	1.30	1.24	1.17	1.00

참고문헌

김우철 외 11(2007). ≪SPSS를 이용한 자료분석 입문≫. 자유아카데미.

김우철 외 9(2000). ≪통계학 개론≫. 영지문화사.

박성현(1998). ≪회귀분석≫. 민영사.

허명회(1986). ≪SAS 회귀분석≫. 자유아카데미.

Bhattacharyya Gouri K. & Richard A. Johnson(1977). *Statistical Concepts and Methods*. Wiley.

Le, Chap T.(2003). *Introductory Biostatistics*. Wiley Inter-Science.

저자 소개

김순귀

　　서울대학교 자연과학대학 수학과 졸업
　　서울대학교 대학원 계산통계학과, 이학박사
　　현, 강릉원주대학교 정보통계학과 교수
　　Email: skkim@kangnung.ac.kr

안성진

　　고려대학교 정경대학 통계학과 졸업
　　KAIST 산업공학과, 공학박사
　　현, 경상대학교 정보통계학과 교수
　　　　　　컴퓨터정보통신연구소 연구원
　　　　　　기초과학연구소 연구원
　　Email: ahnsj@gnu.ac.kr